大漢天下

英雄时代

唐棠 著

中国发展出版社

图书在版编目（CIP）数据

大汉天下：英雄时代/唐棠著．—北京：中国发展出版社，2017.1

ISBN 978-7-5177-0615-1

Ⅰ．①大…　Ⅱ．①唐…　Ⅲ．①中国历史—研究—秦汉时代　Ⅳ．①K232.07

中国版本图书馆CIP数据核字（2016）第276804号

书　　　名：大汉天下：英雄时代
著作责任者：唐　棠
出 版 发 行：中国发展出版社
（北京市西城区百万庄大街16号8层　100037）
标 准 书 号：ISBN 978-7-5177-0615-1
经　销　者：各地新华书店
印　刷　者：三河市东方印刷有限公司
开　　　本：710mm×1000mm　1/16
印　　　张：18.25
字　　　数：248千字
版　　　次：2017年1月第1版
印　　　次：2017年1月第1次印刷
定　　　价：39.80元

联 系 电 话：（010）68990642　68990692
购 书 热 线：（010）68990682　68990686
网 络 订 购：http：//zgfzcbs.tmall.com//
网 购 电 话：（010）68990639　88333349
本 社 网 址：http：//www.develpress.com.cn
电 子 邮 件：271799043@qq.com

序　言

秦月汉关，大漠孤烟。遨游史海，杂谈古今。

热爱，纯粹的热爱。

五千年的璀璨历史，常令人徜徉其中不能自拔。掀开那厚重的时间帷幕，我们似乎总能感觉到历史人物的心跳和呼吸，他们如端坐身侧，与我等倾心交谈。

展卷时，似乎听见旷野中若有若无的马蹄声，曾经的帝王将相、黔首布衣徐徐而来，正向我等颔首微笑；掩卷时，如若看见冷冷月光下那一抔抔黄土、一束束荒草，老朋友纷纷不见了模样，只有一阵轻风吹过。展卷掩卷之间，似乎那一行行老去的文字才是心灵的故乡。

所有的历史都是人的历史。每个人物的故事如一涓细流，千千万万个人生，汇成波澜壮阔的历史长河。

所有的历史都是当代史。生产力在发展，社会在进步，客观环境在不断变化，然而人之本身却很少改变，诸如人的感情，人的欲望，人的本性，人的多样化，等等。不同时期的历史只是差不多的人在不同的历史形势下的不同表现而已，此所谓时势造英雄——时也，势也。

在波澜壮阔的历史舞台上，汉朝是极为特殊和精彩的。汉帝国是我国第二个大一统的帝国，也是第一个成功地在政治、经济、军事、文化、对外关系上取得全面发展的帝国。汉朝以前，炎黄子孙称华夏、诸夏，而自汉朝起始称汉人。正是汉帝国完美地塑造了炎黄子孙的精神内核。这个伟大的帝国更因为其开创者刘邦，而具传奇色彩。

比正史还真实严谨，比野史更趣味盎然。

这里有金戈铁马，残阳如血；这里有权谋诡计，血性担当；这里有恩怨情仇，悲喜人生；这里有中国人多舛的命运与不懈的探索。

这里是大汉天下。

目　录

第一章

平民之子

刘邦年轻的时候曾经发生过很多奇异的事情，但大部分都是传说，其母亲神奇的怀孕过程只是其中之一。从后来的历史发展来看，这些略显神奇的传说从刘邦年轻的时候就一直围绕着他。这些传说最有可能的出处，应该就是刘邦本人，或者说是他从年轻的时候就很注意包装自己。刘邦添油加醋、煞有介事地推销自己，为自己蒙上一层神秘的面纱，对其混社会大有裨益。尤其是在那个科技落后、充斥着原始崇拜的时代，这样的包装很能为豪侠仗义的刘邦积累人气、拉拢追随者。

一　神秘出生：忽悠

战国楚考烈王七年（前 256），在楚国的北部沛县丰邑（今江苏徐州沛县、丰县）中阳里村，一户姓刘的人家，刚刚诞下一个男婴，这已是刘家的第三个儿子。

刘家是再普通不过的一户农家，据史考，丈夫叫刘执嘉，妻子叫刘媪，也就是刘阿婆。

在中国古代社会，女人的地位非常低。中国的历史虽然源远流长，但是除掉凤毛麟角、曾经“兴风作浪”的女人以外，没有多少女人能够留下姓名。一般的女孩子连名字都没有，结婚以后就用夫家的姓和娘家的姓表示自己，还要把夫家的姓放在前边。比如一个陈家的女孩嫁给曲家做媳妇，这个女孩的名字就是“曲陈氏”。显然，刘执嘉的妻子刘阿婆连这样的待遇也没有，因为关于她娘家的姓没有任何记载。

刘家祖上居住在魏国大梁（今河南开封）。魏国紧邻对其虎视眈眈的秦国，至战国后期，魏国国力日渐衰弱，国土面积因为秦国的蚕食不断缩小。

秦昭襄王十四年（前 293），秦昭襄王破格任命第十级军官左庶长白起担任秦军统帅，率领秦军主力与魏将公孙喜率领的韩、魏联军战于伊阙（今河南洛阳龙门镇）。

白起充分利用韩、魏联军互相观望、不肯首先出击的弱点，采用各个击破战术，全歼韩、魏联军二十四万人，生擒魏国大将公孙喜，夺取魏国五座城市以及韩国安邑以东的广大地区。白起一战成名，被秦昭襄王提拔为第十六级军官大良造，踏上战神之路。经过伊阙之战，秦国彻底打通向东进军的通道；而韩、魏两国精锐尽失，元气大伤。

伊阙之战前后，也就是刘执嘉的父亲这一代，或许是因为躲避战乱的原因，刘氏大家族搬迁到沛县丰邑。当时的沛县，属于宋国。不幸的是，秦昭襄王二十一年（前 286），弱小的宋国被齐、楚、魏三国灭亡、瓜分，沛县遂成为楚国的北部领土。

好在国籍的改变并没有影响刘家的生活，刘执嘉种地勤勤恳恳，为人聪明且本分。刘家与乡党邻居的关系也很融洽，尤其和当地一户姓卢的人家关系特别好，刘执嘉和卢家家长如同异姓兄弟。虽然只是普通百姓，但是刘家的日子过得有声有色。

刘家已经有了两个儿子和一个女儿，大儿子叫刘伯，二儿子叫刘仲。这样的名字，在普通人家再平常不过，刘伯就是刘老大，刘仲就是刘老二。所以当第三个男婴呱呱坠地，刘家就为他取名刘季，也就是刘老三。

但是这个刚诞下的三儿子，似乎在出生以前就与众不同。

据说，某一天刘媪出门，累了以后就坐在一个大湖边上休息。刘媪不知不觉睡着了，竟然梦见与神相遇。此时正好电闪雷鸣，天昏地暗，刘执嘉便出门寻找自己的妻子，他远远地看见有一条龙伏在刘媪的身上。这件事以后，刘媪就怀孕了。

说来也巧，刘季出生的当天，与刘家交好的卢家也新添一个男孩。两家在同一天新添男丁，实乃可喜可贺之事，于是共同邀请乡亲，共办筵席。中阳里的乡邻们纷纷持酒肉来贺，好不热闹。而这个刘季，正是日后大汉帝国的开国皇帝。因为“刘老三”这个名字听起来实在不够英明神武，成名以后的刘季改名刘邦，取“安邦兴国”之意。因为刘邦这个名字已深入民心，下文我们便称呼他为刘邦。

卢家这个和刘邦同年同月同日出生的男孩，取名叫卢绾。卢绾打小就和刘邦成为好朋友，此后一直追随刘邦，后来被当了皇帝的刘邦封为燕王。但再后来，卢绾竟然走上造反的道路……

关于刘邦的母亲从怀孕到生产的种种神秘现象，真真切切地记载于《史记》当中。但是，与神交流、与龙交合的事情却是不可能存在的。哪怕这样的事情只是表象的存在，那刘邦的出生也必将引起轰动，刘家又怎么会为这样一个不平凡的孩子取了刘季刘老三这种不入流的名字呢?

太史公司马迁撰写《史记》的时间，离刘邦的年代已经过去一百多年了，其时间跨度宛如当代人叙述晚清的历史。更重要的是，在那个文化传媒极度落后、史实资料异常匮乏的年代，司马迁撰写的依据很多都是来自走访各地听来的民间传说。然后，再用他那卓越的文采记录于《史记》当中。

根据史料记载，刘邦年轻的时候曾经发生过很多奇异的事情，但大部分都是传说，其母亲神奇的怀孕过程只是其中之一。从后来的历史发展来看，这些略显神奇的传说从刘邦年轻的时候就一直围绕着他。比如说，沛县这帮人最初举事的时候，这些绘声绘色的传说就成为大家推选刘邦作为带头人的有力支撑。被大家推举为沛公，也成为刘邦帝王之路的起点。

这些传说最有可能的出处，应该就是刘邦本人，或者说是他从年轻的时候就很注意包装自己。从青少年时代开始，刘邦就不事生产，混迹于三教九流，游走于黑白两道，希望走出一条不同寻常的成功之路。

但是刘邦既无高贵血统，又无强大背景，兼之其不学诗书，想出人头地可是困难重重。但是刘邦添油加醋、煞有介事地推销自己，为自己蒙上一层神秘的面纱，对其混社会大有裨益。尤其是在那个科技落后、充斥着原始崇拜的时代，这样的包装很能为豪侠仗义的刘邦积累人气、拉拢追随者。

不过，如果说刘邦从年轻时就包装自己是为了日后能当皇帝，那可是无人相信的事情。刘邦日后当上皇帝，是时势造英雄的典型案例，这也是年轻时的刘邦不曾设想过的。至于这些神秘的传说在其帝王之路上发挥过一些作用，那可就是意外的收获了。

后世的很多帝王，都是功成名就、取得皇帝宝座以后再重新包装自己，比如武则天、朱元璋，等等。他/她们都是当上帝王以后再暗示“马屁系统”去杜撰自己的神秘出身，出生时或电闪雷鸣，或霞光满屋，或龙入母腹。这些包装则都是直接为“君权神授”的宿命论服务。

而刘邦的自我包装，最初只是为了做个像样的带头大哥，仅此而已。

二　青年刘邦：我的圈子

少年刘邦，是个普通的孩子。

楚考烈王十四年（前 249），刘邦八岁的时候，在老家丰邑进学。一同进学的还有卢绾，他们俩是真正的发小同窗。很可能是在这一时期，刘邦的母亲去世了。后来，刘太公续娶一个妻子王氏。再后来，刘邦的继母为刘家生下第四个男孩，取名刘交，又叫刘游。

春去秋来，时光荏苒，刘邦慢慢长大。进入青年时期，刘邦开始表现出与众不同的特质。

青年刘邦不爱劳动。两个哥哥刘伯、刘仲老实巴交，安心种地，都已经成家立业。刘邦却不事生产，常常受父亲的训斥：“你什么时候能学哥哥的样子治些产业？”

青年刘邦颜值比较高。《史记·高祖本纪》记载：“高祖为人，隆准而龙颜，美须髯，左股有七十二黑子。”就是说，刘邦长得帅，鼻梁挺拔，额头宽阔，有一把好看的胡子，左边大腿还有七十二颗黑痣。

从医学的角度讲，痣大多是后天形成的，多数会在两三岁以后才慢慢出现，属于皮肤色素沉淀，比较大的痣就属于皮肤良性肿瘤。但是，博大精深的中国文化会为不同位置的痣赋予一些特殊的含义。刘邦大腿上的痣，具体情况已经无法考证，“七十二”这样的数字估计会有些牵强。但话又说回来，如果某人的大腿上真的密密麻麻生有七十多颗黑痣，看起来的确是有些异样。

这样的记载会让后人觉得刘邦与众不同。如同刘邦母亲的怀孕过程一样，左腿七十二颗痣也主要是由于刘邦本人有意无意地不断夸耀，以至载入史册，传之后世。

青年刘邦性格开朗、豁达大度、不拘小节、乐善好施。虽然刘家既非钟鼎豪强，又非诗书望族，只是地方上一个富裕农家，但是刘邦的性格颇有些大格局。这种性格，是日后刘邦成为领袖的重要助力。他喜欢结交朋友，喜欢混社会，地方上的很多人，除发小卢绾以外，大小官吏、富户豪强甚至地痞混混都和他都很熟。青年时期的刘邦，已经有了自己的人脉圈子。

沛县当地有一个杀狗卖肉的，叫樊哙，因为刘邦喜欢吃肉喝酒的缘故，他们两个也成为混社会的好朋友。正是这个樊哙，后来在鸿门宴上奋勇救主，成了刘邦打天下的左膀右臂。

当地还有一个叫周勃的，家里特别穷。周勃性格木讷少言，不过他内秀，多才多艺。他自幼习武，弓马娴熟，生得一副好身板，还会用芦苇编织苇箔和养蚕的工具贩卖，有时还可以为办丧事的人家充当吹鼓手，赚钱糊口。刘邦和他也比较熟。周勃性格沉稳，日后为稳定刘家江山立下汗马功劳。

在沛县，刘邦认识的人很多，但也不是所有的人都喜欢刘邦。当地有两家大户豪强，王陵和雍齿。他们也混社会，两个人是很好的朋友，都有点大哥的派头。很可能是由于家庭背景的巨大差异，他们两个都有点看不上刘邦，毕竟刘邦出身卑微，他们觉得刘邦不入流。

都在同一块地盘上混，雍齿和刘邦两人甚至有一些矛盾冲突。在刘邦刚刚起兵反秦的时候，雍齿就背叛了刘邦，差点让大汉的江山基业胎死腹中。而刘邦初起兵时，王陵也没有参与。只是在日后刘邦势力不断壮大后，王陵才追随刘邦定鼎天下。

四弟刘交则和刘邦性格相似，而刘交是兄弟四人中唯一爱读圣贤书的人。刘交曾经到鲁国游学，和穆生、白生、申公一起向荀子的学生俘丘伯学习。刘交富有文采，多才多艺，交游广泛，和刘邦感情最好。刘邦起兵以后，刘交结束游学生涯，一直紧紧追随三哥。后来，刘邦剥夺了韩信的楚王头衔，封四弟刘交为楚王。

刘邦自己不事生产，于是经常到大哥和二哥家蹭吃蹭喝。他不只是自己去吃，还经常带一帮地方上像他一样的少年同去。哥哥嫂子都拿他没有办法。后来，他的大哥刘伯去世了，大嫂越来越厌恶刘邦这伙人。

有一次，刘邦又带了一帮人到大嫂家吃饭。大嫂听到他们来了，就在厨房里用勺子和铲子用力地刮锅，故意发出锅已经空了的声响。刘邦的朋友们一听，立即作鸟兽散。刘邦到厨房一看，原来还有食物，可大嫂竟然刮锅以示“羹尽”。刘邦觉得大嫂太小气、不上道儿，以后就再也不去大嫂家了。

性情豁达的刘邦很生气，后果很严重。当了皇帝以后，刘邦把二哥、四弟、堂兄弟以及他们的儿子们都封了王，唯独不封大哥的独子刘信。

二哥刘仲被封为代王，二哥的儿子刘濞被封为吴王。二哥刘仲老实巴交，缺乏政治、军事才能，不是称王的材料。后来匈奴声称进攻代国，敌人还没有到，代王刘仲就抛弃封国，逃回咸阳。虽然刘邦对二哥很生气，撤了他的封王，但还是给二哥保留了侯爵。二哥的儿子刘濞倒是雄才大略，可惜的是，做了四十多年吴王之后，在刘邦的孙子汉景帝刘启的时代，率领七国造了反……

大哥刘伯的独子刘信也一直追随三叔刘邦，在大汉立国以后剿灭韩王信叛乱的战斗中还立有重要军功。但是，刘邦就像忘了他的存在一样。太上皇刘太公觉得实在看不下去了，就找刘邦商量。刘邦说："大嫂当年没有长者的气度。"但是父亲再三请求，刘邦无奈，就把刘信封了一个侯爵：羹颉（音"夹"）侯。

颉，意为敲或者刮。这个侯爵的名称可以理解为"刮锅、敲锅没有羹"。刘邦实在不好拂了父亲的面子，好歹封了刘信一个侯爵，却极尽挖苦、嘲弄之能事，想出这么一个具有讽刺性的名字。刘邦是豁达的，他连叛变的雍齿和魏豹都可以包容，让人无法相信只是因为一顿饭的事情，他就做出这等事情。由此可见，当年大嫂那长期的冷落和鄙夷不屑的眼神，对外表困顿、内心高傲的刘邦一定造成了深深的伤害，以至于豁达的刘邦如此耿耿于怀，留下如此深刻的心理阴影。

羹颉侯的封地有两个县，在今天安徽六安市舒城县。时至今日，当地还有舒王墩，也就是羹颉侯墓。

青年刘邦是与众不同的，他骨子里总有些不安分的基因。他所梦想的，是另一种生活，另一种人生。他的心中，有一个超级偶像：信陵君。

三　人生理想：信陵君

青年刘邦特别仰慕魏国信陵君魏无忌，大概，成为信陵君的门客是他当时的终极理想。

魏无忌是魏安釐王同父异母的弟弟，礼贤下士，延揽宾客，门下食客三千多人。信陵君在魏安釐王二十年（前 257）上演“窃符救赵”的经典好戏，虽然从此因为担心魏王的怨恨而滞留赵国邯郸不归，却因为保全赵国而声名鹊起。

不只是在魏国，在整个战国政治舞台上，信陵君都自成势力。“窃符救赵”的事情发生在刘邦出生的前一年，刘邦只能是听说而已。但是，另外一件信陵君的光辉事迹却可以让刘邦有切身体会。

在刘邦十岁的时候，魏安釐王三十年（前 247）初，信陵君已经客居赵国十年。秦国利用信陵君不在魏国的机会，命令秦军大将蒙骜率军进攻魏国。秦军势如破竹，魏军节节败退，很快丢失数座城池。魏安釐王日夜担心恐惧，就想起了滞留赵国的弟弟信陵君。

魏王派遣使者到赵国邯郸请信陵君回国，并任命信陵君为魏军统帅，率领魏军抵抗秦军。

信陵君临危领命，很快便遣使向东方五国请求救援。各国听说信陵君回到魏国，除齐国以外，其余四国全部派遣援军援救魏国。信陵君率领魏、韩、赵、楚、燕五国联军在黄河以南向秦军发动攻击，一举击败秦军。秦军节节败退，联军乘胜追击，一直把秦军打回函谷关。

联军大获全胜。

信陵君率领五国联军大败秦军大将蒙骜，拯救魏国于危难之中，威震天下，名冠诸侯，个人声望达到顶点。然而，这竟是英雄落幕前最后的华章。

因为，秦庄襄王子楚和宰相吕不韦，很快就在魏国内部发动离间攻势。

不断的毁誉和离间，超出了魏王的智商范畴，最终撤去信陵君的魏军统帅职务。信陵君对于自己的处境心知肚明。因为心灰意冷，更是出于自保的需要，信陵君从此称病不朝，与宾客日夜欢饮，沉迷于酒色。

魏安釐王三十四年（前243），酒精和女人掏空了信陵君的身体，一代英雄抑郁而死。

偶像信陵君去世的时候，刘邦只有十四岁。但是，慢慢长大的刘邦对信陵君的历史了解得越来越多，崇拜之情与日俱增。后来，青年刘邦还到大梁追寻偶像的足迹，虽然只能看见他的陵墓。当了皇帝以后，刘邦每次经过大梁时都要祭祀信陵君。再后来，刘邦还专门安排五户人家看守信陵君的陵墓，并且世世代代祭祀信陵君。

现在，刘邦只能默默无闻地成长，就在沛县丰邑这个小地方。刘邦成长的这个时期，就是秦国蚕食、吞并六国的时期，惊涛骇浪一刻不曾停止。

溪云初起日沉阁，山雨欲来风满楼。烈烈秦风之下，东方六国摇摇欲坠，命不久矣。

四　贵族项羽：国破家亡

最先倒在秦国铁蹄之下的是古老的三晋：韩、赵、魏。

秦王政十七年（前230），内史腾率秦军攻陷韩国国都新郑（今河南郑州新郑市），生擒韩王韩安。

秦王政十九年（前228），王翦率秦军发动总攻，阵斩赵将赵葱、颜聚。赵军溃散，邯郸陷落。

秦王政二十二年（前225），王贲率领秦军围困大梁，决黄河之水水淹大梁，魏王魏假出城投降。

接连灭掉韩、赵、魏三国，秦军气势如虹。广大的黄河中下游地区已是一马平川，秦王嬴政把目光转向最庞大的敌人：楚国。或者说，嬴政的目光，从来就没有离开过这个南方的巨人。

而历史的循环往复，总是令人欷歔。因为就在楚国，就在离刘邦不远的地方，就在秦国虎视眈眈准备一统天下的时候，未来秦国的掘墓人出生了。

秦王政十五年（前232），楚国北部下相（今江苏宿迁），一个叫项超的人，家里新添一个男娃。项超为这个孩子取名项羽。在秦国势吞六国的腥风血雨里，无人知晓，这个孩子日后会成为强秦的掘墓人。

项羽，可不是出生于普通人家，他生来就是贵族，他的祖父就是楚国大将项燕。项羽的父亲项超，排行老大；项梁、项伯都是项羽的叔叔。项羽的父亲项超去世的早，项羽由项梁抚养长大。

项家祖上为楚国王族，世代为将，封地在项（今河南周口项城市），于是项家以封地的名字为家族姓氏。后来楚国在战争中丢掉了项家封地，项家搬迁到了下相。

此时的项燕，恐怕没有太多时间为家族中新添的这个男娃高兴。因为，项家的命运，正随着楚国的命运而起伏。

楚国君王雄才大略者少，昏庸无能者多，而世袭贵族统治集团的腐朽更是不断散发出恶臭的气息。经过历代楚王坚持不懈的瞎折腾，楚国策马扬鞭、意气风发的日子已经成为古老的往事。此时的楚国，已经坐在火山口上，随时会被秦国的火焰吞噬。

秦王政二十三年（前224），王翦率领六十万秦军，夺取楚国国都寿春周围土地，占领平舆（今河南驻马店平舆县），然后改变进攻策略，修筑军事堡垒。项燕率领楚国大军屡次挑战，秦军坚守不出。经过一段时间的对峙，求战不得的楚军斗志日渐疲惫，项燕只得率军撤退。

眼看时机成熟，王翦率领大军尾随楚军，然后发动猛攻。楚军败退，一直撤退到蕲县（今安徽宿州蕲县镇）。秦军攻下楚国国都寿春，生擒楚王芈负刍。项燕率领残部于败退之际，立楚国王族公子昌平君芈启为楚王。

秦王政二十四年（前223），王翦、蒙武继续扫荡楚国领土，攻到蕲县，斩杀末代楚王芈启，统帅项燕也被斩首（一说项燕自杀）。春秋战国时期最大的国家、内部已经腐烂透顶的庞然大物楚国灭亡了。

国破家亡时，项羽只有十岁。项家的贵族身份随着楚国的灭亡烟消云散，项羽跟随叔叔项梁流落民间，成为普通百姓。祖父项燕死了，国家灭亡了，亲身的经历在幼小的项羽内心埋下仇恨的种子。这颗种子，随时寻找合适的土壤，准备生根发芽。

但是，楚国的灭亡却给另外一个楚国人提供了重要的契机，他就是刘邦。

五　泗水亭：新起点

刘邦从来都不是一个安分守己的人。

成年以后，他依旧广交朋友，不事生产，还有过两次云游的经历。第一次，他前往魏国大梁（今河南开封），拜访心中偶像信陵君魏无忌。遗憾的是，信陵君已经过世，刘邦只能祭奠祭奠偶像的坟墓，向偶像表达追思之情。

再后来，秦王政二十年（前227）左右，三十岁左右的刘邦再次前往魏国云游。这一次，他结识了一个重要的朋友：信陵君曾经的门客张耳。

张耳，魏国大梁人，在魏国有一些名声。年轻的张耳曾经犯罪（未知何罪），畏罪逃亡，游历到了外黄（今河南商丘民权县）。外黄有个白富美，已婚，娘家很有钱，可是嫁了个窝囊废老公。于是白富美跑回娘家，打算另嫁。白富美的父亲有个朋友，告诉她说："你如果真想找个好夫婿，就嫁给张耳吧。"

张耳当时确实已有了些名声，当然这也或许是他有意在背后运作的。总之，白富美听从了这个建议，离了婚，嫁给了张耳。这样，一个外来的穷困流浪客，成功地娶到当地富人的女儿，还白白得了很丰厚的嫁资。张耳又利用这些财产和老丈人家的资源，招揽四方宾客，一时间更是名声在外。再后来，张耳更是做了魏国的外黄县令。

刘邦就是在这个时期，游历魏国，投靠到张耳的门下。两人情投意合，相谈甚欢。刘邦就在张耳家中住下，两人同游魏国，一连几个月。

此后，刘邦又数次拜访张耳。但是，秦王政二十二年（前225），秦国大将王贲水淹大梁，魏国灭亡。作为魏国的官吏，又甚有名声，张耳因此被秦国悬赏捉拿。张耳无奈再次逃亡，隐姓埋名藏匿到楚国的陈丘。

这样，刘邦和张耳被迫断了联系。

在项燕死亡、楚国灭亡的前一年，也就是秦王政二十三年（前224），刘邦家乡沛县所在的地区已被秦军占领。秦军接管占领区后，设置泗水郡。时年三十四岁的刘邦做了亡国奴，却迎来了人生的新契机。

对于新占领区，秦国原则上任命秦人担任郡守和县令等高级长官，但是基层行政人员还是以当地人为主。刘邦就是在这种体制下通过考试当上了公务员，做了不入流的小干部：泗水亭长。

说刘邦是秦帝国的公务员，其实有些牵强。因为，他只能算是地方小吏，而“官”与“吏”却有根本的区别。郡守县令等行政长官占用编制，其俸禄由中央政府承担。而像刘邦这样的地方胥吏，并不占用公务员编制，其收入由地方政府承担。泗水亭长，类似现在小村子的村主任，只是负责一个几里地小地方的行政、治安和驿站工作。

现有史料无法查证刘邦的学历资料，也没有有关刘邦这次考试的详细记载。一个很大的可能是，秦国对于新占领区的基层行政人员，应该不会有太严苛的要求。加之刘邦也读过几本书，认识一些字，在地方上熟人又多，黑白通吃，因此加入秦帝国的基层队伍是不成问题的。

自从进入帝国行政队伍，刘邦就有了正式工作，经常和县衙里的官吏打交道。县里的人，刘邦大部分都很熟。有个叫萧何的，是主吏，负责县衙的人事、档案、考核之类的事情；有个叫曹参的，是狱掾，类似于监狱长的职务；有个叫夏侯婴的，是县里负责管理马匹和车辆的；还有一个叫任敖的，是县里的狱卒。他们也都是沛县人，和刘邦差不多在同一时期进入秦国的基层队伍。基于工作上的关系，刘邦和他们也都成了朋友。

此时的刘邦，有了稳定工作，有了一些收入，也有了固定的人脉圈子。他的生活方式也发生了一些变化：他更加桀骜不驯，狂放不羁。

他喜欢喝酒。他经常到王大娘或武大婶开的小饭馆喝酒，动不动就喝醉了，随时躺下就睡。刘邦钱不多，经常赊酒。但奇怪的是，每次刘邦来喝酒，这两家小饭馆的生意就特别好。于是，每次到年底的时候，王大娘和武大婶就把刘邦的赊账一笔勾销。

他也很好色，有时流连于瓦栏酒肆。据民间传说，刘邦和上述两位开小酒馆的女老板就有一些暧昧关系。另外，有一个姓曹的姑娘和刘邦相好，并成为刘邦的固定情人（《史记》称外妇）。曹姑娘多次要求和刘邦结婚，但刘邦就是不肯答应。

刘邦的生活，因为秦国的占领而迈上一个新的台阶。而他所在的地区，并没有经过战火的洗礼。此时放眼全国，只剩下燕、齐两国还在秦国的铁蹄之前瑟瑟发抖，全国统一指日可待。

当然，此时的刘邦无法想象到，秦王嬴政的努力，竟然是在为自己做嫁衣裳。

第二章

第一帝国

秦始皇的政治框架，结束了周朝延续九百年的封建制，奠定了中国两千一百多年帝国制度的基础，开启了“中华帝国”的历史，秦朝可谓中华第一帝国。一直到1912年2月12日，大清帝国隆裕皇太后颁布《退位诏书》，中国最后一位正统皇帝爱新觉罗·溥仪退位，帝国制度才寿终正寝。在两千一百多年的漫长岁月里，皇帝是一切权力的中心，是个人崇拜的极致，是尊卑等级的标签，是野心家们的最爱。

一　第一帝国：开天辟地

灭掉楚国以后，秦国继续高歌猛进。

秦王政二十五年（前222），秦灭燕。

秦王政二十六年（前221），秦灭齐。

这是中国历史上最重要的日子之一。秦王嬴政完成了前无古人的功业，第一次建立了完整而统一的中华帝国。

秦王嬴政把战国时期秦国的制度推向全国并进行了一系列的改革。

一是是自称皇帝。嬴政成为中国历史上的第一个皇帝，史称秦始皇。

二是施行三公九卿制。皇帝是唯一的“老板”，通过三个“职业经理人”即丞相、太尉、御史大夫来管理国家。下设九卿，奉常、郎中令、卫尉、太仆、廷尉、典客、宗正、治粟内史、少府，统驭全国。

三是社会经济领域标准化。车同轨、书同文、行同伦、统一度量衡、统一货币。

四是废封建，行郡县。这是帝国制度的核心内容。封建制以土地分封和爵位世袭为基础，郡县制以土地国有和官员代理为根本。郡县制下的帝国地方官员对于所治地方既没有产权，也不能世袭，郡县制真正实现了“普天之下，莫非王土；率土之滨，莫非王臣”。

秦始皇的政治框架，结束了周朝延续九百年的封建制，奠定了中国两千一百多年帝国制度的基础，开启了“中华帝国”的历史，秦朝可谓中华第一帝国。一直到1912年2月12日，大清帝国隆裕皇太后颁布《退位诏书》，中国最后一位正统皇帝爱新觉罗·溥仪退位，帝国制度才寿终正寝。在两千一百多年的漫长岁月里，皇帝是一切权力的中心，是个人崇拜的极致，是尊卑等级的标签，是野心家们的最爱。

制度建设的同时，秦始皇在全国大兴土木。

他下令修筑以咸阳为中心呈辐射状通往全国的驰道，共有九条。驰道所及之处，皇权即可到达。但是历史的发展总是让人始料不及：这些秦驰道日后体现出的最大价值就是秦末汉初之际方便了各路起义军向咸阳进发。日后刘邦经武关入咸阳、项羽经函谷关进驻鸿门，以及刘邦还定三秦发动楚汉战争，利用的全是秦驰道的帮助。这些是自负的秦始皇无论如何也无法想象到的。

秦始皇加大力度修建骊山陵墓。秦朝统一之时，全国的人口大概两千三百万（大致相当于21世纪一个一线城市的人口规模）。而骊山陵墓长年保有的劳工数量，就达到七十万。

秦始皇又调派一百万劳工加固和连接战国时代秦、赵、燕三国的长城，以此抵御匈奴的进攻。秦长城东起辽东，西至临洮，总长超过一万华里，号称万里长城。万里长城是冷兵器时代最好的防御工事，秦始皇幻想以此江山永固。

为了平定岭南百越地区，秦始皇下令开凿灵渠。这一庞大的水利工程连接了湘江和漓江，进而打通了长江流域和珠江流域。秦军以及庞大的后勤补给由此得以到达岭南地区，岭南第一次并入中国版图。

秦始皇三十五年（前212），秦始皇又下令在咸阳郊外修建秦帝国新的政治中心——阿房宫，这是秦始皇有生之年下令修建的最后一个工程。

秦始皇是个停不下来的人，纵观其一生，都是如此。伴随国家工程尤其是驰道的修建，他开始了全国巡游之旅。秦始皇企图通过巡游天下宣德扬威，征服天下百姓尤其是故六国人民的精神世界，确立秦国统治的正统地位。

秦始皇二十七年（前220），第一次巡游。

秦始皇选择西方道，经过秦国的发祥地雍城（今陕西宝鸡凤翔县），告慰祖先在天之灵，祈祷社稷万年永固。

秦始皇二十八年（前219），第二次巡游。

这是规模很大的一次，秦始皇经东方道巡游东方郡县，在泰山与梁父山举行封禅大典（在泰山之巅祭天，在梁父山祭地）。

秦始皇二十九年（前218），第三次巡游。

这一次，秦始皇遇到致命的危险。

与去年相似的路线，巡游车队出东方道，很快到达阳武县（今河南新乡原阳县），在阳武境内一个叫博浪沙的地方，车队遭遇突然袭击。一位大力士从路旁的芦苇丛中向车队投掷一百多斤的大铁锥，命中秦始皇的后车。很显然，刺杀行动是针对皇帝的。这是荆轲刺秦以后秦始皇遭遇的又一次暗杀行动。

秦始皇侥幸躲过一劫，当即捉拿杀手，大力士被乱刀砍死。秦始皇认为暗杀行动一定有幕后主使，传令下去，全国搜捕。但是，刺客既已被杀于现场，死无对证，全国草木皆兵十日，毫无收获，只能不了了之。

虽然遭受刺客惊扰，但是秦始皇还是按照原定计划到达芝罘岛与琅琊台。

秦始皇三十二年（前215），第四次巡游。

这一次，是足迹最远的一次，也是秦始皇第一次踏上北方的土地。秦始皇向东北方向进发到达碣石并取道上郡（今陕西榆林），视察北部边防。

统一天下，似乎为秦始皇注入了某种躁动基因和无尽的欲望。创建帝制、大兴土木和巡游天下也不能满足他的欲望，他还要控制人的思想。

秦始皇三十四年（前213），距离秦国定鼎天下、推行郡县已经过去八年，齐国儒生淳于越重提分封之事，令封建制与郡县制的制度之争再起波澜。

儒家学者崇古若狂，他们认为人类的黄金时代在过去，凡事要向古代先贤学习，而打破了封建传统的郡县制，正是他们所反对的。他们精通礼仪，曾是春秋战国时期各诸侯国君王的座上宾，或为幕僚，或为师傅。秦国的郡县制以及法家思想居于主导地位让很多儒生丢了饭碗，甚至沦为方术之士。

廷辩之后，丞相李斯形成总结性意见，他认为天下知识分子各自以自己的学说为依据，攻击政府，出则议论纷纷，入则内心诽谤。唯一的办法就是对此倾向严厉禁止，烧毁秦国以外的所有史书，所有民间所藏《诗经》《书经》等百家之言，都要烧毁，只保留医药、占卜和种树的书。

秦始皇批准李斯的计划，下令焚书。

秦始皇焚书，是中国思想史的大事件，它中止了春秋战国以来蓬勃自由的学术与思想气氛。以法为教、以吏为师的推行，令中国的知识分子开始向权力屈服，成为权力选择思想的开端。秦始皇要控制人的大脑，不允许读书，不允许思考，不允许有思想。秦始皇开启了掌权者钳制思想、愚弄民众和因言获罪的先河，为后代统治者树立了很坏的榜样。

而秦始皇的酷烈统治与高压手段，也使反抗情绪从帝国建立之初就在全国暗流涌动。最先采取行动的，是一个叫张良的人。

二　博浪沙：反秦的先驱

秦始皇二十九年（前 218），秦始皇在巡游路上遭遇的刺杀行动，正是张良所为。

张良，又名张子房，出身故韩国贵族世家。他的祖上都是韩国大臣，祖父张开地曾经辅佐三代韩王，父亲张平曾经辅佐两代韩王。到张良这一代，秦始皇十七年（前 230），秦国灭韩国，张良做了亡国奴。

秦灭韩以后，张家被贬为平民。张良与秦国有国恨家仇，誓死为韩国复仇。他变卖张家累世的财富，甚至包括张家奴隶三百人。他连亲弟弟去世都没有安葬，而是集中金宝，雇请刺客刺杀秦始皇。张良散尽家财，找到一名大力士，铸造了一百二十斤重的大铁锥，以为其刺杀秦始皇的计划做准备。

秦始皇二十九年（前 218），已经等待十几年的张良，根据秦始皇东游的路线，制定了详细的刺杀计划。秦始皇一行到达阳武县的时候，张良和大力士就埋伏在巡游车队的必经之路博浪沙上。很快，巡游车队到达，一切如预期的那样：前面是仪仗队，再是马队，随后是大批官员簇拥着由三十六辆马车组成的车队，秦始皇就在其中的一辆车里面。具体是在哪辆车呢？应该是由六匹马拉的那辆最豪华的车，而其他官员乘坐的都是四匹马拉的车。

可是，计划不如变化快，张良很快就发现：竟然所有三十六辆车全部都是由四匹马拉的！根本无法判断秦始皇在哪一辆车中！

怎么办？机不可失，时不再来，张良命令大力士把铁锥掷向中间一辆装饰最豪华的车。车中所坐之人当即毙命。

可惜，此人只是一个替死鬼。原来，这是秦始皇为了避免有人刺杀，故意如此安排的。事发突然，皇帝卫队立即行动，当场斩杀大力士。张良迅速藏匿到芦苇荡中，侥幸逃脱。

张良的抗秦工作开始得很早：秦国统一天下刚三年，张良就把大铁锥扔向了秦始皇，这比陈胜、吴广起义还要早九年。博浪沙刺秦事件以后，张良销声匿迹，只留下一段江湖传奇。

秦帝国时期，以张良为代表的故六国贵族应该是最郁闷的一批人。他们虽然没有遭遇秦始皇的屠杀，却过得很不如意，或者被贬为平民，或者流亡天涯。张良在博浪沙的一击虽然没有成功，却是旧贵族们愤怒的宣言。

与此不同的是，平民出身的刘邦，反而在秦帝国的统治下过上了幸福的生活。

三　秦帝国的刘邦：幸福生活

秦始皇二十六年（前 221），就是秦国统一天下的那一年，刘邦的情妇曹姑娘为他生下一个男孩，取名刘肥。虽然如此，刘邦还是不愿意和曹姑娘结婚，对刘肥也基本没有尽到抚养义务。他依旧故我，过着呼朋唤友、花天酒地的生活。

有了新身份的刘邦，和沛县地方上的各色人等越发熟悉。尤其是县里负责车马的夏侯婴，因为和刘邦有工作上的衔接，两人友谊甚笃。每次夏侯婴驾车外出公干，经过泗水的时候，都要和刘邦山南海北地聊天。两个人很投机，一聊就是大半天。

有一次，两个人开玩笑开大了，刘邦失手打伤了夏侯婴。按照秦律规定，刘邦要遭受重罚（秦法太严苛），但是夏侯婴坚称刘邦并没有伤害自己（够哥们）。后来案子审来审去，夏侯婴因为作伪证要吃罪，吃了一百多鞭子，还被送进监狱，关了一年多。然而，夏侯婴一口咬定刘邦无罪，一个人全部承担下来了。

刘邦做亭长时，让手下负责治安的人专门跑到薛县，为他用竹子皮制作了一种特别的帽子。此后，刘邦常常戴着这样的帽子（标新立异，就是不甘寂寞）。后来富贵了，他也还常戴这样的帽子，还专门取了个名字：刘氏冠。

刘氏冠的记载不但有趣，而且反映了刘邦的生存状态和性格特点。在那个时代，贵族与平民有严格的等级。贵族包括王、诸侯、大夫、士，贵族与奴隶以外的平民全部属于庶人。只有贵族，才可以戴“冠”，庶人只能用头巾裹住头发，称之为“帻”。贵族男子，会在二十岁成年的时候行加冠礼。贵族所戴之冠又分为淄冠、皮弁（音“变”）与爵弁三种，分别代表行政权、军事权与祭祀权。不管哪一种“冠”，都是与平民无关的，否则就是僭越。

刘邦戴着自制的刘氏冠，正说明他是庶人，没有权利戴冠。但是，他却不以为然，偏偏要为自己加官晋爵。由此可以看出，刘邦不但有些野心，而且狂放不羁、蔑视现有规则。

这时的刘邦已过而立之年，马上奔四了，还没有结婚。他不大可能是特别喜欢单身的状态，很可能是还没有遇到那个能拴住自己的女人。

秦始皇二十九年（前218）左右，有个叫吕文的单父（今山东菏泽单县，离沛县很近）人，为了躲避仇家，从单父来到沛县，就住在县令的寓所。此人出身名门，据说是以前秦国宰相吕不韦的旁系重孙，而且家大业大，是单父当地的富豪，和沛县县令也是好朋友（富商、县令，都属于县城的上流社会）。

沛县所有的知名人物，包括各级官吏和地方豪强，听说县令的好朋友举家搬迁至此，纷纷赶来祝贺，于是吕文大摆筵席。

萧何就在筵席之上负责收纳贺礼并记账。萧何向大家宣布：“贺礼不足一千钱的客人，全部在堂下就座。”（国人的厚礼之风，延续几千年，至今不变。不过萧何按照礼金的多少安排座位高低，

或许是当时的习惯，今人看来则觉太缺少情操）

刘邦在沛县黑白通吃，虽然他的官很小，但是却不把县衙里的人放在眼里，县里的干部没有一个不被刘邦嘲弄戏耍的。

刘邦也来赴宴，却一分钱的贺礼都没有带。但是他从来都瞧不起这些官吏，他大声吆喝："贺钱一万！"然后大摇大摆地进入内堂。吕文看到刘邦气宇轩昂、非同凡响，大吃一惊，急忙起身把刘邦迎入内堂。吕文擅长给人相面，看到刘邦相貌非同寻常，很尊敬他，还把他引入上座。萧何看到吕文如此厚待刘邦，说："刘邦总是说大话，很少办事。"

刘邦丝毫不谦让，坐在上座，筵席之间还戏谑其他的客人。酒宴结束的时候，吕文给刘邦使眼色让他留下来，对他说："我从小就喜欢给人相面，看过的人非常多，但是没有一个人能和您的面相相比，希望您能够自爱。我有一个女儿（吕雉），愿意把她许配给您做您的小妾。"

酒席散罢，吕文的妻子对吕文发怒说："以前你常说自己的女儿与众不同，一定要嫁给贵人才好。沛县县令求亲你都不许，何故把女儿嫁给刘邦那小子？"吕文说："其中奥妙，不是你们女人能够了解的。"

颜值高，自古至今都是很重要的资源。刘邦有风度、比较帅、面相好。他很好地利用了这个资源：一分钱不花，白吃白喝，还抱得美人归。这能力，不佩服都不行。但是，其中也必有现实的原因。曹姑娘跟了他那么多年，他对曹姑娘和刘肥娘俩一直不管不问，连个名分都没有给。而吕文出身吕不韦世家，还是富豪，能够成为沛县县令的座上宾，其背景自然不简单。

最终，吕文把女儿吕雉嫁给刘邦。后来，吕雉为刘邦生下一女一儿。吕雉是个标准的贤妻良母，嫁给比自己大十五岁的刘邦也毫无怨言，任劳任怨地种地、带孩子，而且对刘邦已经好几岁的私生子刘肥也很友好。

有一次，刘邦请假回家种田。当时吕雉和两个孩子就在田舍之中，有一个老人路过讨水喝，吕雉拿出食物和水送给老人。老人看了吕雉的面相，说："夫人是天下贵人呀！"吕雉又让老人给两个孩子相面，老人看了刘邦儿子说："夫人富贵，就是因为这个孩子！"又看了刘邦女儿，说也是贵人。

老人刚走，刘邦就回来了。吕雉把刚才的事情告诉刘邦后，刘邦赶快去追那老人。老人看了刘邦说："您可真是贵不可言，您的夫人和孩子都是因为您才大贵的呀！"刘邦致谢："如果真如您所说，决不忘掉您的大德。"后来刘邦发达了，再去寻找那个老者，却再也找不到了。

上述故事，记载于《史记》，可为真，亦可为假。

在很多人看来，发迹前的刘邦是个十足的混混，似乎一个肮脏不堪的刘邦才能让他的人生故事更有吸引力。甚至有人考证出刘邦年轻时经常去的两个小酒馆的老板娘都是他的情妇，这样的态度是任意揣测的和不负责任的。

有一点是肯定的，没有人能够随随便便成功，况且刘邦起于微末，终为帝王。他的领袖气质是贯穿始终的。他不是肮脏不堪之人，他是一个很特别的混混，有点帅，有点坏，还有一点可爱。

刘邦就这样着混日子，一直混到四十多岁。"天将降大任于斯人也，必先苦其心志，劳其筋骨，饿其体肤。"但是刘邦似乎过得也不错，心志没有吃苦，筋骨没有受累，体肤也没有挨饿。有一次，刘亭长到咸阳出差，还有幸见到了秦始皇。

秦始皇三十五年（前212），中国历史上两位伟大的帝王谋面了，虽然仅是单方面的。帝国的泗水亭长，有可能是因为骊山陵墓或者阿房宫的庞大工程，去首都咸阳服徭役。四十五岁的刘邦，在咸阳街头见到了四十八岁的秦始皇。当然，在出游队伍的前呼后拥之下，秦始皇是不会知道人群中有个不起眼的同龄人，会在日后接过自己皇帝权杖的。

这是两位伟大帝王的唯一一次谋面。刘邦看到秦始皇八面威风，羡慕嫉妒恨全部涌上心头，长叹一声："唉！这才是大丈夫呀！"

是的，秦始皇确实是个大丈夫。他用铁蹄统一天下，用铁腕治理帝国。当了皇帝以后，他的重要工作可以概括为：创建帝制，发动两场战争（北击匈奴，南征百越），不厌其烦地巡游天下，建了几个大工程，烧了一些书，杀了一些知识分子。他所做的一切，似乎都是在巩固帝国统治。

战国时期漫长的刀光剑影令社会经济疲惫不堪，秦国统一以后，天下百姓亟须休整。然而，秦始皇是个心急的人，他恨不得一天就把国家建设成为江山永固的完美帝国。

秦国治下，一个百姓的主要负担如下。

田赋（农业税）：产量的三分之二（可谓沉重）。

口赋（人头税）：数量不详。

徭役：十七至六十岁的成年男子每年为国家服徭役一个月。

兵役：成年男子一生要为本郡服兵役一年，还要在首都咸阳或边疆服兵役一年。

人口只有两千三百万左右的秦帝国，每年都有三百万左右的精壮人口在服徭役或者建设国家工程，而兵役、赋税以及秦法的苛酷都成为百姓头上的大山，以至于"丁男披甲，丁女转输，苦不聊生，自经（自缢）于道树，死者相望"。（《汉书·严安传》）

秦始皇做了很多工作巩固帝国，但是效果却正好相反。恰是他无止的欲望，使不安情绪从帝国统一的那一天就开始蔓延。秦帝国，犹如一列总在加速的火车，终有一刻，会失去控制。

第三章
星火燎原

无疑，秦始皇是一位伟大的帝王。虽然当政时期用法严苛，但是他所做的一切出发点都是为了巩固强大的帝国。秦二世上台，才开启了真正的暴政之路，因为他所做的一切都是为了满足自己无尽的私欲。嬴政与胡亥父子俩的统治，在出发点上有根本的不同。他们的关系，犹如一个操之过急的创业者和一个浪荡败家的富二代。

一　沙丘阴谋：暴政

秦始皇三十七年（前210）十月，秦始皇第五次巡游。

秦始皇身边最亲近的几个人同在巡游队伍之中：左丞相李斯、中东府令赵高、幼子嬴胡亥。

任谁也没想到的是，这次巡游竟然成了秦始皇的死亡之旅。

巡游队伍到达平原津（古黄河渡口，今山东德州平原县）时，秦始皇病倒了。这个十三岁立为秦王、三十九岁统一六国、现今五十岁的男人，太累了。

虽然卧床不起，生命危在旦夕，但是秦始皇一生追求长生不老，没有人敢于向他暗示立遗嘱的事情。也是因为同样的原因，秦始皇封王二十五年、称帝十二载，从来就没有指定过继承人。此时，巡游队伍能做的只能是快马加鞭，希望尽快赶回咸阳。

当大队人马到达沙丘（今河北邢台境内）时，秦始皇已病入膏肓。在生命的最后时刻，秦始皇召集李斯、赵高，立下遗嘱：长子嬴扶苏速回咸阳，迎丧车。

这封诏书其实就确认了扶苏的继承人身份。但此时的扶苏远在帝国的上郡（今陕西北部）蒙括军中监军。

秦始皇一生中所犯的最大错误，就是没有提前指定嬴扶苏为继承人。这让他的帝国最终走向了万劫不复的深渊，因为嬴扶苏是一个有可能带领帝国顺利通过瓶颈期的人。

秦始皇的暴毙，在瞬间形成一个巨大的权力真空，把李斯、赵高、胡亥推上了历史前台。李斯与扶苏向来不睦，而赵高与蒙恬、蒙毅兄弟颇有私仇，更是不愿意扶苏上位。经过一番密谋，李斯、赵高、胡亥达成矫诏共识。他们秘不发丧，隐瞒秦始皇的死讯，假借秦始皇的名义伪造诏书，立胡亥为太子，并罗织扶苏、蒙恬的罪状，迫令二人自杀。

扶苏老成持重，宅心仁厚，接到诏书后，立即自杀。蒙恬却不肯自杀，他认为其中必有阴谋。使者就剥夺蒙恬的军权，将其囚禁在阳周（今陕西延安子长县），等候发落。

使者回报李斯、赵高、胡亥。三人听说长公子扶苏已经自杀，大喜过望，如释重负。在赵高的怂恿下，胡亥又命人逮捕蒙毅，将其囚禁在代郡（今河北北部）。

秦始皇暴毙之时，正值盛夏时节，农历七八月份，皇帝的尸体很快腐烂发臭。为了掩人耳目，李斯想了个点子：每辆车上都装一石（大约三十斤）鲍鱼，腥臭难闻，从而将尸臭味遮掩过去。

大队人马从沙丘往西北方向到达九原（今内蒙古包头），然后走驰道直返咸阳。

到达咸阳以后，胡亥立即宣布秦始皇死讯，正式发丧。此时，始皇帝嬴政已经死亡一个多月，化作一具烂臭不堪的尸体，这才得以下葬骊山陵墓。

无疑，秦始皇是一位伟大的帝王。虽然当政时期用法严苛，但是他所做的一切出发点都是为了巩固强大的帝国。秦二世上台，才开启了真正的暴政之路，因为他所做的一切都是为了满足自己无尽的私欲。嬴政与胡亥父子俩的统治，在出发点上有根本的不同。他们的关系，犹如一个操之过急的创业者和一个浪荡败家的富二代。

秦始皇下葬时，胡亥下诏："先帝的姬妾妃嫔当中，那些没有生过儿子的，不应再留。"于是，秦始皇后宫一众如花的美人因为没有生儿子被赶入墓穴，在哀号声中成为陪葬品。

因为参与建造陵墓的能工巧匠们知道其内部的构造和机关秘

密，而这些机密一旦泄露，陵墓就有被盗掘的危险，所以在封闭皇陵地宫墓道以后，所有能工巧匠全部被封死在了墓道出口里边，没有一个人能够逃脱出来。然后封土，种上大量的树木，整个皇陵宛如一座山一样雄伟。

骊山成巨冢，天下要分崩。

就在秦始皇的哀乐声中，胡亥以表面合法的太子身份登上皇帝宝座，史称秦二世。赵高被封为郎中令，服侍在皇帝身边。

赵高欲借机报私仇，日夜不停地毁谤蒙恬、蒙毅兄弟，编造了各种莫须有的罪状，怂恿秦二世杀掉他们。

秦二世派出御史乘坐辇车来到代郡，对蒙毅说："先帝要立我为太子，你不同意。现在丞相要以你不忠的罪名诛杀你的家族，我实在不忍心，只赐你死罪，这样你的家族可以保全，已经很幸运了。你看着办吧！"

蒙毅试图为自己辩解，但使者知道秦二世的真实心思，就直接把蒙毅杀掉了。

秦二世又派出使者来到阳周，对蒙恬说："你的罪过很多，而你的弟弟蒙毅有大罪，你也要连坐。"

接到诏书，蒙恬沉默良久，叹息道："我的罪过深重，应该赴死。西起临洮东至辽东，修筑万里长城，其中怎能没有绝断地脉？这就是我的罪过呀（宿命论）。"然后服毒自杀。

蒙家三代驰骋沙场，外立大功，内居高位，至此化作一缕青烟，全部散了。帝王将相，终是化作孤冢。

秦二世元年（前209）春，刚刚登基几个月，位子还没有坐热的秦二世，立即学着先皇帝的样子，向东巡游。在巡游路上，胡亥便在赵高的调唆下，假借各种罪名杀戮大臣和郡县的地方官员。

回到咸阳以后，秦二世继续着手实施杀戮计划。秦二世以幼子身份篡位，怕兄长威胁其统治，便以血腥手段清除宗室亲族，并不断扩大打击面。很快，就有十二位公子被腰斩弃市，十位公主被五马分尸，其财产被全部没收。至于因辗转牵扯而连坐治罪的人，更是不可计数。

血腥屠杀之后，秦二世命令继续修建阿房宫。劳民伤财，没有止境。

秦二世又在全国范围内遴选五万名精锐勇士，组成首都咸阳警备部队。为此秦王朝豢养了很多狗马禽兽，专门给警备部队用来进行骑射训练。人、畜数量庞大，需要大量的食物、饲料供应，于是下令全国的郡县向首都输送粮食和饲料。而所有运送粮食和饲料的队伍，都要自备粮食。秦二世又下令，咸阳周围三百里以内所有的谷物，百姓不能食用，都必须送到咸阳。

对治国能力低下又暴虐异常的秦二世，大概只有一句话能送给他：不作不死。其苛政肆虐，无以复加；其横征暴敛，也令民怨沸腾。

火候已到之时，只待轻轻一碰，火山即刻爆发。

二　大泽乡：星火

秦二世元年（前 209）七月，秦二世登上皇位刚十个月。

两名秦政府的将尉押解九百多名役卒（犯罪的人组成的队伍）前往渔阳（今北京密云）戍边。在这支队伍里两个出身穷苦的人担任屯长（小头目），他们的名字叫陈胜和吴广。

人算不如天算，队伍走到大泽乡（今安徽宿州大泽乡镇）时，天降大雨，道路不通。计算时间，他们已注定无法按照规定期限到达目的地。按照秦朝严苛的法律，一旦超过期限，所有人都会被诛杀。

陈胜和吴广私下计议：“逾期到达是死，逃亡抓回来是死，举事最多也是死。既然难逃一死，不如为国（楚国，陈胜吴广都属于故楚国人）捐躯!”

秦国统一天下已经十二年，但秦的统治者从来就没有得到人心，或者说，他们也从来没有试图取得人心。战国时代的观念，此时依旧根深蒂固。

陈胜、吴广召集所有士卒，告诉他们：“我们中途遇到大雨，肯定无法准时抵达渔阳，逾期到达，我们都要被杀掉。即使万幸不被杀掉，戍边的人也十有六七都要送命。大丈夫不死则以，如果要死，也要干一番大事业。王侯将相，宁有种乎!”

这是中国历史上，平民第一次喊出自己的口号。压迫与反抗，犹如作用力与反作用力。大家满腔的怨恨和怒火瞬间被点燃，纷纷响应，振臂高呼：“愿意听从您的号令!”

一切水到渠成。

当时，秦公子扶苏向有贤名，却被秦二世诱杀。但许多百姓只知其贤名，并不知其已死。而已故旧楚国将军项燕，爱卒如子，很受楚地人爱戴。有的人知道他已死去，但也有不少人以为他逃亡在外躲藏了。于是陈胜诈称公子扶苏和楚将项燕还没有死亡，以其名义号召这支九百人的队伍。这支队伍全都露出右臂作为标志，号称大楚，设坛盟誓，以两名秦军将尉的脑袋祭旗。陈胜自称将军，吴广封为都尉。

火山终究要爆发，陈胜成为那个点火的人。他们所开创的，是前无古人的事业。

起义军很快攻陷大泽乡，然后占领蕲县（今安徽宿州蕲县镇）。

战争形势犹如秋风扫落叶，沿途不断有穷苦的农民加入，起义队伍如滚雪球般壮大。到陈县（今河南周口淮阳县）的时候，已经发展到战车六七百辆，骑兵千人以上，步卒几万人。

陈县，作为楚国故都之一，地处故韩、魏、楚、齐交界地区，是交通枢纽，也是战略要冲，更是西进攻秦的必经之地。但是，陈县成为陈胜的转折点。从这儿开始，这个穷苦人出身的带头大哥开始犯下一连串的政治、军事错误。

进入陈县以后，陈胜接见了很多人，主要是当地的名人、豪强，其中有一对好朋友：张耳和陈馀。

张耳，正是刘邦曾经的门主。

陈馀，是张耳的老乡，他性格孤傲，是魏国名士。

这两位故魏国的名人感情深厚，是刎颈之交（能够为对方去死）。

秦王政二十二年（前225），秦灭魏，几年以后，秦国听说了张耳和陈馀的名声，就悬赏重金缉拿二人：一千金求张耳，五百金求陈馀。两人只得更名换姓，逃到陈县躲藏起来，找了一份里监门（为村子之类的小地方看大门）的工作养家糊口，而且两家就住对门。

因为张耳的年龄大，陈馀就像侍候父亲一样侍候张耳。陈馀曾经有一次因为一点小的过错就被当地小官吏鞭打，陈馀愤怒想要反抗，张耳用脚踩他，暗示他要忍住。小吏走后，张耳把陈馀拉到桑树下，批评他说："以前我是怎么给你说的？今天难道因为一点小的屈辱就要死在一个小吏手上吗？"陈馀觉得有理（忍气吞声、逃亡的日子不好过）。秦政府发出告示要缉捕他们两人时，他们还装作若无其事的样子把这些告示发给当地百姓。

两位好朋友隐姓埋名一晃十几年，直到陈胜的到来。

张耳、陈馀前来晋见陈胜，陈胜虽早就听说过他们贤能的名声，但还从来没有见过他们，因此大喜过望。

陈县的豪强父老都劝说陈胜称王："将军披坚执锐，反抗暴秦，复立楚国，功德至高无上，应当称王。而且，要带领和指挥手下诸位将军，不称王是不可以的（拍马屁是很简单的事情）。"

陈胜问张耳和陈馀的意见，这二位的意见与陈县豪强刚好相反，他们告诉陈胜："秦政府残暴，灭人国家，毁人社稷，绝人后代，横征暴敛，掏空天下财富。将军之所以冒着万死的危险反抗暴秦，是为天下人除害的。现在刚到陈县就称王，天下百姓都能看见您的私心。”

“希望将军千万不要称王，应该迅速率兵西向攻秦，并且派人到以前的六国去结交同盟，帮助他们复国。这样，不但自己的朋友多，而且暴秦的敌人也多，我们的力量就会增强，暴秦的力量就会分散。如此，甚至不用发生太多战争，就可以推翻暴秦，占领咸阳，号令诸侯。诸侯得以重新立国，必然感激大王的功德，这才能够成就帝王的功业。如果现在称王，恐怕人心瓦解。”

精辟，太精辟。张耳和陈馀的建议，字字珠玑。对于陈胜来说，未必想拥立故六国皇族后裔，但是自己称王实在还不到时机。就当时的环境来看，张耳、陈馀的建议的确可以作为政治和军事的纲领。

可惜，太可惜。陈胜不听。他的见识肤浅，或者，他从事的是前无古人的事业，没有前车之鉴，他不懂得“高筑墙，广积粮，缓称王”的道理。称王的诱惑是巨大的，让陈胜把持不住。

于是，陈胜就在陈县称王，建立政权张楚国，自称楚王。

同时，陈胜的军事决策也不断失误。

当时，陈胜的队伍在很短的时间内迅速壮大。但是，这庞大的队伍只是比乌合之众强一点而已，不只是队伍缺乏组织性，连陈胜和手下将领之间也缺乏足够的沟通、磨合和信任。当时军事上最好的方针就是集中力量挥师西向，推翻秦朝、占领咸阳是最重要的战略任务。

但是，称王后的陈胜，思想很快就惰了，因为他的格局太小。

他本人就此在陈县裹足不前，只是将队伍分给手下的将领，命令他们四面出击。

北方，武臣军。

张耳、陈馀向陈胜提出建议，分兵北向，夺取以前赵国的土地

（张耳、陈馀应该已经看出陈胜的肤浅）。陈胜接受，分兵三千人，由武臣担任统帅，邵骚担任护军，张耳、陈馀担任左右校尉，向北挺进。这支部队很快渡过黄河，进入故赵国土地。武臣派人到各个郡县游说当地的士绅豪强，很多人都响应武臣，尊称武臣为武信君，北伐部队很快增加到几万人，一连夺取十多个郡县。

西方，周章军。

这支部队担负最重要的战略任务：西向攻秦。周章一路上不断扩大队伍，到达函谷关的时候，已经有战车一千余辆，步卒达到几十万人，成为起义军中规模最大的兵团。

除上述两路兵马以外，还有攻击军事重镇荥阳（今河南郑州荥阳市）的吴广军，攻击南阳郡（今河南南阳）的宋留军，攻击九江郡（今安徽六安）的邓宗军，攻击广陵（今江苏泰州泰兴市）的召平军，攻击故魏国的周福军，以及回军东进的葛婴军。

一时间，农民起义大有星火燎原之势。

三　赵燕齐魏：复国

陈胜派出的周章，一路过关斩将，径直通过函谷关（旧秦国的东方门户），几十万大军抵达戏水（今陕西临潼），距离首都咸阳四十公里。起义军兵临城下，咸阳城破只在旦夕之间，再也躲不过了。

京师防守空虚，秦二世束手无策。少府章邯挺身而出，把几十万骊山役徒武装起来，抵抗周章大军。

章邯带领几十万乌合之众，在戏水迎击周章，竟然大败周章起义军。

周章的起义军团势如破竹挺进至秦都咸阳，大有毕其功于一役之势。然而却被之前名不见经传的章邯击溃，虽然章邯所凭借的只是临时武装起来的一支称不上队伍的队伍。有关此战的史料少之又少，我们大概可以将秦军此战的胜利归功于章邯天生的军事才能。另外，不断壮大的起义军团因缺乏严格的组织与编制纪律，或许已经“一鼓作气、再而衰”。又或许，此时陈县城内的陈胜权力核心出现的混乱状况，已经对周章造成了影响……

周章率领大军东退，退出函谷关，暂时驻扎曹阳（今河南三门峡附近）。

章邯的部队全力对付周章的西征兵团时，陈胜派出的其他几路将领借机迅速扩大战果。很快，在起义军的帮助下，战国时期被秦国攻灭的诸侯国纷纷复国。

进入故赵国后势力大壮的武信君武臣，准备派兵攻打范阳（今河北石家庄正定县）。

范阳城内有一个人，名叫蒯通（又名蒯彻）。这是一个很牛的人，他不但可以敏锐地捕捉局势，还具有绝佳的口才。

蒯通拜见范阳徐县令，说：“私下里我觉得您的死期已经不远了，特意来给您吊丧。不过，同时也要恭喜您，因为有了我，您可以不用去死了。”

徐县令被蒯通吓了一跳，问道：“何来吊丧之言？”

蒯通解释说：“秦朝法律严苛，您在县令的位子上已经坐了十年。您杀别人的父亲，制造了那么多孤儿。斩首断足之人，更是多到无法计算。那些受过刑的慈父孝子都对您有切齿的仇恨。之所以没有人把利刃刺入您的胸膛，是害怕秦朝的法律。”

“而现在天下已经大乱，秦朝法律已经无人遵守，如果有谁率先杀了您，反而成了扬名立万的事情。现在各路诸侯起兵抗秦，武信君（武臣）的部队很快就兵临城下。而您却在这儿坚守范阳，很多年轻人都等着提了您的脑袋去拜见武信君。这就是我为什么为您吊丧来了！”

徐县令深以为然，问道：“如何是好？”

蒯通趁机献计：“今天就派我去见武信君，我可以帮您转危为安！”

徐县令应允。蒯通面见武臣后，说道：“将军的策略是通过战胜敌人而占领土地，占领土地以后才占领城市。我认为这并不是好的办法。如果您能采用我的办法，不用战胜敌人就可以占领土地，不用攻坚就可以占领城市，只需发一篇文告，就可以收千里土地。将军意下如何？”

武臣一脸困惑，问道：“此话怎讲？”

蒯通娓娓道来，说：“徐县令正在整顿部队准备抵抗将军，但是实际上，徐县令贪生怕死，迷恋富贵，很想向您投降，只是害怕您会像对待刚刚占领的十个城市那样，大肆杀戮。如果真的是那样，所有的城市都会全力以赴抵抗将军的进攻。”

“假如将军改变策略，不但不杀徐县令，还封他爵位，送给他侯爵的印绶。然后让他乘坐豪华的安车（可以坐的高级马车，古代马车一般都是只能站在上边），在燕、赵故土上招摇过市。有徐县令这个活榜样，其他地方的人都可以看到将军的怀柔政策，将军将会不战而胜。”

武臣采纳蒯通的建议，派出一百辆安车和两百名骑兵，用盛大的仪式把侯爵的印绶送给徐县令。

果真，有三十多个城市不战而降。

一张利口，胜过精兵十万。蒯通的洞察能力、分析能力和伶牙俐齿令人佩服。

武臣的部队很快抵达邯郸（今河北邯郸）。就在此时，周章败于章邯、退出函谷关的消息传来，而且包括葛婴在内的一些将领在攻城略地回到陈县以后，竟然受到谗言陷害而被陈胜处死。

于是，张耳和陈馀建议武臣称王，说：“陈胜起兵，在陈县称王，说明不一定非要拥立六国皇族后裔。将军以区区三千人占领赵国几十座城市，居功至伟，而我们处于黄河之北，远离张楚王，不称王无法安定赵国广大地区。而且现在陈王听信谗言，即使将军回到陈县，也很可能被陈王所害。将军不要坐失良机！”

陈胜在陈县的时候，曾经召见张耳和陈馀，并且拒绝了他们不称王的建议。陈胜一定给张耳和陈馀留下至深的印象：此人不能长久。所以张耳和陈馀先是建议陈胜分军让武臣攻取赵地，继而在取得地盘以后建议武臣称王，彻底脱离张楚国的控制。武臣确实功劳不小，而且确实有被陈胜加害的可能，但是不称王就无法安定赵国广大地区吗？这实在不敢让人苟同。

而最终，武臣没有经得住称王的诱惑。

八月，就在邯郸，武臣称赵王，任命邵骚、张耳为左、右宰相，陈馀为大将军，并且派人报告陈胜。

由此，北伐军彻底脱离了陈胜的控制。

陈胜听到武臣自立称王的消息，大发雷霆，立刻就要杀武臣全家，并且准备派兵攻击武臣的赵国。当时周章的西征军正与章邯激战，上柱国蔡赐劝诫陈胜说：“暴秦未除而杀赵王将相家室，这是为自己树立另一个强敌。不如顺水推舟，承认赵王，并使赵国西向攻秦，以助周章一臂之力。”

如果采纳这个建议，陈胜就是在鼓励将领背叛领袖；而如果不采纳这个建议，陈胜就是在为自己培养强大的敌人。陈胜把自己置于如此尴尬之地。

最后，陈胜决定妥协，把武臣的家属接到自己的宫中居住，还把张耳的儿子张敖封为成都君；同时又派出使者祝贺武臣称王，命令武臣向西攻击秦政府。

武臣与张耳、陈馀等商量对策说：“陈胜承认赵王，并非本意，只是计谋而已。如果张楚灭秦，一定会攻击我们。不如不要攻秦，而是继续向北占领土地，扩大地盘。这样我们南有黄河，北有燕国，即使张楚灭秦，也不敢攻击我们。如果张楚不能胜秦，反而会倚重我们。这样，乘着楚、秦都疲惫之机，赵国就可以横行天下。”

于是，武臣并不派兵西进，而是派出手下大将韩广率兵北上（今北京方向），进入故燕国夺取土地。又派出大将李良攻击常山郡（今河北石家庄正定县），张黡攻击上党郡（今山西长治）。

韩广进入故燕国土地，当地的豪强对韩广说：“陈胜已经称楚王，武臣已经称赵王。燕国虽小，也是有一万辆战车的大地盘。希望将军称燕王。”韩广说：“我的老母亲还在赵国，不敢称王。”

当地人再次劝韩广说：“赵国目前西边担忧秦国，南边担忧张楚，哪有力量控制燕国呢？而且，张楚如此强大，还不敢加害赵王将相的家室，赵国怎么敢加害将军亲属呢？”

于是，韩广完全效法武臣，背叛故主，自立为燕王。几个月以后，赵王武臣派人把韩广的母亲和全部家属护送到了燕国。

秦国未灭，起义军内部就开始分裂。陈胜的策略，必然导致如此结果。

陈胜派出的大将周福，一路扫荡，穿过故魏国土地，占领很多郡县，一直到达故齐国狄县（今山东淄博高青县）。周福兵临城下，狄县县令闭城坚守。

此时，狄县有田氏兄弟三人。田儋，是故齐国皇族的后裔，还有田儋的堂弟田荣以及田荣的胞弟田横。齐国灭亡以后，田氏被贬为平民，但依然是当地的豪强大族，很有号召力。

田儋使诈，故意把他的奴隶捆绑，送到县衙，请求县令准许他处决自己的奴隶（主人有权诛杀自己的奴隶，但是必须事先向政府汇报）。

狄县县令出庭问案，田儋和他的随从就在县衙之上，杀掉县令，然后号召豪强和官吏说：“诸侯都反秦自立，齐国以前也是大国之一，我乃田氏皇族，应该称王。”

于是，田儋自立为齐王，发兵迎战周福的张楚军。周福不敌撤退，田儋率领部队东进，进而占领故齐国土地。

周福不能攻克狄县，于是率军南下，经过故魏国，打算拥立故魏国公子魏咎当魏王。

魏咎，又称宁陵君。秦国消灭魏国以后，魏咎被废为庶民。陈胜起义称王以后，魏咎追随陈胜，就在陈县。

此时，周福已经收复故魏国大片领土，而魏咎却在陈县。周福手下的人都要拥立周福为魏王，周福说："天下大乱，才能显示谁是忠臣。现在天下都背叛秦国，从道义上来讲，一定要立以前魏国的后代才可以。"

周福很厚道，也很聪明，封王的诱惑就在眼前，但是他明白高处不胜寒的道理，就这点来看，他比陈胜高明。

此时齐王田儋、赵王武臣各自派出五十辆战车，要拥立周福为魏王。周福坚决不接受，而是派出使者到陈县迎接魏咎。陈胜很不情愿（不愿意再看到他人裂土封王），但周福先后派出五批使者相迎，陈胜无奈只得把魏咎放行。

这样，周福立魏咎为魏王，自己担任了魏国宰相。

至此，起义军首领或者自己称王，或者拥立战国时代诸侯国的皇族后裔为王。暴秦未灭，天下再次陷入诸侯割据的局面，彼此之间不但日益分化，而且互相攻击。

第四章

沛公起义

造反，可以说是世界上技术含量最高、风险最高、潜在回报最高的工作，但其对主客观环境的要求也极端苛刻。当时，暴秦依然强大，以陈胜为代表的各路诸侯都在蓬勃发展，而造反的沛县这帮人，一共才几百颗脑袋，一旦失败，跟班们可能还有退路，但是带头人是无法掉头的，一定是要被诛灭九族的。萧何、曹参的江湖地位不如刘邦，而且他们也不愿意坐到火山口上。因此带头造反的工作，只适合特定历史环境下那几个凤毛麟角的人，比如刘邦。

一　刘邦斩白蛇：逼上梁山

秦二世元年（前209），陈胜起义，天下大乱，四十八岁的刘邦等来了崭露头角的机会。

而刘邦走上造反的道路，也颇有些逼上梁山的味道。这还要从刘邦执行的一次公务说起。

秦始皇去世以后，秦二世继续征召徒役和罪犯去修骊山陵墓，沛县也被分配了一定的名额。人数凑足以后，沛县把这个工作交给了刘邦：押解这些犯人按照预定日期送到骊山。

从沛县出发以后，就陆续有犯人开始逃亡。队伍才刚赶到丰邑（漫漫长路才刚开始），刘邦算了一下，若等到骊山的时候，估计这些人都跑光了，那可是要掉脑袋的事情。苛政逼人反，丰县的刘邦和大泽乡的陈胜处境差不多。

刘邦带着剩下的犯人走到丰邑西边的泽中亭，停下来休息喝酒。三杯酒下肚，算了，去他娘的！老子把你们全放了吧！刘邦对犯人们说："你们都走吧，我也要逃命了！"大部分犯人都逃跑了，但感动之余，还是有十几个壮士留了下来，表示愿意追随刘邦。混了四十多年，刘邦终于混成了带头大哥。虽然手下的"马仔"实在太少了，但好歹也算是支队伍了。

晚上，刘邦喝醉了，带着这帮人穿过沼泽，准备逃亡。刘邦命令一个人在前面探路，那个人跑回来说："前面有条大白蛇挡道，我们还是回去吧。"大家都很害怕。刘邦借着酒力给大家壮胆说：

“男子汉大丈夫走路，怕什么！”他赶上前去，拔剑斩蛇，白蛇被断为两半。随后，大家继续前行，又走了几里地，刘邦大醉，就躺下来休息。

后边的人来到斩杀白蛇的地方，看到一个老妇人正在哭泣。问老妇人为什么哭，她说：“我的儿子被人杀了！”又问她：“您的儿子为什么被杀呢？”老妇人说：“我的儿子是白帝之子，变成白蛇，挡在路上，被赤帝之子所杀。”那人以为老妇人胡说八道，便想为难她，谁知那个老妇人突然之间就不见了。刘邦睡醒后，那人把这件事告诉了刘邦。刘邦心里暗喜，自以为奉天命。而那些追随刘邦的人也越来越敬畏刘邦。

忽悠！

斩杀白蛇是有可能的，只是白帝之子、赤帝之子、忽然不见的老妇人这些实在太神乎其神，这是刘邦在有意无意地把自己神化成赤帝之子，抓住一切机会包装自己。

刘邦纵放罪犯，官府悬赏缉拿他。他只能逃亡，这位帝国基层公务员转眼之间成为通缉犯人，后来就藏匿在芒山和砀山之间（今河南商丘永城市芒山，安徽宿州砀山县，都在今河南、安徽、江苏交界地区）。

妻子吕雉只能一个人带着两个孩子辛苦种地，还要经常去芒砀山找刘邦，为刘邦送去食物，而且她每次都能找到他。刘邦觉得很奇怪，就问老婆为什么。吕雉说：“你所在的地方，上方总是有云气。根据云气的方位，总能找到你。”刘邦听了又很高兴。沛县的年轻人听说这件事情后，很多人都想追随刘邦。

接着忽悠！

天子之气什么颜色？什么形状？成分如何？几斤几两？没人知道！

可是过了不久，官府缉拿刘邦不得，就逮捕了吕雉，把她关在监狱里。负责看管的狱卒看到吕雉颇有几分姿色，就调戏侮辱吕雉。

刘邦在亭长任上结交的兄弟任敖知道了这件事，就把那个狱卒打伤了。小弟保护大哥的女人，义不容辞。本来任敖也要被治罪，但是萧何从中调解，最终不了了之。这也算是萧何邦了刘邦一个忙。

就在此时，陈胜在大泽乡起义，已经夺取陈县，建立张楚国，自称楚王。天下响应者众多，很多人纷纷杀掉地方官吏起义。

沛县县令想在沛县起义，响应陈胜。主吏萧何、狱掾曹参告诉县令说："您身为秦政府的官吏，要背秦起义，号令沛县子弟，恐怕大家不会听你的。还不如把我们沛县那些因为犯了罪而在外逃亡的人召回来，至少有几百人，有这些人给您助阵，大家可就不敢不听您的号令了。"

县令接受这个建议，派樊哙去找刘邦（樊哙的妻子是吕雉的妹妹，所以樊哙既是刘邦的朋友，又是他的担儿挑）。这时候刘邦已经有几百人的队伍，樊哙找到刘邦后，一起带领这支队伍回到沛县，准备起事。

就在这节骨眼上，沛县县令怕这些亡命之徒难以控制，后悔了，反而紧闭城门，加强戒备，拒绝刘邦入城。

而且，因为萧何、曹参两人和刘邦是朋友，此事也是他们提起的，县令害怕他们和刘邦里应外合，就想杀掉萧何、曹参。为了保住性命，萧何、曹参翻越城墙跑出来投靠了刘邦。

刘邦见状，就写了一封信，用箭射到城里，告诉沛县父老乡亲："天下之人早就受够了暴秦的苦。今天你们虽然为县令守城，但是天下已经诸侯并起，迟早会屠杀沛县。如果我们诛杀县令，选择贤能的人带领我们响应诸侯，就可以保全家族。不然的话，为了县令一个人而父子都被屠杀，可是不值得呀！"

于是沛县父老乡亲就在县城里共同诛杀县令，打开城门迎接刘邦。上兵伐谋，刘邦和他的沛县军事小集团甫一露面，就不战而屈人之兵。

大家推举刘邦做领袖，刘邦开始时是拒绝的："天下纷乱，诸侯并起，如果领袖选得不合适，一定会失败。不是我太爱惜自己，而是真的怕自己不能胜任，不能保全父老乡亲。这可是大事情，还是找更合适的人吧。”

当时，有点号召力的除了刘邦，也就是县里的资深官吏萧何和曹参了。可是他们两个都是文官，不敢冒险，而且如果事情不能成功，可以说是要被诛灭九族的。反复几次，费了一番周折，大家还是一致推举刘邦。

造反，可以说是世界上技术含量最高、风险最高、潜在回报最高的工作，但其对主客观环境的要求也极端苛刻。当时，暴秦依然强大，以陈胜为代表的各路诸侯都在蓬勃发展，而造反的沛县这帮人，一共才几百颗脑袋。纵观整个中国历史，老百姓造反的可谓前赴后继，但是成功的，只有刘邦和朱元璋两个人。

无疑，造反一旦失败，跟班们可能还有退路，但是带头人是无法掉头的，一定是要被诛灭九族的。萧何、曹参的江湖地位不如刘邦，而且他们也不愿意坐到火山口上。带头造反的工作，只适合特定历史环境下那几个凤毛麟角的人，比如刘邦。

秦二世元年（前209）九月，在陈胜大泽乡起义两个月之后，刘邦在沛县起义，立为沛公。

然后刘邦祭祀老祖宗黄帝和蚩尤，并且以赤色为标志。萧何、曹参负责招收沛县本来的正规军，樊哙负责到社会上招收愿意起义的年轻人。很快，刘邦的队伍发展到三千人，拥有沛县和丰邑作为根据地。

三千人，两个县，这是刘邦的所有资本。当然，还有一帮追随的兄弟：曹参、樊哙、周勃、雍齿、卢绾、任敖等等，以及刘家的兄弟子侄。最重要的，还有四十九岁快要退休的老头萧何，这可是个极其重要的人。

几乎就在刘邦起义的同时，在离沛县不远的地方，还有一支队伍起于民间，带头人是叔侄二人。

二　项羽斩郡守：硬汉

他们就是项梁和他的侄子项羽。

楚国为秦国所灭，项梁被贬为庶人，流落民间。后来，项梁杀了人，被仇人追杀，带着侄子项羽跑到吴中（今江苏苏州）躲藏起来。

吴中也是故楚国的地方，因为项梁出身将相世家，在吴中很有号召力，很多大事甚至是丧事，都要由项梁来主办。当地的豪强士大夫都出自项梁门下，连会稽郡郡守殷通都是项梁的朋友。项梁在吴中就像地下组织的头目，有一定的群众基础，而且暗中在发展自己的势力。

项羽，因为父亲项超去世得早，从小跟着叔叔项梁，情同父子。项羽年少时，项梁教他读书，但是项羽很快就不想学了。又教他学习剑术，也是浅尝辄止。项梁批评项羽，项羽说："读书学写字，只是用来写名字而已。击剑只是用来一对一单挑。要学，就学万人敌。"于是项梁让项羽学习兵法。开始时项羽很开心，可是最终还是不能深入研究。

项羽长大以后，身高一米九，而且孔武健壮，力能扛鼎（不知道多大的鼎），吴中子弟都害怕项羽。必须一提的是，项羽还有个从小一起长大的伙伴，叫龙且。

很多史书里记载项羽目有重瞳，就是每个眼睛有两个瞳孔。在古代，重瞳被认为是奇异的征兆，多出现在帝王身上，比如虞舜、晋文公重耳、项羽、王莽、南唐后主李煜等都被记载目有重瞳。实际上，先天重瞳是先天性瞳孔畸形，后天重瞳是早期白内障的症状。所以，有关项羽重瞳的记载，就是为了突出项羽的奇异，有没有重瞳其实已经真的不重要了。

秦始皇三十七年（前 210），秦始皇第五次巡游天下，经过会稽郡（辖区在今江苏东南部和浙江北部，治所就在吴中），项羽远远地望见秦始皇，对项梁说：“我能够取代他。”项梁赶紧捂住项羽的嘴：“不能胡说八道，这可是要灭族的！”

项羽不全是胡说八道，因为他差一点就成功了。

秦二世元年（前 209），项羽二十四岁。

九月，在陈胜大泽乡起义两个月之后，会稽郡郡守殷通计划起义相应陈胜。殷通找来项梁商议此事：“江西（长江以北地区）皆反，这是老天要让秦朝灭亡。我听说先发制人，后发为人制。我准备发兵起义，由你和桓楚（勇士，豪强）当将军。”从起义的时间和最初的形势来讲，项梁和刘邦有着惊人的相似：秦国的“空降干部”准备起义，引江湖人士以为援。

当时，桓楚正在外逃亡。项梁告诉殷通说：“桓楚在外逃亡，大家都不知道他在哪儿，只有项羽知道。”项梁出来告诉项羽“如此如此……”，之后项羽身藏利剑在外等候。项梁再入见殷通：“项羽就在外面，您就当面吩咐他吧。”殷通说：“好！”

项梁召项羽入内，一小会儿工夫，给项羽使眼色说：“可以了！”项羽闪电般拔出利剑，砍下了殷通的脑袋。呜呼哀哉！可怜的殷通可能都没有看见宝剑的寒光，就已经人头落地。

项梁手提殷通滴血的人头，身上佩带郡守的印绶，郡政府里很多人都还不明白发生了什么事，瞬间大乱，纷纷围攻项梁、项羽。项羽极其骁勇，一人奋勇进击，杀死几十人甚至达到上百人。整个郡府里的人都被其慑服，没有人再敢反抗。

项梁、项羽叔侄，甫一登上历史舞台，就上演血腥一幕。殷通引狼入室固然让人叹息，但是项梁为什么要斩杀盟友？因为殷通是秦国的“下派干部”？或者是要在起义初期夺取队伍最高领导权？这已不得而知。而项羽以一敌百的无敌勇猛给我们留下至深的印象，但是其血腥残暴也让人不寒而栗。

秦始皇统一天下、施行郡县制的时候，郡县军政一把手原则上都由秦人担任，而基层小吏则基本上都是当地人。在关键时刻，这样的管理模式就显露出弊端：担任地方军政一把手的秦人“空降干部”对地方上的势力并没有控制力。刘邦起义时的沛县县令和项梁起义时的会稽郡郡守，都属于这种情况。

就在郡府之中，项梁召集自己所知道的官吏豪强，告诉他们要举事起义。他集中郡府管辖的兵力，又招收其余县里的部队，共有八千人。项梁自封为会稽郡守，项羽担任副将。

八千人，一个郡，这是项梁的所有资本。当然，还有项羽、龙且两位大将。

此时，抗秦战场上的主要势力如下。

张楚国：陈胜；

赵国：武臣；

燕国：韩广；

齐国：田儋；

魏国：魏咎；

……

吴中：项梁（八千人）；

沛县：刘邦（三千人）；

等等。

当然，无论是项梁，还是刘邦，都还算不得抗秦战场的重要力量。尤其是刘邦，见了面都不好意思和其他各路诸侯打招呼。目前扮演战场主角的依然是张楚国的各路将领。

但是，政治军事形势瞬息万变，张楚国的危机日益加深，已经在走下坡路。

三　武臣之死：瓦解

武臣自立为赵王以后，派韩广进入故燕国的同时，又派出大将李良攻击常山（今河北石家庄正定县）。

李良占领常山以后，回邯郸复命。但就在邯郸郊外，意外发生了。

李良大军碰巧遇到武臣的姐姐出城饮酒，随从有一百多骑兵。李良远远望见这豪华的銮车，以为是赵王武臣，立即下马拜伏在路边。谁知道武臣的姐姐竟然烂醉如泥，不知道前面就是李良大军，只是让随从骑兵稍稍致意。车队飞驰而过以后，大家才看清楚原来是赵王的姐姐。李良在漫天尘土中起身，羞惭不已。李良乃是张楚军中大将，地位很高，受此羞辱，气愤难平。

李良的一个随从人员说："天下都起兵反秦，谁有本事谁称王。而且，以前你的地位比赵王武臣还要高（一说李良曾为秦朝官吏，无法考证）。今天竟然被一个女流之辈羞辱，请将军杀此无知妇人！"

这时的李良本就已经收到秦军将领的劝降书，原本还犹豫不决。受此羞辱，又被部下调唆，他主意已决，就立即派人追赶武臣的姐姐。这个还在沉醉的女人，很快就被斩杀于道路之上。

两千多年前的一个女子，在那个兵荒马乱的年代，竟然招摇过市带领上百名骑兵出城，如此拉风，只为喝个痛快？赵王的姐姐，出行的规格定是不同凡响，这才让李良误认为是武臣本人。而从武臣姐姐的表现来看，武臣初登王位，其家族已经骄奢淫逸，无与伦比。

事已至此，无法挽回。邯郸城内根本不知道这样一个突发事件，李良得以率领大军迅速入城，闯入王宫袭杀赵王武臣和左丞相邵骚。武臣在赵王的位子上仅待了三个月，就命丧李良刀下，甚至丧命之时可能还不明白究竟是怎么回事。

表面看来，李良兵变不是武臣的错，都是他姐姐喝酒惹的祸。但实际上，武臣的赵国和陈胜的张楚国一样，都还只是松散的组织，领袖和将领之间还没有建立起足够的信任和忠诚。所以，武臣就是韩广和李良的活榜样：武臣可以背叛陈胜，韩广和李良就可以背叛武臣。

武臣之死，是一个强烈的信号：张楚国的组织开始瓦解。

张耳和陈馀平时人缘很好，朋友很多，消息灵通，这才得以逃出邯郸城，躲过李良的屠杀（人缘好永远都不是一件坏事情）。在邯郸城外，张耳、陈馀收集武臣的散兵败将，重新集结起几万人。

张耳、陈馀带领重新集结的部队北上信都（今河北邢台）。有两人的门客提出建议："二位都不是故赵国人（如前所述，张耳、陈馀都是故魏国大梁人），在此，都只是远方的客人，想让赵地的人依附你们，很难。最好的办法是寻找故赵国的王族后裔立为赵王，你们来辅佐他，定能取得成功。"

张耳、陈馀采纳这个建议，物色到一位赵国贵族后裔赵歇。张耳、陈馀就在信都立赵歇为赵王。随后，李良进攻信都，但被陈馀打败。其后，李良便率领孤军投降了章邯的秦军。

陈胜的西征军，也日益陷入危机之中。

败于章邯的周章驻屯曹阳两个月以后，章邯率军尾随而至，再次大败周章。起义军锐气尽失，再次撤退，到达渑池（今河南三门峡渑池县）。

章邯紧追不舍，就在渑池向张楚军发动总攻，最终击溃周章的部队，周章自杀。

大泽乡起义五个月后，陈胜的西征军彻底瓦解。

吴广被陈胜任命为代理楚王，率领部队进攻军事重镇荥阳。秦三川郡（治所在今河南洛阳附近，因为辖区内有黄河、洛河、伊河而得名）郡守李由（李斯的儿子）率领重兵坚守荥阳，吴广无法攻克。而此时，章邯已经在渑池击溃周章西征军，渑池向东，很快就到洛阳和荥阳。章邯的大军，对吴广军无疑是极大的潜在威胁。

吴广手下的将军田臧等在一起商量：“章邯击溃周章军，旦夕之间就能到荥阳。我们长期在此攻而不克，等章邯的部队一到，章邯、李由里应外合，我们必将大败。最好的办法是留小部分力量继续包围荥阳，而以精锐部队立即西上主动迎击章邯。但是代理楚王不懂用兵，而且现在骄傲异常，他肯定不能同意我们的意见。如果不把他杀掉，我们的计划肯定失败。”

计议已成，田臧等人假传陈胜的命令，诛杀吴广，把吴广的头颅送给陈胜。陈胜派使节把丞相（令尹）的印信送给田臧，任命田臧当上将军，接管了吴广的部队。

将领擅自诛杀统帅，而国王却直接提升将领至统帅的位置。陈胜是暗自惊喜吴广已除所以奖励田臧，还是田臧带兵在外陈胜无力责备他？其中缘由已不得而知，但由此可见，张楚国这个政权，已经沦为极不严肃的组织。

陈胜和吴广具有惊人的相似之处，稍有成就，就飘飘然喜不自胜。而且，他们作为统帅，都不治将，不知将。吴广带军至荥阳，时间最多两个月，竟然和手下将领已经势同水火。而田臧等人诛杀吴广，除去军事上的原因以外，也有政治上的阴谋。田臧已经揣摩出陈胜的微妙心思：张楚政权内部，地位唯一接近陈胜的，就是吴广。而陈胜看到吴广人头以后的反应，也很好地印证了这一点。中国合伙人在赚钱以前就分崩离析，倒也算常态。

田臧取得帅位后，实施已经拟好的计划。他留下一名叫李归的将领继续包围荥阳，亲率大部队向西迎击章邯。就在荥阳旁边的敖仓，两军相遇。结果是：张楚军完全崩溃，田臧阵亡。很显然，章邯的勇猛凌厉，不在田臧的计划之内。

还没有完，章邯非要赶尽杀绝。他继续攻击包围荥阳的李归军，张楚军再次崩溃，李归战死。

至此，武臣、周章、吴广、周福（已拥立魏咎为魏王，自己担任魏国宰相），陈胜的这几路大军已经死的死、叛的叛。章邯解围荥阳以后，和陈县只有咫尺之遥。陈胜已经彻底暴露在章邯的秦军面前。

四　陈胜之死：流星

陈胜，秦末农民军起义领袖，中国历史上第一次大规模农民起义的发起者。

这个骤然间登上高位的小人物，再也没有从陈县前进一步。一个月时间内爬到高位，犹如坐火箭急速爬升，很容易令人失去理性判断。陈胜很快陷入深宫，作威作福，被马屁精和女人包围，不能自拔。

陈胜称王以后，很多曾经和陈胜一起种过地的老朋友来到陈县投奔陈胜。老朋友叩开宫门，说："我们找陈胜。"看门人要逮捕这些穷苦人。老朋友们反复为自己分辩，才得开脱，然而始终无人肯为这些人通报陈胜。

老朋友们无奈，就在陈胜外出之际，拦住陈胜的车队，大声呼喊陈胜的名字。陈胜和老朋友们同车回宫，穷苦的老朋友们被陈胜的高屋殿宇、绫罗绸缎而惊叹。这些人在陈王宫内进进出出，越发随便，还不时旁若无人地说起陈胜以前的趣闻轶事。

陈胜手下有人向陈胜进言："这些人愚昧无知，胡言乱语，有损陈王的威仪。"于是陈胜杀掉了几个老朋友。欷歔！纵然老友轻言不尊，陈胜何至于杀人性命？自此以后，老友们陆续离去。

穷困之时，尚能呼朋唤友；富贵以后，反而众叛亲离。陈胜杀掉老朋友十二年以后，做了皇帝的刘邦路过老家沛县，却作《大风歌》，亲自为父老乡亲击筑起舞，宴饮十几天，不时说起自己穷困时的事情，好似下酒小菜。

据说，内心自卑的人，害怕暴露曾经的狼狈。这是不同的情怀，这是不同的格局。

政治上，陈胜也在逐步孤立自我。

陈胜任命一个叫朱房的人担任中正（负责考核的人），任命另一个叫胡武的人担任司过（监督犯错的人改正错误）。这两个特务专门负责窥视将领和朝臣的一举一动，对于自己不喜欢的文臣武将，陈胜从来不通过司法审判，而是随时私自处决。

短短几个月，张楚政权和领袖的腐败速度之快，令人发指。陈胜已经成为孤家寡人。

章邯的秦军在解围荥阳以后，立即挥军南下，兵锋直指陈胜。

就在此时，秦二世派出司马欣和董翳辅佐章邯，分别担任章邯的长史（秘书参谋）和都尉（偏将）。这个司马欣，曾经任栎阳狱掾（监狱长），还曾接受蕲县狱掾曹咎的请托纵放过项梁。小小一个栎阳狱掾，竟然已经进入核心权力圈子，其中途径，今人已无法得悉。

章邯大军抵达陈县，陈胜亲自登城督战，结果：章邯大败张楚军，击斩张楚国上柱国蔡赐（陈胜的重要亲信大臣），陈胜无奈逃亡。

秦二世二年（前 208）十二月，堂堂张楚王，狼狈逃窜。一行人到达下城父（今安徽亳州蒙城县），对手下人肆意谩骂的陈胜，被一个叫庄贾的车夫刺死。脾气涨得快，却落得慢。身为逃命之人，却不肯放下大王的威仪。陈胜之死，实为咎由自取。庄贾杀死陈胜以后返回陈县，投降章邯。

陈胜，一个普通人，在那个节骨眼上，有幸登上历史舞台。然而，他的政治军事智商决定了他不会走得很远。内忧外患，命丧车夫之手，让人感叹于他的悲剧人生。大泽乡起义至今，刚好六个月。陈胜只是在秦始皇谢幕以后的过渡角色，他碰巧点燃了抗秦的烽火，但是历史的主角注定不是他。

第五章
千古帝师

张良，汉初三杰之一，以信义立足于天下，以谋略闻名于诸侯，后世称之为“谋圣”。张良拾履，故事很唯美，但基本是胡扯。这个故事对张良有益，对刘邦更有益，两个人都借此穿上华丽的马甲：似乎一切都是上天的安排。但是，刘邦、张良在留县的邂逅，却有幸组成了中国历史上最为成功的帝与师的组合。两位英雄优势互补，他们的化学反应将迸发出巨大的能量。

一　英布：黑社会

后陈胜时代，起义队伍一时间群龙无首。然而，遍地抗暴起义军，已经无法遏止。各路新生抗秦力量，逐渐登上历史舞台。

陈胜曾经的中涓（随从，舍人）吕臣，率军攻击新阳（今安徽阜阳届首市）。吕臣得知陈胜已死，率军回攻陈县，斩杀庄贾，为陈胜复仇。再把陈胜安葬在砀县（今安徽宿州砀山县），尊称陈胜为隐王。

秦军集结力量，再次反攻陈县，吕臣败走。

吕臣败退之际，与另一路民间起义队伍相结合，这支队伍的头目是个骁勇善战的将军，他的名字叫英布。

英布，六县（今安徽六安）人，出身卑微。少年时有人为英布相面，说："犯罪受刑以后可以称王。"后来英布果然犯罪，受黥刑（在脸上刻字），英布反而因此很高兴，告诉别人说："别人为我相面说受刑以后可以称王，现在差不多了吧？"别人都笑他痴人妄语，因此又称他为黥布。

英布因犯罪被派往骊山，修筑秦始皇陵墓。骊山徒役有几十万人，英布倾力结交他们之中的豪杰以及罪犯头目们。再后来，英布带了一帮死党逃到长江沿岸，当起了盗贼。很快，英布发展到几千人的队伍。

陈胜起义以后，秦朝官吏鄱邑（今江西上饶鄱阳县）县令吴芮第一个响应陈胜。于是英布投靠了吴芮。因为英布作战英勇，吴芮更是把女儿嫁给他（一桩政治军事联姻）。

章邯击溃陈胜之际，吴芮派遣英布北上抗秦。正值吕臣从陈县败退，英布、吕臣两军结合，再与秦军战于青波（今河南信阳息县附近），大败秦军，起义军声势再震。

陈胜称王以后，有个叫秦嘉的人和一个叫朱鸡石的人也在东海郡郯县（今山东临沂郯城县）聚众起兵。

陈胜死亡的消息传来后，秦嘉寻找到故楚国王族后裔景驹。在彭城（今江苏徐州），秦嘉自封大司马，拥护景驹继任张楚王。秦嘉谋求利用张楚国的号召力，重振声威，试图把景驹塑造成为陈胜死后张楚国的另一面旗帜。

新立张楚王景驹移军留县（在今江苏徐州北方微山湖湖区内，沛县东南方向，今已没入湖底），刘邦前来请兵。

二　刘邦遇张良：知音

刘邦起义已经四个多月，为何来此请兵？因为他混得实在不好，确切地说，是刘邦丰沛军事小团伙内部出了一个叛徒。

刘邦占据沛县和丰邑以后，就以两个县为中心扩大势力范围。他首先向北进军，攻击胡陵县、方与县（都在今山东济宁鱼台县境内），占领方与，然后回防丰邑。此时，秦政府泗水监率军包围丰邑。刘邦迎战，击退泗水监，泗水卒吏（官府中的属吏，基层办事员）周苛、周昌兄弟二人投靠刘邦。

刘邦留下雍齿镇守丰邑，亲率主力部队向东攻击薛县（今山东枣庄）。在薛县，刘邦打败泗水郡守，占领薛县。

很快，刘邦地盘扩展到四个县：丰、沛、方与和薛。

此时，张楚国大将周福奉陈胜之命攻略故魏国土地，进攻丰县和沛县。强秦未灭，各起义军之间已经互相攻讦，都在尽力扩大自己的地盘。

周福诱降雍齿："丰县本来就是魏国地盘。我已经率领大军平定十几座城市，如果你能降魏，魏封你侯爵，还令你镇守丰县。如果不投降，我兵锋所至，必屠丰县！"

典型的胡萝卜加大棒，雍齿立即投降。

雍齿和刘邦算是老熟人，都在沛县混了几十年。可是，雍齿从来都看不起刘邦，目前居于刘邦之下，更是心有不甘。于是，雍齿投降周福，原班人马、办公地点皆不变，只是换了个旗帜，还守丰县。

一个人什么时候最痛苦？被信任的人背叛的时候。刘邦就是如此。丰县是刘邦出生成长的地方，那里的父老乡亲、一草一木他都熟悉。雍齿是刘邦几十年的老朋友：刘邦自以为是朋友，所以他把镇守丰县根据地的任务交给了雍齿。现在，丰县的父老乡亲跟着雍齿背叛了刘邦。就在刘邦刚刚创业的时候，就在刘邦最最困难的时候，他最信任、最倚重的丰县背叛了他。

刘邦很痛苦，刘邦很愤怒。雍齿和丰县的父老在他心里留下阴影，向来豁达大度的刘邦在以后处理和将领的关系上，变得鸡贼起来。

占领薛县后，刘邦回军，立即进攻丰县，但无法攻克，刘邦又气又急又恼，一下子病倒了。他只得回沛县休养。

后来，刘邦听说秦嘉拥立景驹继任张楚王，就驻扎在不远的留县，于是立刻前来请兵。而此时，章邯已经攻破陈县，派遣副将东进，一路血腥屠杀，一直杀到砀县。秦嘉从留县西上迎击秦军，不分胜负，而此时刘邦就在抗秦队伍里。

刘邦本来的意图是借几千兵马，收复丰县，谁知道反成了秦嘉的免费"马仔"。无奈，没有占到便宜的刘邦再次撤退。

刘邦这次请兵没有请到一兵一卒，白打了几仗，没有占到一点便宜，好像还亏了。不过，刘邦实际上赚了便宜，还是个很大的便宜。因为在这次请兵路上，他遇到一个人，一个很牛的人。

这个牛人就是曾在博浪沙刺杀秦始皇的张良。

刺杀行动失败以后，张良更名改姓，藏匿在下邳（今江苏徐州睢宁县古邳镇）。至此，他已经在江湖上消失了十年之久。

张良藏匿下邳期间，一直广交朋友，为再一次反秦积蓄力量。有一次，有个叫项伯的下相人杀了人逃亡到下邳，张良倾力帮助项伯，两个逃犯遂成为好朋友。这个项伯不是别人，还大有来头，他的哥哥叫项梁，还有个侄子叫项羽。

过去的十几年里，张良不只是倾力结交江湖人士，更是努力自学兵法。据说，他还得到了神仙的指点。

有一次，张良闲来无事，走到下邳一座桥上，看到一位衣着打扮很普通的老者。等张良走近的时候，老者故意脱下鞋子扔到桥下，对张良说："小子，下去帮我把鞋子捡起来！"张良错愕，想把老人打一顿，但是考虑到老人年纪大，便强忍着，下桥把老人的鞋子捡了起来。老人得寸进尺，把脚又翘起来："给我穿上！"张良又跪在地上帮老人穿上鞋子。

老人不但不感谢张良，反而大笑，告诉张良说："孺子可教！五天以后天亮时分，我们在此见面。"张良很奇怪，但还是答应了。五天以后，张良前往，可是老人已经先到了，很生气地对张良说："和老人约会，怎么可以迟到？五天以后再来这儿！"又过了五天，刚刚鸡叫时分，张良就来到桥上，谁知老人还是先到了，又质问张良："怎么又晚了？五天以后再来！"

又过了五天，第三次，张良上半夜就去了。过了一会，老人也来了，对张良说："这才像话！"然后拿出一本书给张良："读这本书可为王者之师。十年以后天下大乱，你可用这本书兴邦立国，十三年以后你可以到济北古城山下找我，我就是山下那块黄石头。"

老人说完扬长而去，再也没有见过他。据说，那老人就是传说中的黄石公。

天亮以后，张良看那本书，原来是《太公兵法》，就是当年姜子牙留下的兵书。从此以后，张良终日研习《太公兵法》，结合天下大事，终成为足智多谋、文韬武略无所不精的智士。

上述就是《史记》所载的故事。

张良，汉初三杰之一，以信义立足于天下，以谋略闻名于诸侯，后世称之为“谋圣”。张良拾履，故事很唯美，但基本是胡扯。这个故事对张良有益，对刘邦更有益，两个人都借此穿上华丽的马甲：似乎一切都是上天的安排。

但是，刘邦、张良在留县的邂逅，却有幸组成了中国历史上最为成功的帝与师的组合。两位英雄优势互补，他们的化学反应将迸发出巨大的能量。

不过，话说回来，他们的相遇纯属偶然。而且，张良本来一直努力自立山头，并没有想过给别人“打工”。

陈胜起义反秦以后，张良也打算聚集人马，准备响应陈胜。然而，长相俊美、气质文弱的张良不是那块料，拼尽全力，才笼络到一百多人。当秦嘉拥立景驹继任张楚王以后，张良决定带领自己的队伍投靠景驹。

就在半路上，张良遇到前来请兵的刘邦。

张良和刘邦聊起天下大事，竟然有相见恨晚的感觉。张良曾经与别人讨论过《太公兵法》和天下大事，很少有人能够明白，但是刘邦对于张良的看法都非常赞赏。张良对别人说：“沛公真是个天才!”

高山流水遇知音，互相吹捧一番之后，张良决定依附刘邦。

有心栽花花不开，无心插柳柳成荫。请兵不成，却巧遇智囊张良并结为至交，刘邦这次赚大了。

交了新朋友的刘邦从景驹处回军，再次攻击砀县。竟然仅用三天便拿下，一举收编砀县部队六千人，刘邦的力量一下子扩张到九千人。刘邦率领九千人的部队再次进攻叛徒雍齿，但丰县墙高城固，还是无法攻克。

刘邦生吞活剥雍齿的心都有了。

很快，刘邦又有了借兵的机会，因为一个叫项梁的头领带领大部队来了。

三　项梁北上：刘邦借兵

当初，召平受张楚王陈胜派遣攻击广陵。广陵还未攻克，陈胜败亡、章邯进军的消息传来。打不起，总归躲得起。召平迫于章邯的巨大压力，无奈渡长江投奔会稽郡项梁。召平以陈胜的名义，封项梁为张楚国上柱国，并且命令项梁渡过长江攻击秦军："江东已定，急引兵西击秦！"

项梁所处的会稽郡尚不是抗秦主要战场，项梁决定响应召平。他率领所属八千人渡过长江北上，到达东阳县（今江苏淮安盱眙县附近）。

但是，东阳县已经有了一支更大的起义队伍，头领的名字叫陈婴。

陈婴，东阳县人，原来秦政府东阳县令史（政府里一般的属吏）。陈婴一向谦恭谨慎，在当地被公认为敦厚长者，很有威望。陈胜起义以后，抗秦武装层出不穷，东阳县当地的年轻人杀掉东阳县令（秦的"空降干部"又被干掉了一个），聚集起两万人，准备起义，但是大家苦于没有带头人。找来找去，就是陈婴了，全县只有他德高望重，众望所归，于是大家请陈婴称王。

没有任何组织，就聚集起两万人的队伍，可见暴秦肆虐，人人得而诛之。一大块肥肉送到嘴边，然而陈婴犹豫了。陈婴回家和老娘商量，老娘告诉他：“自从我嫁到你们陈家，还没有听说过陈家祖宗有大贵之人。突然之间被推到高位，不是什么好事情，不如找别人当领导。万一事情成功，你也可以封个侯爵。如果不能成功，你也不是出头鸟，还可以逃亡。”

陈婴的老娘，载于《史记·项羽本纪》。后人都认为这位老人家很有见识。但笔者认为，这个建议未必就是有见识，因为母亲就是母亲，为子女的谋划，一切都是安全第一。

谨慎的陈婴同意老娘的见解，不敢称王，但是大家还是强行拥立了陈婴当头目。此时，项梁北上经过东阳县，听说陈婴手下有两万人的部队，就派出使者邀约陈婴一起北上。陈婴借机对起义的军官们说：“项梁他们家世代都是楚国将军，在楚国很有威望。我们要举大事，非要跟着这种人才行。依靠这种有名望的世族，灭秦大业一定可以成功。”大家同意，陈婴就率领两万人归属项梁。

当真是踏破铁鞋无觅处，得来全不费工夫。项梁忙活半天才搞了八千人的队伍，这一下子就白白得到两万人，真是赚大了。这只能说，高贵的出身总是有所裨益，项梁老爹项燕的号召力依然强大。

项梁继续北上，渡过淮河。此时，大败秦军于青波的英布、吕臣率领部队东进。英布和另外一支起义军蒲将军（名不详）一同前来投靠项梁。这样，项梁军在短时间内即达到六七万人，就驻扎在下邳。

项梁军声势大震，景驹、秦嘉感到了莫大的威胁，因为两军已经近在咫尺，朝发夕至。秦嘉拥立景驹继任张楚王，意欲号召天下，可惜实力有限。而项梁受原张楚王陈胜之命北上抗秦，两支起义军杠上了。

项梁军驻扎下邳，虎视眈眈；秦嘉军布防彭城，严阵以待。

但是起义军打起义军总要找个借口。很快，项梁就找到了：“张楚王陈胜首先举义，战事不利，如今不知在哪里。秦嘉竟然背叛陈胜，立景驹为张楚王，实在大逆不道！”

这个借口，很纯粹，也很蹩脚。张楚王陈胜在秦二世元年（前209）十二月被杀，至此已四个多月过去了。项梁当然知道陈胜已经死亡，可是他就是假装不知道！欲伐之罪，何患无辞。我就是要打你！

其实，什么原来的张楚王、现在的张楚王，他们都是浮云。两支部队谁也不服谁，而项梁力量猛增，对秦嘉的部队也垂涎三尺，必欲吞之而后快。

那就打吧！

没办法，不想投降，秦嘉只能应战。秦嘉与项梁战于彭城，但是苦于兵少势弱，大败。秦嘉往西北方向败退至胡陵，项梁派英布率军追击。打也打不过，跑也跑不掉，秦嘉只能硬撑着回头再打。再打再败，激战一天，秦嘉阵亡。这样，包括朱鸡石等将军在内的所有部队就在胡陵投降了项梁。景驹逃亡到魏国，最后死在那里，又一个可怜的政治木偶退出了历史舞台。

项梁打败秦嘉，就是大鱼吃小鱼，就是抗秦力量之间的军事兼并。

收陈婴、纳英布、并蒲将军、吞秦嘉，加之一路之上前来投靠的小股起义军，此时的项梁号称十万之众，军威大振，就驻扎在胡陵。对项梁来说，似乎一切都来得那么快、那么容易。

但是，真正的敌人还是来了。

章邯军攻灭陈胜以后，四处扫荡，一路北上，此时已经抵达栗县（今河南商丘夏邑县），与项梁军一步之遥。屡战屡胜的项梁派遣两位将军朱鸡石、馀樊君进攻章邯。

这是迅速成长的起义军主力项梁和秦军主力章邯之间的第一次正面较量。理想很丰满，现实很骨感，章邯的勇猛凌厉超乎项梁的想象：秦军大败起义军，馀樊君阵亡，朱鸡石大败而归，逃回胡陵。

迫于章邯的巨大压力，项梁率军向东退却，驻扎在薛县。

半年多的时间，吴县起兵、拥兵八千的项梁实力突飞猛进。此次虽然被章邯轻轻修理了一下，但是元气未伤，已经成为抗秦战场上最粗的“大腿”。

很快，“抱大腿”的就来了。

刘邦带领一百多名精锐骑兵，来薛县向项梁借兵。慷慨的项梁大手一挥，拨给刘邦士卒五千人，还送了“五大夫”（低级军官）级官员十人。又送兵又送将，亲密得就像一家人。

其实，这次借兵很类似一次利益交换。薛县本来是刘邦的地盘，此时由项梁占据，刘邦未作任何抵抗。而聪明的刘邦避免与项梁正面对抗，当项梁攻打秦嘉的时候，刘邦作壁上观。力量薄弱，也只能作壁上观。在项梁面前，刘邦很有自知之明，以弱者的面目出现，大有依附项梁之势。项梁也便毫不犹豫，帮了刘邦一把。

此时的刘邦已经拥兵一万四千人，立即挥师西上，第三次反攻丰县。叛徒雍齿再也抵挡不住，大败而逃，投奔魏国魏咎和周福（后来又归顺刘邦）。收复老家、赶走叛徒的刘邦终于长舒一口气。丰县，我的地盘我做主。

政治军事形势瞬息万变，优胜劣汰每天都在上演。陈胜死后，主要抗秦力量如下。

楚国：项梁；

赵国：赵歇；

燕国：韩广；

齐国：田儋；

魏国：魏咎；

刘邦：大概一万四千人。

项梁，成为抗秦的主力；刘邦，也成为一支不可忽视的力量。他们与章邯的正面较量已经难以避免。

第六章

怀王之约

对于项羽来说，楚怀王不但夺了他的部分兵权，其嫡系部队龙且、桓楚以及后来投靠的召平、英布等也都不见提拔，而且以项羽为副将驰援赵国，也与其入关攻秦的期望相去甚远。既然约定先入关者封王，楚怀王却只派刘邦一支部队径行西上，而项羽却要先期驰援赵国。这样的安排虽然有充足的理由，但是明显有失公允，是在刻意压制项羽。

一 楚怀王：政治木偶

就在刘邦收复丰县的同时，项梁派遣项羽进攻襄城县（今河南许昌襄城县）。襄城守卫秦军誓死坚守，僵持不下。项羽全力攻城，终于攻克襄城。之后，项羽坑杀了全城军民。

守卫秦军和全城百姓，不分男女老幼，全部被坑杀。如果说守卫秦军顽强抵抗遭到屠杀，可以理解为这是项羽的军事威慑手段，但百姓何辜？他们只是苟延残喘的普通生灵，张三称王拜张三，李四称王跪李四。呜呼哀哉！项羽起兵反抗暴秦，没想到却比暴秦还残暴。两千多年后的今天，我们似乎还能想见千万妇孺老幼孤苦无告、携手赴死，一座城市瞬间沦为空城的景象。

正史中对于此次屠城的具体人数没有记载，但我们还是相信，项羽犯下骇人听闻的反人类罪行。这是项羽的军事首演，在这里，我们看见了他举起的屠刀以及嗜杀的本性。

此后，项羽回军薛县，还报项梁。

驻扎薛县的项梁获得可靠情报，陈胜确实已经死亡。其实，项梁估计一直都对此事是揣着明白装糊涂。此时，项梁认为，秦嘉的部队吃掉了，陈胜早死了，景驹打跑了，现在也该扯张虎皮做个大旗了，否则无法发号施令。于是，项梁在薛县召开军事扩大会议。所有项梁手下的将领全部参加，刘邦和张良也列席会议。正是在这次会议上，刘邦丰沛军事集团以非正式的形式成为楚军的一部分。

与会的还有一个很重要的人：范增。

范增，居鄛（今安徽巢湖附近）人，时年七十岁，平常居家，以奇计闻名乡里。项梁的队伍日益壮大，范增前来投奔，希望在有生之年为抗秦事业添砖加瓦。

范增为项梁分析当下形势说："陈胜败亡是必然的。秦灭六国，楚国最冤枉。自从楚怀王（芈槐）入秦不返，楚国人至今还心怀怜悯、念念不忘，所以才有'楚虽三户，亡秦必楚'的说法。陈胜首先起义，没有拥立楚国后代而是自立为王，注定不能长久。现在将军从江东起兵，以前楚国的人都争先恐后来投靠，因为将军世世代代都是楚国大将，大家以为将军可以拥立楚国的后代。"

秦灭六国，楚国最冤枉？难道齐、燕、韩、赵、魏就应该被秦国所灭？哪一个不是很冤枉？老楚怀王芈槐入秦不返，更是战国中后期的一笔糊涂账。优柔寡断、见利忘义的楚怀王被秦相张仪玩于股掌之间。张仪开出一张空头支票，竟然令楚怀王欣喜若狂，断绝与坚强盟友齐国的同盟关系。后来楚怀王被秦昭王以开会的名义骗去软禁在秦国，最后竟然死在那里。秦灭楚，楚国自然有仇恨，但是六国之中哪一个不是和秦国有血海深仇？要论伤害程度，赵国该是最仇恨秦国的。仅是长平之战，秦将白起就歼灭赵军五万人、坑杀赵卒四十万人。秦始皇十九年（前228），秦灭赵之时，赵国所有的军事力量几乎被屠戮殆尽，赵国境内的精壮男人已经屈指可数了。至于陈胜败亡，其原因是多方面的，自立为王只是其政治上的失策。而且，即使陈胜当初拥立故六国后裔，也不一定非要立楚国后裔才能有号召力。

当然，范增的论据不一定正确，但是结论是正确的。此时，项梁的队伍最好有一面旗帜。而项梁的队伍都是楚国人，当然他们需要的是一面楚国的旗帜。

项梁同意范增的主张，于是找到一个政治木偶——老楚怀王芈槐的孙子芈心。楚国灭亡以后，故楚国皇族流落民间，此时的芈心正在给别人放羊。

秦二世二年（前208）六月，项梁请来放羊娃芈心，立为楚怀王，封陈婴为上柱国，都城设在盱台（今江苏淮安盱眙县）。项梁连楚怀王的称号都没换，试图唤起群众对于故楚国的效忠，所以历史上就此出现了祖孙两个楚怀王。

对于项梁来说，芈心只是拿来作傀儡的娃娃，只是将其当一面旗帜插在那儿，所以把都城设在远远的盱台：远离中央战场，离薛县两百多公里。而东阳陈婴虽然奉献了两万人马，但毕竟不是项梁吴中起兵时的嫡系部队，所以，项梁给了陈婴一个高职位，让他去陪芈心了。

项梁又封自己为武信君，掌管主力部队，牢牢地抓住武装力量。

二　张良复韩：一个坚持的人

自陈胜起义以来，赵、燕、齐、魏纷纷复国，只有韩国一直未复。张良乘机对项梁说："将军已经帮楚国复国，目前只有韩国未复。而以前韩国的贵族后裔里边，横阳君韩成素来贤良，可以立为韩王，也可以为我们争取更多的支持。"

项梁同意，命令张良找到韩成，立为韩王，封张良为韩国司徒（大将军）。然后又拨给张良一千多兵马，命令韩成、张良向西夺取故韩国的土地。但因为兵力太少，张良和韩成往往在夺取城市以后很快又失去，所以他们就在颍川郡（故韩国土地，今河南南部地区）从事游击战争。

算上韩成、张良的这个不太像样的游击队韩国，故六国已全部复国：赵国赵歇、燕国韩广、齐国田儋、魏国魏咎、楚国芈心和韩国韩成。

张良是个“忠、义、信、谋”全方位发展的人才。秦灭六国，韩国首当其冲，至此已经有二十二年。张良散尽家财刺杀秦始皇没有成功，但念念不忘的复韩终于成功，也算对自己当初的理想有了交代。

然而，六国已是过去时，宛若落寞的夕阳投下最后一抹余晖。群雄逐鹿，强者为王，六国的旗帜只能当作政治的幌子。

而秦军依然强大，章邯正以排山倒海之势袭来。

三　项梁之死：宋义上位

北上的章邯在栗县大败项梁的部将馀樊君、朱鸡石，没太把项梁当回事，放弃项梁，继续北上。章邯的战略目标是魏国。

章邯大军杀奔魏国首都临济（今河南新乡封丘县附近），魏王魏咎无奈，火速派出宰相周福向齐国、楚国求救。项梁派遣大将项它驰援，而齐王田儋亲自率领大军西上。

章邯大军、齐楚联军几乎同时到达临济城外。章邯连夜部署，命令士卒每人嘴里都衔着树枝以免发出声音，乘着夜色悄无声息地发动突袭，大破齐楚联军。齐王田儋、魏国宰相周福战死沙场。楚国项它率军撤退。

眼看临济城破，魏王魏咎不忍心看到黎民百姓遭受屠戮之灾，与秦军约定投降。谈妥投降条件以后，魏咎回到魏王府，肆意烧杀，自焚而死。

魏咎出身魏国皇族，战国时封为宁陵君。他在魏王的位子上坐了半年，虽然为章邯所灭，但是其悲天悯人的胸怀和慷慨赴死的气节值得所有人为他点赞。

魏咎的弟弟魏豹逃奔楚国。楚怀王芈心（实际上应该是项梁的决定，此时项梁牢牢控制楚军）拨给魏豹几千人的部队，命令魏豹继续夺取魏国土地。魏国侥幸不死，稍微振作。

齐国的部队也溃不成军，田儋的堂弟田荣收拾残兵败将向东方溃退，逃到东阿（今山东聊城东阿县附近）。

章邯秉承“穷寇要追”的作战原则，分兵包围临济城，自己亲率主力追击田荣的部队，一直追至东阿。

就在东阿，章邯把田荣的部队包围，志在围而歼之。此时进入七月雨季，连绵大雨下个不停。大战一触即发，一方是田荣的齐国溃败之师，一方是章邯的疲惫秦军。田荣的溃败，就在旦夕之间。然而，他的运气很好，援军到了。

此时，项梁和项羽、刘邦、龙且等率领大军北上驰援田荣。就在东阿城下，就在大雨之中，项梁大败章邯。彪悍的章邯，第一次在正面战场吃到败仗。

解围后的田荣还未喘口气，就得到了齐国已经有了新主人的消息。就在田儋阵亡之际，齐国国内的大臣拥护故齐废王田建（齐国亡国之君，在位四十四年。秦灭齐时，田建被活活饿死）的弟弟田假为齐王。田假任命田角为宰相，田角的弟弟田间为大将军。

又是一出窝里斗的戏码。田儋一死，田荣还在溃退之际，另一派政治势力迫不及待地登上王位。于是，田荣解围以后，甚至无暇和项梁追击章邯败军，就直接返回齐国，投入内斗。

新的齐王田假无法抵挡田荣的进攻，逃奔楚国芈心。新任宰相田角和新任大将军田间则躲在赵国，不敢归齐。

田荣立田儋的儿子、自己的侄子田福为齐王，自己担任宰相，弟弟田横任大将军。田荣重新控制了齐国局势。

章邯从东阿败退至濮阳（今河南濮阳），所率秦军疲惫不堪，一直无法调整。项梁率领楚军尾随而至，就在濮阳城东，再次击败章邯军。章邯率军进入濮阳城内，当时连绵大雨使河水暴涨，章邯就命人决河水、闭城门，使大水环绕濮阳城，项梁一时无法进攻。

章邯的秦军获得喘息之机。

此时，濮阳城内的章邯犹如困兽，正是项梁消灭章邯的大好时机。项梁不断派出使节要求齐国和赵国出兵支援，共击章邯。然而田荣却提出交换条件：“楚国杀掉田假，赵国杀掉田角和田间，齐国就会出兵。”

楚怀王芈心和项梁都认为：“田假穷途末路投奔楚国，杀之不义。”而赵国也拒绝杀掉田角和田间。

这田荣刚在项梁的救援之下从东阿解围而去，就立即摆出一副“小瘪三”的嘴脸，犹如五岁孩子闹脾气。濮阳城内的章邯已是精疲力竭，近乎穷途末路，如果田荣此时出兵，抗秦的历史可能就要改写、就要提速。但是，驴脾气的田荣专注于内斗，置大局于不顾，最终没有出兵。也正因如此，倔强的田荣和刚愎的项羽结下了梁子。

东阿城下战胜章邯以后，项梁曾分兵项羽、刘邦去攻城阳（今山东菏泽鄄城县）。这对日后的死敌眼下共同出击，亲如兄弟。

“项梁使沛公及项羽别攻城阳，屠之。”寥寥数语，是正史中对于此次城阳之战的唯一记载。遗憾的是，这次战胜以后又是一次屠城。无论士卒百姓，无论男女老幼，全城血流成河、火光冲天，一座城市沦为人间地狱。无论屠城阳的决策过程、执行过程如何，这笔账要记在刘邦和项羽两人的名下。那一天，两个人的双手都是血淋淋的。

屠城阳以后的刘邦、项羽北上濮阳，与项梁合力攻城，但依然无法战胜章邯。

楚军无奈，撤濮阳城围而去。刘邦、项羽南下攻击定陶（今山东菏泽定陶县），无法攻克。再攻击雍丘（今河南开封杞县），大败秦军，斩杀秦三川郡郡守李由（李斯的儿子）。随后，项梁率军再次攻击定陶，大败秦军，占领定陶。

楚军从薛县北上以来，取得一连串的胜利：项梁东阿胜章邯，濮阳东再胜章邯，夺定陶；项羽、刘邦屠城阳，夺雍丘，斩杀李由。

然而，危机已经潜伏下来。

一方面，项梁在濮阳城没有歼灭章邯，夺取战略主动权的时机稍纵即逝。此时，秦二世胡亥倾全国之兵增援章邯，章邯获得足够的调整和兵力补充。在东阿、濮阳连败两阵的章邯正在积蓄力量，伺机反攻。

另一方面，在一连串的军事胜利以后，统帅项梁得意洋洋，轻敌思想日益增长。

此时，秦军主力和楚军主力的决战一触即发，而项梁并没有意识到形势的严峻。

项梁手下有位将军，名叫宋义，以前曾经是故楚国令尹（军政一把手，类似宰相）。宋义觉察到危机的存在，告诉项梁说："战胜敌人以后，将领骄傲、士卒怠惰的一定会失败。而今，我们的士卒已经出现怠惰情绪，而秦兵日益增加，我很为将军感到担心。"

志得意满的项梁根本听不进去，而且还派宋义出使齐国，向田荣请兵。

出使齐国的路上，宋义遇到齐国派来的使者高陵君（高层交流需要使者来回穿梭、口口相传，真的好麻烦）。

宋义问高陵君："您是要面见武信君吗？"

高陵君答道："是的。"

宋义对高陵君说："我认为武信君一定失败。您如果走得慢，还可以侥幸活命；如果走得快，一定正赶上灾祸。"

秦二世二年（前208）九月，兵力大增的章邯重整旗鼓，故伎重施，利用夜色的掩护对项梁的楚军发动突袭。定陶城破，楚军大败，项梁阵亡。

宋义不幸言中。

项梁用生命诠释了骄兵必败的道理。项梁也如同陈胜一样，倏兴倏灭。

当时，项羽、刘邦正在进攻陈留县（今河南开封陈留镇）。陈留未克，项梁阵亡的消息传来，楚军全军震恐。定陶失败、统帅阵亡对于楚军的打击是沉重的，一路高歌猛进的楚军由战略进攻转入战略防守。

项羽、刘邦、吕臣立即率领所有楚军东撤至彭城。吕臣驻扎在彭城东，项羽驻扎在彭城西，刘邦驻扎在砀县。战胜项梁的章邯认为楚军的威胁已经解除，便率军北上，渡过黄河，进攻赵国。

正史中很难找到定陶战役的详细资料，尤其是我们不知道定陶一战楚军的损失有多大，但是有一点是肯定的，定陶一战并不是对楚军的歼灭战。勇猛的章邯对战场形势做出了错误的判断，他没有认识到楚军才是抗秦的主要力量。此时，楚军虽然丧失统帅，但是主力部队尚存。定陶失败以后，楚军锐气尽失、自信全无，如果章邯坚持痛打落水狗，秦末的历史可能就会改写。

章邯很快就会为他错误的战略方向付出代价，而楚军获得难得的休整机会。

但是，楚军统帅项梁阵亡，权力需要重新分配。

四　怀王之约：打压项羽

项梁死后，楚怀王芈心借机从幕后走向前台。

他从盱眙迁都至彭城，把项羽、吕臣的部队合并重组，全部由自己亲自率领。封吕臣为司徒（大将军），封吕臣的父亲吕青为令尹（宰相）；封刘邦为砀郡郡守，赐爵武安侯，率领砀郡部队。

此时，齐国派来的使者高陵君也在楚军之中。高陵君对楚怀王说：“宋义说武信君必然失败。不过几天，果然失败。战争还未开始就能预测到败局，他肯定是洞察兵机之人。”

于是楚怀王召见宋义，与他讨论天下大事，相谈甚欢。楚怀王拜宋义为上将军，统领楚军北上救援赵国。

楚怀王又和众位将领约定：先入关中者封王。

此时，距陈胜起义至今已一年，暴秦依然强大。这一年间，强大的陈胜已经身死国灭。章邯的秦军主力常常打的起义军抱头鼠窜，还没有任何一位将领认真想过攻占秦国本土。众将领之中，只有项羽痛恨秦军斩杀项梁，要为叔叔报仇，愿意请兵入关攻秦。

楚怀王和众位将领商议：“项羽为人彪悍，狡猾残暴。项羽攻克襄城以后，竟然屠城，所过之处一个不留。而且，楚国几次出兵，包括陈胜的西征军和项梁的部队，都被击败。现在不如派遣一位忠厚长者作为将领，以仁义号召秦国的百姓。秦国的百姓其实也饱受秦苦，如果我们真的派出忠厚长者率军入关，对老百姓秋毫无犯，那秦国的土地就会不战而降。项羽彪悍残暴，不能派他去。刘邦从来都是宽厚长者（四十九岁），是最合适的人选。”

最终的结果是派遣刘邦向西攻击秦国本土。而封项羽为副将军，赐爵长安侯，封鲁公，又封范增为末将军，一同驰援赵国。所有将军全部听命于宋义，宋义号称“卿子冠军”（无比小清新的称号）。

项羽再三要求协同刘邦入关，但楚怀王不许，不许，就是不许。

楚怀王芈心只是项梁从民间发掘的故楚国后裔，他本来的功能只是政治傀儡和木偶。但是从上述举措来看，这不是一个普通的放羊娃。他这一系列安排的核心内容就是：趁楚军遭受重创、帅位空缺之时，趁机拉拢人心、夺取核心权力。他不甘心只做政治“花瓶”。

楚军的核心和根基，就是项梁、项羽叔侄吴中起兵时的八千人。统帅项梁阵亡，作为副统帅、统帅的侄子以及楚军的原始大股东，项羽是最有资格接替统帅职位的。但是，楚怀王芈心却破格提拔宋义做上将军，居于项羽之上，同时擢升吕臣父子至高位，封刘邦为武安侯并派遣他率兵入关，拉拢人心、培养亲信。

对于项羽来说，楚怀王不但夺了他的部分兵权，其嫡系部队龙且、桓楚以及后来投靠的召平、英布等也都不见提拔，而且以项羽为副将驰援赵国，也与其入关攻秦的期望相去甚远。既然约定先入关者封王，楚怀王却只派刘邦一支部队径行西上，而项羽却要先期驰援赵国。这样的安排虽然有充足的理由，但是明显有失公允，是在刻意压制项羽。

项羽对于楚怀王的怨恨，此时已经播下了种子。

不管怎样，一切安排妥当之后，各路人马分道扬镳。

刘邦收拾陈胜和项梁的残兵败将，结合原来的嫡系部队，一路向西，剑指咸阳。

宋义、项羽、范增等率领大军北上驰援赵国，杀奔那个宿命的决战地点：巨鹿。

第七章
破釜沉舟

项羽召见各路将领，他们全都双膝跪地爬行，不敢仰视项羽。项羽由此顺理成章成为各路诸侯的总头领，被尊为上将军。

项羽实在是太能打了，此战惊天地、泣鬼神，靠着必死的信念，以五万人击溃强大的十万秦军。仅此一战，项羽奠定自己诸侯霸王的地位，在中国历史上留下浓墨重彩的一笔。

一　巨鹿：对峙

定陶斩杀项梁以后，章邯放弃追击楚军，再次挥师北上。这一次，他的战略目标是赵国。

章邯二十万大军势如破竹，直逼邯郸。赵王赵歇、宰相张耳、大将军陈馀不能抵抗，放弃邯郸，向北撤退。赵歇、张耳躲入巨鹿（今河北邢台巨鹿县）城中，派出使者向各路诸侯请求援兵，陈馀负责北上常山郡招募士兵。

章邯占领邯郸以后，采用斩草除根的策略：迁徙所有邯郸市民至河内（漳水以南，黄河以北），命令部队彻底摧毁邯郸城（这项策略比屠城人性得多）。

此时，秦军所有主力都已经到达：

王离十万秦军，由王离和副将涉间对巨鹿形成合围之势；

章邯二十万大军，驻扎巨鹿城南。

抗秦力量也正在集结：

陈馀从常山郡集结几万人，驻扎在巨鹿城北；

张耳的儿子张敖从代郡集结一万多人，驻扎在陈馀旁边；

齐国宰相田荣拒绝援救赵国（倔强的白眼狼），但是齐国大将田都背叛田荣，率领自己的部队（兵力不详），救援赵国，驻扎在巨鹿城外；

燕王韩广派出大将臧荼率领一支部队支援赵国（兵力不详）；

当然，还有赵歇、张耳龟缩在巨鹿城内，兵力很少，且粮食就要吃完了。

实力对比太过悬殊：秦军所有主力三十万人全部集中在巨鹿，而抗秦诸侯军兵力不超过十万，更宛如一盘散沙。

章邯命令士兵修筑两边有坚固高墙的甬道，为王离军输送粮食补给，并且专门派出部队保护甬道。而各路抗秦诸侯也很有自知之明，全部龟缩在自己的营垒之内。

这样的决战形势，抗秦诸侯绝没有胜利可能。

王离军军粮供应依赖章邯，耗费巨大，力求速战速决，率领将领苏角、涉间全力攻城。巨鹿城内的赵歇和张耳兵力很少，马上弹尽粮绝。

张耳数次派出使者督促陈馀出战，但是陈馀的部队和秦军实力太悬殊，始终不敢出击，就这样一直僵持。张耳大怒，派出两位副将张黡、陈泽进入陈馀大营责备陈馀："我们两个一直都是刎颈之交，我与赵王困在城内，朝不保夕，随时会死，而你坐拥几万大军，却不来相救，何谈刎颈之交？即使战胜秦军的胜算很小，但总有十之一二的机会可以保全大家，最坏的结果也就是大家同归于尽！"

陈馀很委屈："我确实认为目前根本无法与秦军抗衡。我并非是贪生怕死之人，之所以爱惜生命，是因为还有机会为赵王和张耳复仇。如果现在攻击秦军，就像是肉送虎口，肯定是白白送死，又有什么用呢？"

张黡、陈泽坚持出军："目前情况紧急，同归于尽又有什么可怕？巨鹿城破只在旦夕之间，已经考虑不了那么多了！"

陈馀无奈，只能分军五千人由张黡、陈泽率领向秦军进攻。结果这五千人全军覆没，张黡、陈泽阵亡。

其实，陈馀的判断完全正确。按照当时的兵力对比，陈馀进攻秦军无异于以卵击石，又何必白白送死呢？但是随时会死的张耳已经失去理性判断，两位好友就此闹僵。

抗秦诸侯军最后的希望就只在最后一只生力军身上了，他们一直在路上，只是出了点意外，走得慢了一些。

二　杀宋义：项羽再夺权

楚国“卿子冠军”宋义和副将项羽、末将范增等率领楚军五万主力北上救援赵国。部队走到安阳（今山东菏泽曹县），就地驻军，逗留四十六天，一直按兵不动。就这样，九月从彭城出发的楚军，十一月都快结束了，还在安阳。而安阳和巨鹿，直线距离达三百公里。

副将项羽心急如焚，对宋义说：“我听说现在秦军把赵王围困在巨鹿城内，情况万分危急，我们应该迅速渡河，楚军由外，赵军由内，里应外合，一定可以打败秦军。”

宋义不以为然地回复说：“不对！秦军攻击赵军，如果胜利，秦军肯定疲惫，我们正好可以乘机进攻；如果秦军失败，我们正可以擂鼓西进，一鼓作气消灭秦国。所以当下我们最好是坐山观虎斗。要说披坚执锐、冲锋陷阵，我不如你；但是运筹帷幄、决胜千里，你就不如我了。”

为了增强自己的权威，宋义同时下令：军中凡是刚猛如虎、凶狠如狼、倔强如羊、不肯服从命令的人，一律斩首！

自我感觉良好的宋义继续飘飘然，还送自己的儿子宋襄去齐国做宰相。宋义亲自率领精锐部队把儿子送到齐国境内的无盐（今山东泰安东平县），而从大军驻扎地安阳到无盐，最短距离也有一百八十公里。在无盐，宋义又举行盛大酒会，寻欢作乐。当时已经进入十一月，天气寒冷，又逢连降大雨，将领和士卒们长途跋涉，又冷又饿，心有怨言。

我们常说的给一点阳光就灿烂，说的就是宋义。

定陶之战以前，宋义目光敏锐，洞悉项梁骄兵必败的结局。只因为此，被政治傀儡楚怀王擢升到上将军的高位。其实，作为“空降干部”，他的地位并不稳固。但他现在唯一做的，却是沾沾自喜于自己灵光乍现的先见之明。观其上述言行，宋义纸上谈兵、夸夸自诩的本质暴露无遗。

救兵如救火，宋义竟然逗留四十六天按兵不动！而他的策略只能令人哑然失笑：假如秦军战胜赵军，必将乘胜进军齐、燕、楚，哪里还有疲惫之机可乘？夸夸其谈之辈总是说起话来洋洋洒洒，听起来很美，实际上狗屁不通。从宋义的嘴脸，我们似乎看见了五十年前赵括的样子。

项羽一心西进攻秦，心急如焚，决定采取行动，告诉手下将领们说：“必须全力攻秦，而我们却在此按兵不动，这怎么能行呢?!今年正赶上收成不好，粮草匮乏，军营之中已经没有储备。我们更应该渡过黄河，利用赵国的粮草。而上将军竟然闲情逸致，饮酒高会，贻误战机，美其名曰‘等秦军疲惫’。”

“秦军如此强大，新立的赵国如此弱小，秦军一定战胜赵军。届时秦军将更加强大，哪里还有疲惫之机可乘？而且，定陶一战，我们刚刚损失统帅，遭受重创。大王坐不安席，把全部兵力都交付给上将军，国家安危，在此一举。但是上将军不爱惜士卒，却送儿子去齐国担任宰相，专注于自己的私事，这样的人可不是社稷之臣!”

早晨，项羽参加例行军事会议，就在营帐之中斩杀了宋义。项羽提着宋义的人头告诉大家说：“宋义私下和齐国勾结，背叛楚国，怀王密令我把他斩首（项羽借宋义送了人齐做宰相之机撒谎）。”

其他所有将领一时之间呆若木鸡，全体震恐，无人敢于表示反对。然后大家都说：“楚军原本就是项将军叔侄二人建立。现在将军又诛杀叛徒，拨乱反正。”

众位将领共同推举项羽为代理上将军，然后派人到齐国，追杀宋义的儿子宋襄，斩草除根。又派出将军桓楚向楚怀王报告斩杀宋义的事情。木已成舟，楚军本来就是项羽的嫡系部队，楚怀王芈心无奈，只有送个顺水人情，正式封项羽为上将军，所有援赵楚军都隶属于项羽。

项羽斩杀宋义，雷霆万钧，干脆利落，威震楚国，名闻诸侯。直白一点，大家都知道这事了，都知道项羽勇猛凶暴、杀人不眨眼，是个狠角色。

项羽也借此夺回楚军的最高军事指挥权，并立即挥军北上，奔向那个将决定千万人命运、改变中国历史进程的地点：巨鹿。

我们有理由相信，如果不是项羽采取血腥行动斩杀宋义，至少抗秦的历史会改写，秦国的灭亡要拖延更多时日。

三　破釜沉舟：迷雾

项羽分军两万人由当阳君（姓名不详）、蒲将军（名不详）率领，首先渡过漳河，向秦军发动进攻。两万楚军先锋部队的进攻目标明确：章邯向王离输送战备物资的甬道。楚军先锋破坏甬道以后，把保护甬道的秦军击溃。甬道被破，王离军日渐缺粮，战斗力迅速下降。

先锋部队稍微取得战场主动权，陈馀派遣使者前来求援，于是项羽立即率领所有楚军渡过漳河。登岸以后，项羽下令凿沉所有渡河船只、摧毁所有锅碗炉灶、烧毁所有军营帐篷，每名士卒随身只带三天的干粮。项羽将部队置之死地，楚军再无退路。

项羽率领楚军向饥饿的十万王离军发动猛攻，楚军将士各个英勇、人人争先、以一当十。先后经过九次摧枯拉朽的战斗，王离军被击溃。同时，楚军生擒王离，斩杀苏角。秦将涉间拒绝投降，自焚而死。

驻扎在巨鹿城南的章邯军被楚军的勇猛所震慑，多次向后撤退，驻扎在棘原，与楚军形成对峙局面。

当时，援赵诸侯军连营十几座，陈馀、张敖、田都、臧荼等人各自率领部队驻扎在巨鹿城北，但是没有人敢于出兵帮助项羽。在他们眼里秦军是不可战胜的，但是，项羽彻底击溃了王离的秦军。

战斗正酣之时，其余各路诸侯军被楚军的勇猛所震慑。战斗结束以后，楚军欢声雷动，其他各路诸侯人人惴恐。项羽召见各路将领，他们全都双膝跪地爬行（太夸张），不敢仰视项羽。项羽由此顺理成章成为各路诸侯的总头领，被尊为上将军。

项羽实在是太能打了，此战惊天地、泣鬼神，靠着必死的信念，以五万人击溃强大的十万秦军。仅此一战，项羽奠定自己诸侯霸王的地位，在中国历史上留下浓墨重彩的一笔。

秦军很强大，项羽很勇猛，楚军破釜沉舟、只带三天干粮，最终以少胜多，一举战胜不可一世的秦军，救赵军和各路诸侯于水火之中。项羽就是那个完美的孤胆英雄。

真的是这样的吗？

其实，巨鹿之战的真相或许没有那么美，也没有那么简单。

第一个问题：巨鹿之战的兵力对比。

一边是秦军王离十万人包围巨鹿。章邯二十万人只是驻扎巨鹿城南，并未直接加入巨鹿一战。

另一边是陈馀、张敖、田都、臧荼、项羽的部队，总数十五万左右。

其实，就在项羽渡河后的腊月，还有另外两支部队加入战场：故齐废王田建的孙子田安，占领济北（今山东聊城高唐县）以后，带领自己的部队（兵力不详）追随项羽；重新振作后的魏豹已经在九月自封魏王，在魏地占领几座城市以后，也带领魏军援赵。

所以，所有的援赵部队总数大概在二十万人。无论如何，各路诸侯的军队也比王离部队要多，这还不算巨鹿城内赵歇和张耳的守城兵力。而且，援赵诸侯军的粮草供应也没有问题。

第二个问题：巨鹿之战的经过。

我们能够得到的正史资料，只有司马迁的《史记》，后世的《汉书》和《资治通鉴》等都是来源于《史记》。《史记》当中对巨鹿之战有两次描写，而两次描写却自相矛盾。

《史记·项羽本纪》是这样说的：楚军两万先头部队渡河，稍微取得主动权。项羽率全部楚军渡河，包围王离军，多次摧毁章邯向王离供应粮草的甬道。王离军后勤出现问题，士卒饥饿。项羽不断攻击，经过九次战斗，击溃王离秦军。章邯军驻扎在巨鹿城南，未和楚军交战，并被楚军所震慑，数次向后退却。

《史记·张耳陈馀列传》又是这样说的：楚军先头部队渡河，数次攻击章邯向王离供应粮草的甬道。王离军后勤供应出现问题，士卒饥饿。项羽率全部楚军渡河，击败章邯的秦军，章邯率军溃退。各路诸侯在楚军的鼓舞下，全部出动，包围并击溃王离军。

这两处的描写矛盾点很多：

其一，两万先头部队是抢占滩头阵地？还是攻击王离的粮草供应？

其二，项羽渡河以后，是攻击章邯军还是王离军？

其三，其他各路诸侯有没有参加对王离军的战斗？

其四，章邯军在王离军溃败以前到底有没有参加战斗？

说实在话，也许司马迁也不知道，所以才留下互相矛盾的记载。

但是我们可以做如下合理分析。

司马迁是项羽的铁杆“粉丝”，这一点是史学界公认的。生活在汉武帝时期的司马迁甚至冒着当朝皇帝有可能不高兴的风险，为项羽开“本纪”，使从未登上帝位的项羽可以在《史记》中和秦始皇、刘邦等诸位帝王平起平坐。

另外，《史记》不光是“史家之绝唱”，还是“无韵之离骚”。也就是说，《史记》还是一部非常好的文学作品。司马迁对于项羽勇猛刚武、以一敌百的夸张描写随处可见。而根据常识判断，除非拥有现代化规模性杀伤武器，在使用冷兵器的情况下，没有人可以在实战中做到以一敌百。

司马迁对项羽就是那么偏爱。

关于巨鹿之战的时间，《秦楚之际月表》有详细记载：秦二世三年（前207）十一月底，项羽渡河，一直到正月才俘虏王离。而且在那之前，还有一个闰九月。当年在北方中国最冷的枯水季节，以河北邢台这样的纬度，古漳河之水连续一个多月不结冰的可能性有多大？对楚军来说，是不是也不是那么完全没有退路？至少，项羽的背后不是大浪滔天。

而巨鹿之战项羽至少经过一个半月和九次大规模战斗才最终解决王离，难道依靠的仅是破釜沉舟时所带那三天的干粮？

而且安阳斩杀宋义之时，项羽就提到楚军根本没有粮草储备，最好的办法就是利用赵国本地的粮草供应。就算是真的没有退路，也还有其他各路援赵诸侯军可以互相倚重。

是不是实际情况可能没有“破釜沉舟，百二秦关终属楚”的诗意描写那么唯美？

所以，在《史记》之中，项羽的铁杆“粉丝”司马迁借用巨鹿之战破釜沉舟、置身绝地、只带三天干粮的唯美描写，塑造了项羽完美的个人英雄主义形象，也让人误认为项羽在三天以内就解决了战斗。

我们根据当时的战场形势，剔除那些文学的加工，可以大胆推测：

其一，两万先头部队目标明确，直接攻击王离的粮草供应通道；

其二，项羽渡河以后，向章邯军发动猛烈攻击；

其三，章邯军和楚军稍一接触，即行退却，撤出战场；

其四，其他各路诸侯加入对王离的战斗，围而歼之。

再大胆推测一个巨鹿之战的大概过程：

楚军两万先头部队渡河，攻击王离的后勤供应通道并且击溃守卫甬道的秦军，王离军断绝粮草供应。项羽率领全部楚军渡河，攻击章邯军。楚军背水一战、攻势凌厉，出乎秦军意料之外，或者出于其他原因，章邯多次向后退却。其他各路诸侯被楚军的勇猛所鼓舞，全部出动，和楚军一起包围王离军。章邯没有支援王离。孤立无援的王离十万秦军被疲惫和饥饿困扰，更遭遇里应外合的攻击，输给了各路诸侯十五万或是二十万之众的杂牌军。

这样的话，有人可能会疑问：章邯的二十万秦军主力粮草充足、以逸待劳，为什么不全力出击？为什么不救援王离？甚至合兵一处？

有一点是肯定的，在《史记》中的所有记载中，章邯的秦军在王离的秦军溃败以前，都没有积极地投入战斗，也没有援救王离。对章邯的记载只有："章邯引兵解（溃退）""相持不下""秦军数却（退却）"。

那么，屡战屡胜、无坚不摧的章邯怎么突然就怂了呢？

第三个问题：章邯的战斗积极性。

有一件很重要的事情，对战场形势产生了巨大的干扰：秦二世二年（前208）七月，李斯被赵高污杀，屠灭三族。此事发生在巨鹿之战以前四个月，咸阳城内的血腥宫斗，必定对章邯的战斗力形成巨大打击。章邯是李斯重用之将，在李斯被杀之后，重兵在外的他为赵高所忌，因此他的部队在关中得到的支持大大折扣。

影响章邯战斗积极性的，还有他和王离的关系。

王离，在秦末汉初的历史上戏份很少，实际上，他可是个很猛的军事强人。他的祖父王翦，秦国名将，战国四大名将之一，率领秦军灭亡燕、赵、楚三国。项羽的祖父项燕，就是被王离的祖父打败的。王离的父亲王贲，秦国大将，灭亡魏、齐两国，并且彻底消灭燕、赵的残余势力。也就是说，东方六国除去最弱小的也是最先灭亡的韩国以外，其余五个国家，全部都是被王离的祖父和父亲给灭了。

王离和蒙恬一样，出身秦将世家。秦国统一天下以后，王离拜为秦军大将，作为蒙恬的副将常年戍边上郡。沙丘之谋以后，公子扶苏自杀，蒙恬被囚禁，其军队由王离接管。

王离跟随蒙恬和扶苏多年，一定感情深厚，而且也是扶苏的心腹将领。秦二世杀掉扶苏登上皇位，全国都有疑问，当然王离也会怀疑。囚禁中的蒙恬曾经说："即使身处囹圄，还是有能力发动反抗。"应该说的就是蒙恬对王离的影响力。

我们完全可以肯定地说：王离对于扶苏、蒙恬的死亡以及秦二世登上皇位，其实是很愤懑的。所以愤懑的王离接管军队虽已有两年多，但是在巨鹿之战以前没有留下任何确定的和抗秦力量交锋的记载。

王离接管蒙恬部队以后的动向已经成谜，不能确认这支部队是何时南下的，曾经去过哪里。但是，王离接到秦二世的明确命令：配合章邯攻击赵国。

王离和章邯，在巨鹿之战以前，互相并不认识。从所有的史料来看，都很难确定王离和章邯这两支部队有没有隶属关系，是什么样的隶属关系。也许，忙于血腥内斗的赵高和忙于后宫淫乱的秦二世根本就没有确定他们的隶属关系。所以，这两支部队，根本谈不上关系融洽，更谈不上配合默契。

在项羽抵达巨鹿之前，王离军已经包围巨鹿两个月，因为后勤供应的问题，王离军多次攻击巨鹿，力求速战速决，却无法攻克。

而在项羽抵达巨鹿之前，章邯的秦军主力已经驻扎在巨鹿城南一个多月。在这一个多月的时间里，章邯却没有发动任何攻击。

也许，章邯和王离互相“不感冒”；也许，章邯对胜利有充分的把握而不急于求战；也许，章邯不想与王离分享胜利成果；也许，章邯听说赵高诬杀李斯控制政府，已经心生悲凉；也许……反正，章邯的二十万精锐秦军根本没有积极战斗。

可以说，章邯就是眼睁睁看着王离溃败的！

因为，如果不是主观原因，没有人能解释王离军已经全军覆没，而不远处章邯的二十万秦军主力却没有投入战场。

历史有时总是迷雾重重，这也是历史的魅力之一。

四　章邯投降：一场戏

迷雾只关乎过程，而巨鹿之战的成果是丰硕的：秦军主力遭受重创，抗秦力量扭转战局，取得重大胜利。此战，是抗秦斗争的重要战略转折点。此战，项羽带领楚军勇冠诸侯，所有近二十万抗秦诸侯军全部隶属于项羽，成为项羽个人历史的重要转折点。巨鹿一战，奠定项羽一生荣耀的基础。

巨鹿之围解除，张耳和陈馀两位老朋友又见面了。

有人说：当你的期望值太高的时候，你最容易失望。张耳就是这样的情况。

赵王赵歇和宰相张耳终于解围而出，逐一向各路诸侯表示问候和感谢。尤其是项羽，赵歇和张耳对他的敬仰之情，犹如滔滔江水连绵不绝。被围在巨鹿城内长达三个月之久，每时每刻都有可能去死，实在是张耳刻骨铭心的伤痛记忆。很快，他就把这种记忆转化为愤怒。

就在陈馀的军帐之中，张耳再次声讨陈馀不出兵相救。当张耳听说张黡、陈泽两位心腹带领五千人马攻击秦军并且全军覆没以后，他坚决不相信，一口认定是陈馀害死了他们两位。

张耳已经失去理性判断，彻底失去对朋友的信任。即使是真的刎颈之交，你又有什么理由要求朋友为你白白送死呢？而且，陈馀一直没有放弃救援行动，项羽就是在陈馀请援以后雷霆出击的。除了陈馀以外，巨鹿城外还有田都、臧荼，甚至还有张耳的亲儿子张敖的部队，都需要去责备吗？

张耳认定陈馀害死了张黡、陈泽，并且不断责问，这彻底击穿陈馀的心理底线。陈馀怒不可遏："想不到你对我的怨恨竟然那么深！你以为我在你面前忍气吞声就是看中这颗将印吗？"

陈馀把身上的大将军印解下来，推给张耳。张耳一时间也错愕不已，愣在那里不知道怎么办才好。

这时，陈馀起身上厕所，张耳身边的一个随从趁机告诉张耳："天予不取，反受其咎！陈将军把将军印交给您，如果推辞不受，那是违反上天的旨意！"于是张耳收了将军印，同时收了陈馀的兵权。陈馀从厕所出来一看，张耳果真收了他的将军印，非常气恼，带领自己的随从亲信几百人径直走出军营，就在附近的河泽之中捕鱼打猎了。

陈馀的年龄比张耳小很多，一直像父亲一样侍奉张耳。只有这一次没有令张耳满意，就立即被张耳定义为坏人。陈馀很生气。任何人身边都不希望有张耳这样贪得无厌的朋友。这种人理所当然地享受朋友的付出，甚至会要求朋友为他去死，而自己却没有一点点理解、包容之心。

刎颈之交又如何？张耳与陈馀友谊的小船说翻就翻。两个几十年的好朋友，反目成仇。

无论如何，赵国危机解除了。赵王赵歇回军信都，继续做他的赵王，陈馀继续钓鱼打猎。张耳则率领部分赵军，和项羽一起西上抗秦。而他们所面对的，还是那个老对手：章邯。

王离全军覆没后，项羽军威大震，章邯军数次退却，秦二世派人责备章邯。任谁是秦二世，都会派人调查情况：王离的全军覆没和章邯的消极厌战实在太诡异了。

遭遇项羽以前，章邯摧城拔寨、屡战屡胜。但是他已经离开咸阳两年时间，离开权力核心确实太久了。而且，赵高诬杀李斯已经大半年，章邯对朝廷目前的状况既感到陌生又感到恐惧。章邯派长史（秘书参谋）司马欣回咸阳请事（探听情况）。

司马欣到达咸阳，在皇宫外司马门等候了三天，赵高不见，似乎持有怀疑态度。司马欣恐惧，立即决定返回军营。司马欣甚至不敢走来时的大路，绕道小路逃回军营。赵高果然派人追赶，但已经来不及追上他了。

司马欣向章邯汇报说："赵高已经掌握最高权力，下面的人都无所适从。如果我们取胜，赵高一定妒忌我们的功劳；如果我们失败，更是难免一死。将军一定详细计议。"

正在钓鱼打猎的陈馀也给章邯写信说："白起做秦国大将，南征郢都（今湖北荆州，战国时楚国曾经的首都），北坑马服（长平之战坑杀赵卒四十万人），攻城略地，战无不胜，竟然被赐死。蒙恬做秦国大将，北击匈奴，开辟榆中几千里土地，竟然被诛杀在阳周（今陕西延安子长县）。为什么会这样呢？只因为功劳太大，大到令君王无法封赏，只能诛杀（拒绝出征的白起被输红眼的秦昭襄王冤杀，蒙恬死于赵高的阴谋）。"

"将军做秦国大将，已经三年（跨三年，只有两年），损兵折将超过十万人，而群雄并起，反而越来越多。赵高靠常年奉迎拍马登上高位，有朝一日抗秦力量无法遏制，赵高怕被皇帝诛杀，一定会把罪名算到将军的名下以求自保。将军常年在外征战，而朝廷之中，却危机重重，最后不管你有没有功劳，都是死路一条。"

"现在是老天要让秦国灭亡，再笨的人也能看出这个道理。朝廷之内，你无法劝谏；战场之上，你是已经亡国的将军。这样你竟然还希望自己长久保存，岂不是悲哀至极?！将军最好与各路诸侯合兵一处，共同攻秦。事成以后瓜分土地，南面称王。这和兵败被杀、家人遭受屠戮相比，怎么样？”

章邯犹豫不决，派手下一个叫始成的人偷偷接触项羽。投降的事情还没有谈，项羽命令蒲将军连夜率领部队度过三户（今河北邯郸磁县），抵达漳河南岸，大胜秦军。随后，项羽率领主力部队再次攻击秦军，再次大胜。

无心恋战、一败再败的章邯再次派人求见项羽，谈判投降条件。项羽对手下的将领们说：“军粮匮乏，接受投降比较好。”大家全部同意。

在项羽的历史中，逼迫章邯投降是少有的政治、军事智慧相结合的案例。

就在殷墟之上（今河南安阳），项羽接受章邯投降。章邯面见项羽，痛哭流涕，控诉赵高的罪状。项羽把章邯封为雍王，留在楚军营中。拜长史司马欣为上将军，率领二十万秦军做先锋部队。为什么得项羽重用的是以前名不见经传的司马欣？章邯投降之事其中有何猫腻？

章邯投降之事看起来是这样子的：前方项羽太勇猛，章邯有点打不过；后方赵高要阴谋，章邯心里很害怕；最后，章邯投降了。

章邯真得打不过项羽吗？至少从史实来看，章邯就没有认真打过，或者他不太想打。章邯投降以后，二十万秦军主力全部得以保存就是一个明证。至于说赵高要阴谋，确实很有这个可能。但是，对于前线的章邯，秦政府又是送兵又是送粮的。而司马欣仅去了咸阳一趟，就说赵高“有不信之心”，他连赵高的影子都没有见到，怎么就知道赵高有不信之心呢？难道这个对章邯产生重大影响的司马欣，就不令人生疑吗？这个司马欣去了咸阳一趟，谁也没见到，至于他在那到底干了啥鬼才知道呢。

其实，有可能是这样子的：项羽手下有员亲信大将，叫曹咎。曹咎以前是秦国的官员，担任蕲县（今安徽宿州蕲县镇）狱掾

(监狱长)。曹咎和项梁、项羽他们家是多年的老朋友，关系特别铁，项梁吴中起义以后，曹咎就一直跟着项梁和项羽。虽然曹咎本事不太大，但是因为和项羽的私人关系特别好，后来竟然被任人唯亲的项羽封为大司马，成为军队一把手。

章邯手下的这位长史司马欣，是秦二世在章邯攻打陈胜的时候派来帮助章邯的，在章邯手下才干了一年半。司马欣以前在栎阳(早期秦国都城，今陕西省临潼附近）也曾担任狱掾。

同在秦国的监狱系统工作的曹咎和司马欣，因为工作关系，也成为私交很好的朋友。

有一次，项梁犯了重罪（未知何罪），被关进了栎阳监狱。项家请好朋友曹咎给司马欣写了一封信，希望司马欣能够通融通融。看到曹咎的书信以后，司马欣二话没说，就直接把项梁给放了。蕲县、栎阳离得非常远，但是熟人好办事。秦律如此严苛，也挡不住司法腐败。而这件陈年旧事，从另一个侧面反映出曹咎与司马欣的关系不同寻常。

如今，两军对阵。虽然曹咎和司马欣分属不同的阵营，但是两位好朋友还是私下见了一面，当然，项羽是知道这件事的。对章邯来说，敌军是勇猛无比的项羽，友军是自己不感冒的王离，大后方还有祸乱朝廷的赵高，手下还有主退不主战的主任秘书司马欣。

章邯犹豫了。

于是，项羽过河时，章邯没有抓住时机击楚军于半渡；项羽进攻时，稍一接触，章邯就退却了；诸侯军配合楚军包围王离时，章邯没有救援。王离的部队饿坏了，坚持一个月，最终溃败。

内心矛盾的章邯派司马欣回咸阳跑一趟，试探风向。司马欣确实是回咸阳了，但是，他谁也没有见。回到军营，他就把章邯策反了。

章邯投降以后，项羽立即有所回报：拜司马欣为上将军，率领二十万投降秦军。章邯暂时被解除军事指挥权。

真实的历史和我们看到的历史总是有很大的不同，巨鹿之战、章邯叛秦的真实面目，很有可能不完全是我们所熟知的样子。

放下台前幕后的种种推测，此时的抗秦战争形势已经发生根本性的逆转。

秦二世二年（前208）九月，项羽从彭城出兵。秦二世三年七月，章邯在殷墟投降。短短十个月，项羽安阳斩宋义、巨鹿虏王离、殷墟降章邯，成功坐上抗秦诸侯的头把交椅，把队伍壮大到四十万人以上，并且彻底消灭了秦国的主力部队。

从此时起，秦国的灭亡进入倒计时。

而项羽，始终没有忘记楚怀王的约定和自己的目标：进入关中，消灭秦国，为叔叔报仇；当然，最重要的是一定要跑在刘邦前面，才能封王。

而此时，楚怀王选派的“忠厚长者”刘邦，却已经借助于项羽把秦军主力牵绊在北方战场，把项羽远远地甩在了身后。

第八章
刘邦亡秦

“六合之内，皇帝之土。西涉流沙，南尽北户。东有东海，北过大夏。人迹所至，无不臣者。功盖五帝，泽及牛马。莫不受德，各安其宇。秦德昭昭，秦威烈烈。自始皇帝起，至二世、三世……以至万万世、万万年。”李斯所题琅琊石刻墨迹未干，伟大的秦帝国二世而终，前后仅十五年。

一　刘邦西进：招降纳叛

秦二世二年（前 208）九月彭城一别，刘邦、项羽分道扬镳，刘邦西进攻秦，项羽北上救赵。依照楚怀王约定，先入关者封秦王。旧战国七雄已经有六个都名王有主了，只剩下秦王的位子给两位英雄留着，还是先到先得。因为楚怀王的偏心之举，刘邦实在占了大便宜：秦军主力全在北方战场，而且，项羽还只是副将。

我们来看下大楚国武安侯、砀郡郡长刘邦的进军路线：

砀县（今安徽宿州砀山县），出发；

城阳（今山东菏泽鄄城县），破秦军。

杠里（今山东菏泽鄄城县），破秦军。

成武（今山东菏泽成武县），破秦军。

昌邑（今山东济宁金乡县），结识彭越，共攻昌邑失败，刘邦撤回栗县。

栗县（今河南商丘夏邑县），吞并抗秦将领刚武侯四千人部队，大败秦军。

昌邑（今山东济宁金乡县），结识魏将皇欣、申徒武蒲，再次共攻昌邑。再次失败，刘邦放弃昌邑。

高阳（今河南开封杞县），纳郦食其为说客，纳其弟郦商四千人部队。

陈留（今河南开封陈留镇），郦食其诱杀陈留县令，刘邦占领陈留粮仓。

开封（今河南开封），攻城失败，放弃开封。

白马（今河南安阳滑县），战胜秦将杨熊。

曲遇（今河南郑州中牟县），再次大败秦将杨熊（杨熊后被秦二世诛杀）。

颍川（今河南许昌禹州市），占领颍川，屠城！

平阴（今河南洛阳孟津县），断绝黄河渡口，防止其他诸侯渡河入关。

洛阳（今河南洛阳），攻城失败，放弃洛阳。张良加入西征队伍。

犨县（今河南平顶山鲁山县），战胜秦南阳郡守齮（姓不详）。（犨：chōu；齮：yǐ）

宛县（今河南南阳），接受张良建议回军宛县，南阳郡守齮投降。

丹水（今河南南阳淅川县），秦守军投降。

胡阳（今河南南阳唐河县），纳鄱邑令吴芮部将梅鋗。

析县（今河南南阳西峡县），秦守军投降。刘邦禁止自己的部队掳掠百姓。

和北方战场项羽的破釜沉舟、几十万大军团作战相比，刘邦简直就是小打小闹、轻松惬意。简单来说，就是收了一些队伍、纳了几个人才、打了几次胜仗、用了几个诡计、占了几座城市、屠了一座颍川。

在刘邦纳的人才中，有两位比较重要，一位是彭越，一位是郦食其。

彭越，又叫彭仲（可能排行老二），昌邑县人。以前就在巨野（今山东菏泽巨野县）的河泽之中捕鱼为生，秦末大乱，他就和别人成为强盗。再后来，陈胜、项梁等人纷纷起兵反秦，当地的年轻人也请彭越带头起义。但是彭越告诉大家说：“两龙正斗，我们再等等（两龙可能指的是秦和张楚）。”

这个渔民出身的强盗很有威望。又过了一年多，年轻人一共聚集一百多人，一起请彭越当他们的头目，彭越还是推辞。大家反复坚持，彭越终于同意。彭越和大家约定第二天日出以后再见，有胆敢迟到的人，斩首。

第二天，一共有十几个人迟到，等最后一个人到的时候，已经中午。彭越说："我已经老了，你们非要我做头领。今天迟到的人太多，不能全都杀了，就把最后一个人斩首吧。"大家笑着说："不至于吧？以后不敢就是了。"但彭越亲自动手，杀掉那个最后才来的倒霉鬼。

彭越借用别人的鲜血，树立自己的威望，其他的人都大惊失色，由此畏惧彭越，甚至不敢抬头看。彭越借此设立祭坛，宣布起义，然后四处略地，慢慢地，队伍发展到一千多人。

刘邦率军到达昌邑时，彭越率领自己的部队帮助刘邦进攻昌邑，但是没有成功。刘邦继续西进，彭越则继续盘踞巨野做强盗。

其实，彭越是个非常谨慎的人。起兵之时，他坚持水到渠成；成势之后，他坚持独立作战，不肯轻易归附其他军事势力。在秦末汉初的战场上，彭越是非常特殊的存在。他的倾向，关乎以后楚汉战争的走向。在此时，他还没有下决心依附刘邦。

两位英雄，生逢乱世，只待后会有期。

郦食其，高阳县人，儒生，家境贫寒爱读书，性格豪爽爱喝酒。郦家虽没有大的产业，郦食其只能做一个卑微的看门人，但是县里的豪强官吏都不敢随便役使他，大家都管他叫"狂生"。

陈胜首起义兵，各路诸侯群起响应。经过高阳的有几十只队伍，将领们都是气量狭小之人，喜欢自我吹捧，讲究琐碎礼节，没有一个高瞻远瞩之人，所以郦食其一直深藏于市井之中。

后来刘邦经过高阳，寻访地方上的贤士豪俊。恰巧刘邦手下有一个骑兵，是郦食其的街坊，郦食其就请那个骑兵为自己引荐："我听说刘邦性格豁达傲慢却容易接近，喜欢大的战略方针，这正是我想追随的人，只是没有人为我引见。你如果见到他，就告诉他说：‘我有个叫郦生的街坊，六十多岁，身长八尺，人人都说他是个狂生，他却说他不是狂生。’”

郦食其大概听说过刘邦的事迹，了解他的性格特点，所以希望通过自己“狂生”的形象引起刘邦的注意。知识分子要为权力服务，还要巧妙地推销自己。

那个骑士说：“沛公不喜欢儒生，有的儒生进进出出戴着帽子，沛公动不动就摘下他们的帽子，把尿撒在里面。和儒生说话的时候，沛公常常破口大骂。不可以说你是儒生。”

郦食其说：“你就试试看吧。”

司马迁的笔下，刘邦活脱脱一个老地痞，满口污言秽语，不尊重知识分子，狗嘴里吐不出象牙的德性。

郦食其拜见的时候，候在门外，由使者通报刘邦。刘邦正两腿叉开坐在床上，让两个美女给他洗脚。他问了一下来人的相貌特征，当得知是个儒生的时候，告诉使者说：“你把他打发了吧，我正在谋划天下大事，哪有时间接见儒生?!”

使者转达刘邦的意见，郦食其一听火冒三丈，来了牛脾气，手按宝剑，怒目圆睁，叱责使者说：“你再去！就说来者乃高阳酒徒，不是什么儒生!”

刘邦一听，来者不善！立即接见。

郦食其入得内堂，只是做了一个揖，并不跪拜，直接发问：“阁下是要帮助各路诸侯消灭秦国，还是要帮助秦国消灭各路诸侯呢?”

刘邦本来就不喜欢拐弯抹角的儒生，一听火冒三丈，大声诟骂：“你这个该死的穷酸货！天下苦秦久矣，眼下正是各路诸侯共同消灭秦国，怎么说帮助秦国消灭各路诸侯呢?!”

郦食其说：“既然是要聚集义兵、消灭暴秦，怎么会用这么傲慢的态度接见长者呢?”

身为资深老江湖，刘邦最大的优点就是能审时度势，即使立即自己打脸，也无所谓，而且改邪归正的速度就和翻书一样快。

被郦食其提了个醒，而且郦食其狂放不羁的性格大概正好对了刘邦的路子，刘邦立即停止洗脚，穿戴整齐，换了一副尊敬面孔，把郦老人请到上座，满口称谢。

满腹经纶的郦食其给刘邦讲了很多战国时期合纵连横的历史故事，腹中缺墨的刘邦听得如痴如醉，邀请老先生和自己一同吃饭，郑重其事地请教："依老先生看，我们应该怎么办呢？"

郦食其颇有纵横家的风范，第一次为刘邦出谋划策，说道："足下率领的都是散兵游勇、乌合之众，总数不过万人，以这点力量直入秦国，就好像羊入虎口一样。陈留县，是天下战略重镇，又是交通要道，还是秦国的重要粮仓。我和陈留县令是好朋友，请足下派我去说服他投降。如果他不听，足下举兵进攻，我为你做内应。"（陈留县令很可能也是秦的"空降干部"）

乌合之众？不过万人？郦食其实在夸张，当时刘邦的实力并没有那么差，兵力也没有那么少。而且这郦食其为了自己的前途，已经做好了里应外合、出卖朋友的准备。这样的朋友实在可怕，不过不容置疑的是，郦食其确实是富有谋略、精于舌辩的人才。

刘邦立即采纳郦食其的建议，派遣他游说陈留县令。

郦食其拜见陈留县令，但是其纵有三寸不烂之舌，陈留令坚决不肯投降。酒足饭饱之后，郦食其就留宿在陈留。夜半时分，郦食其袭杀陈留县令，提着县令的人头出城送给刘邦。

一个六十多岁的老头儿，卖友求荣，半夜手提人头，坠墙而出，这一幕实在太过血腥。而一个六十岁的老人应该很难单独完成这样的任务，其具体细节，已不得而知。

刘邦率军攻城，就把县令的人头挂在长杆之上，威胁守城士兵说："投降者免死，抵抗者斩首！"守城将士一看县令已经人头落地，于是全部投降。刘邦不费吹灰之力取得陈留。

陈留的取得对刘邦具有里程碑的意义，因为他有了稳定的粮草供应。

刘邦立即封郦食其为广野君。

郦食其有一个弟弟，叫郦商。陈胜起兵抗秦以后，郦商就带领一些人响应陈胜，刘邦到达高阳的时候，郦商的队伍已经达到四千人。在郦食其的引荐之下，郦商率领队伍投靠刘邦。

队伍壮大后的刘邦进攻秦国重镇颍川，遇强烈抵抗。占领颍川以后，刘邦下令屠城。九个月以前，刘邦和项羽曾共同屠城阳。如今，“忠厚长者”刘邦再次犯下反人类罪行。秦国军事重镇颍川沦为废墟。

此时，项羽已经取得巨鹿之战的胜利，正与章邯对峙于漳河两岸。赵王赵歇手下将领司马卬（据说是太史公司马迁的六世祖）在巨鹿之战后追随项羽。急于入关的项羽派遣司马卬进攻平阴，企图渡过黄河，进入函谷关。刘邦听到消息，立即从颍川出兵，攻击平阴，断绝黄河渡口，阻止司马卬过河。这是刘邦和项羽的第一次正面冲突。随着秦国的衰弱，刘邦、项羽的矛盾逐渐明朗化。

时间在变，形势也在变。刘邦平阴绝渡口，正是楚汉战争的萌芽。

刘邦在犨县击败秦南阳郡守齮以后，齮率领残部退保宛县。急于入关的刘邦准备绕过宛县，向武关（今陕西商洛丹凤县）进发。

张良建议刘邦：“你现在急于入关，但是秦军依然强大，而且他们都扼守险要。如果不占领宛县盲目西进，到时候前边有强大的守军，后边有宛县追兵，那时可是十分危险。”

刘邦立即同意张良的见解。为了避免打草惊蛇，刘邦率军偃旗息鼓，绕道折返，连夜杀了一个回马枪。第一天眼睁睁看着刘邦率军经过的南阳郡守齮，第二天黎明时分突然发现，刘邦的部队已经把宛县围了个水泄不通。

南阳郡守齮陷入绝望，就要自杀。他手下一个叫陈恢的门客说："请让我先见刘邦，那时再死不迟。"

陈恢坠墙而出，晋见刘邦："我听说您先前有约，先入关者封王，而如今却在宛县逗留不前。宛县可是南阳郡府所在地，城市大，人口多，积蓄充足。城中官民都认为投降就死，所以才全力抵抗您的进攻。现在您非要进攻宛县的话，士兵死伤一定很多。如果您要放弃宛县西进，宛县的强兵必定追击您的后方。这样，您前边浪费入关称王的时间，后边还有宛县的追兵。"

"我认为您最好的策略就是接受宛县投降。封给南阳郡守一个爵位，继续让他守宛县，而您带领宛县的降军向西进发。这样西进路上的秦军一定争先恐后地为您打开城门，您必将通行无阻。"

刘邦说："太好了！"

刘邦接受南阳郡守投降，立即给予回报：封齮为殷侯，还是守南阳，封陈恢一千户。

南阳郡的榜样作用立即显现。夺得宛县以后，刘邦到达丹水，守备秦军不战而降。其后进攻胡阳，鄱邑令吴芮的部将梅鋗率军投靠刘邦。再进攻析县、郦县，秦军全部投降。

就在析县，刚刚屠杀颍川郡的刘邦又换上一副"忠厚长者"的面孔：大军所过，严禁掳掠百姓。还未入关，刘邦的政治宣传就已经启动。

此时的刘邦，地盘扩大了，队伍壮大了，官员班子也充实了。

秦二世二年（前 208）九月，刘邦从砀县出兵。十个月以后，至秦二世三年七月，刘邦已经兵临武关。过了武关，就是关中，秦国心脏地带。

咸阳指日可待！

二　指鹿为马：弑君

章邯已经投降项羽，北路项羽、南路刘邦正在向咸阳挺进，而咸阳宫内，血雨腥风一刻不曾停止。

郎中令赵高诬杀李斯以后，被秦二世任命为中丞相，成为唯一的丞相。

为了了解自己在朝廷中的威慑力，赵高特意向秦二世献上一头鹿，却说："这是马。"秦二世不知其中奥妙，笑着说："丞相弄错了！这可是一头鹿。"赵高坚持说是马。秦二世满腹狐疑，问左右大臣，有人说是马，有人说是鹿。

很快，那些说是鹿的人，都被赵高陷害。从此，所有的大臣都畏惧赵高，再也没有人敢反对他。于是，朝堂之上、宫闱之内，赵高一手遮天。

秦二世登基以后，赵高把小皇帝玩于股掌之间，一直坚称："关东匪徒只是无能之辈、鸡鸣狗盗之徒。"时间来到秦二世三年（前207）八月，刘邦大军已经兵临武关，王离全军覆没，章邯投降项羽，齐、楚、燕、韩、赵、魏全部复国，烽火狼烟已经烧到眼前，一切再也瞒不住了。

兵临武关的刘邦私下派人联络赵高，许诺与赵高分关中土地称王。赵高害怕秦二世识破自己的罪行，于是称病不朝。

宫中的秦二世隐约感觉到不祥的气氛，做了一个梦：白虎吃掉自己的左骖马（皇帝的车有四匹或者六匹马，左边的一匹称为左骖马），自己把白虎杀了。梦醒以后，他感觉很奇怪，闷闷不乐，找来卜者解梦。卜者说："都是泾水（渭水支流，流经咸阳旁边）在作怪。"于是秦二世前往泾水旁边的望夷宫，斋戒祭祀，把四匹白马沉入泾水。

秦二世渐渐了解关东之事，派出使者责备称病不朝的赵高。赵高恐惧，决定一不做二不休，干掉秦二世。

赵高和女婿（赵高实际上不是阉人）、咸阳令阎乐以及弟弟赵成偷偷谋划："皇帝不听劝谏，至今十万火急，却要怪罪于我们。我打算把皇帝废掉，拥立公子嬴婴。公子嬴婴仁慈勤俭，人民拥戴。"

赵高安排秦二世身边的贴身禁卫作为内应，由阎乐调动兵力。怕阎乐变心，赵高又事先把阎乐的母亲劫掠自己家里。

阎乐率领一千多士卒，冲击望夷宫殿门，逮捕禁卫长官："盗贼进入宫殿，为何不制止？"禁卫长官一头雾水："宫殿内外戒备森严，怎么会有盗贼闯入？"阎乐二话不说，直接杀掉禁卫长官，带军闯入望夷宫，到处射箭，逢人就杀。宫内宦官有的逃跑，有的抵抗。很快，几十个抵抗的宦官寡不敌众，全被诛杀。

内应带领阎乐闯入秦二世的后宫，用箭射中御床的帷帐。秦二世大怒，召唤左右宦官侍卫勤王，但所有的人都已四散奔逃，只剩下一名宦官没有离去。彻底众叛亲离的秦二世问那名宦官："你怎么不早告诉我呢？以至于到了现在这种地步！"宦官回答："就是因为不告诉你，我才能活到今天！要是早说的话，我早就死了！"

阎乐逼近秦二世，数落他的罪行："你骄傲恣肆，滥杀无辜。无道君王，天下共叛。你自己做个了断吧！"

残暴的秦二世立即变成摇尾乞怜的哈巴狗，央求阎乐说："我能见丞相一面吗？"

阎乐坚决回绝道："不可以。"

秦二世又央求道："封我一个郡当王可以吗？"

阎乐说："不可以。"

秦二世再降低标准说："封我做万户侯可以吗？"

阎乐说："不可以。"

秦二世还是不想死："我愿意携妻带子做个老百姓可以吗？只要求皇子的待遇。"

阎乐不耐烦地说："我奉丞相之命，为天下百姓铲除暴君。你的话虽然多，但我不敢向丞相汇报。"

秦二世三年（前207）八月，众叛亲离的秦二世被逼自杀。临死之前，他不断降低门槛哀求活命，清楚地表明自己是个政治白痴。他还只是个二十四岁的大孩子，带着他满脑子的糨糊，和他偷来的庞大帝国，一起走向毁灭。

此时，距离沙丘之谋三年，距离诬杀李斯一年：恶果实在来得太快。

阎乐回报赵高。赵高召集所有大臣和皇族公子，通报诛杀秦二世的情况："秦国，以前也只是一个诸侯国，始皇帝君临天下，才称皇帝。现在，故六国已经全部复国，秦国的地盘越来越小，如果继续称皇帝的虚名，是不可以的，最好还是恢复国王称号。"

随后，赵高以平民的礼仪安葬秦二世。

赵高做了两手准备：一面派遣密使联络刘邦，准备和刘邦瓜分关中；一面准备扶持嬴婴继位为秦王。

正式封秦王以前，赵高让嬴婴在斋宫斋戒沐浴，祭祀祖庙，才能接受秦王玉玺。斋戒进行到第五天，嬴婴和他的两个儿子商量："赵高在望夷宫内杀掉二世皇帝，因为害怕群臣杀他，才把我立为秦王。我听说赵高已经和楚军勾结，准备杀掉嬴姓皇族，在关中称王。现在让我斋戒沐浴，祭祀祖庙，就是准备在祖庙之内趁机杀我。我称病不去，赵高一定自己来请我。如果他来，就把他杀掉。"

赵高派了好几批人来请嬴婴，嬴婴都没有去，最后赵高果然亲自来请："祭祀宗庙可是大事情，大王怎么不去呢？"就在斋宫，嬴婴立即诛杀赵高（嬴婴杀赵高，《史记》之中还有一个说法：五马分尸。两个说法自相矛盾）。之后，在咸阳街头，嬴婴屠杀赵高三族。

秦二世三年（前207）九月，赵高伏诛，这距离他诬杀李斯一年，距离弑君望夷宫只有几天。这个猥琐、阴暗、残暴的“宦官”终于死了，而且遗臭万年。

秦二世死了，赵高死了。可怜的嬴婴，接手的是已经无法收拾的烂摊子。踩着赵高的尸体，嬴婴即位秦王。然而，大厦将倾，他已无力回天。

三　系颈以组：第一帝国灭亡

兵临武关的刘邦在和赵高谈判瓜分关中之时，只是对赵高将信将疑。他同时用张良的计策，派舌辩之士郦食其和陆贾前往游说秦军将领，以重金诱惑。

当秦军将领准备收钱投降、戒备松懈时，刘邦、张良再显混混本色，趁机进攻，占领武关。就在武关，刘邦继城阳、颍川以后，第三次犯下反人类罪行：屠城。

武关已降，刘邦和咸阳之间还剩最后一道屏障：峣关（今陕西西安蓝田县东南）。新任秦王嬴婴诛杀赵高以后，来不及坐热秦王的位子，立即调派兵力增援峣关，加强防备。

刘邦准备立即派遣两万人进攻峣关，张良再献计谋：“秦军依然强大，且不可轻敌。我听说秦军守将都是屠户、商贩的孩子，可以派郦食其为使者，带上大量金宝，迷惑秦将。同时派人在周围的山上插满楚军旗帜，作为疑兵。”

很快，峣关秦将为重利所诱惑，准备马上献关。刘邦准备接受峣关秦军投降，联合向西进攻咸阳。鸡贼的张良故伎重施：“这只是秦军将领收受重贿投降，恐怕士卒不肯。如果士卒不投降，可就危险了。不如乘秦军防守松懈之机进攻。”

张良绝对是楚汉之际第一智囊，狡猾的很。刘邦在创业时期遇上这么个人才，的确太幸运了。

刘邦立即挥军进攻，峣关守卫秦军溃败。

失去武关、峣关两道屏障，咸阳已经危如累卵。

峣关之后，刘邦楚军又与秦军战于蓝田（今陕西西安蓝田县南）南郊，再战于蓝田北郊，溃烂于内、毫无斗志的秦军一败再败。大楚国武安侯刘邦大军挺进霸上。

刘邦占领咸阳，已如探囊取物。

曾经战无不胜的秦军已经瓦解，曾经雄霸天下的秦帝国再也无法抵抗。嬴婴在秦王的位子上坐了 46 天，肉还来不及下咽，酒还没有湿唇，就要接受亡国的命运。

秦王嬴婴坐着白马拉的白车，把绳索套在自己的脖子上，手捧秦国传国玉玺、符节，跪在路旁，向楚国武安侯刘邦投降了。

刘邦接受秦王嬴婴投降。手下有人主张杀掉嬴婴，刘邦说："当初楚怀王派我进攻关中秦国腹地，就是因为我是忠厚长者。况且，嬴婴已经投降，杀降不详。"刘邦只是把嬴婴囚禁起来。

汉元年（前 206）十月（秦历，十月为每年第一个月），秦国灭亡。

"六合之内，皇帝之土。西涉流沙，南尽北户。东有东海，北过大夏。人迹所至，无不臣者。功盖五帝，泽及牛马。莫不受德，各安其宇。秦德昭昭，秦威烈烈。自始皇帝起，至二世、三世……以至万万世、万万年。"

李斯所题琅琊石刻墨迹未干，伟大的秦帝国二世而终，前后仅十五年。

理想很丰满，现实很骨感。

秦的一切，都结束了。

旧秩序打倒了，新秩序亟须建立。

中国历史，即将揭开新的篇章。

第九章
鸿门惊魂

曾经，有一个天赐良机摆在项羽面前，他没有珍惜，等到失去的时候才追悔莫及，人世间最痛苦的事莫过于此……可惜，上天不会给自大的项羽再来一次的机会。在其后四年的楚汉战争中，也许每个夜晚，项羽都会想起鸿门宴：他曾有机会不费吹灰之力让刘邦人头落地。

一　约法三章：刘邦心情忐忑

大楚国武安侯刘邦，率领大军，直入咸阳。

咸阳宫内，高屋殿宇、华丽帷帐、骏马走狗、金银珠宝、后宫佳丽……秦国几百年建设、搜刮和积累的财富，堆积如山、数不胜数。以沛县老混混刘邦为首的一帮土老帽，彻底被震撼到了。很多将领就和江湖“马仔”一样，冲进秦国国库，瓜分金帛财物。

刘邦也是心旷神怡、目不暇接，荷尔蒙水平直线上升。奢侈的宫殿、如云的美女……咸阳宫是完美的温柔富贵乡。据说，刘邦冲入宫闱之中，久久没有出来，是否已经“金风玉露一相逢，便胜却人间无数”，倒是成为一桩公案。

咸阳宫充满诱惑，刘邦打算立即办理“常住手续”。

这时候，至少还有三个人保持清醒。

萧何不要金宝不要美女，立即冲入丞相府，收集天下户籍档案、山川地形图册、秦宫藏书，等等。正因为萧何，秦国的户籍、地图、书籍才幸免于难，没有毁于日后项羽的纵火焚烧。这些资料让刘邦清楚地了解天下地形关隘、人口数量和分布，为刘邦定鼎天下打下坚实的基础。

刘邦心腹猛将樊哙倒也是粗中有细，他劝刘邦说：“你是准备号令天下呢？还是准备做个土财主？这些奢侈的东西正是秦国灭亡的原因。我们最好是回军霸上。”

刘邦的心已经醉了，樊哙的话哪里听得进去。

最后，另一个人的坚持改变了刘邦的想法，他就是刘邦心目中的导师张良。张良告诉刘邦说："正因为秦国残暴无道，今天我们才能来到这里。我们是为天下除暴安良，这些奢侈的东西正是我们反对的。眼下我们刚刚进入秦宫，就安心享乐，这可正是残暴的帮凶。而且，忠言逆耳利于行，良药苦口利于病。我认为樊哙的意见很对。"

刘邦醒悟，立即采纳樊哙、张良的建议：查封秦国的国库和宫殿，还军霸上。

问题的实质其实是：虽然刘邦捷足先登，但是还不能常住咸阳宫。刘邦不是不想，是实力不够，还站不住脚！

关键时刻分清是非、从谏如流，能够控制自己眼前的欲望、做出符合长远利益的判断，正是刘邦宝贵的能力之一。

就在霸上军营之中，刘邦召集各县的父老乡亲、豪强乡绅，开展政治宣传：

"秦法规定，诽谤者族诛，窃窃私语者杀头。苛刑峻法让父老乡亲们受苦了！我先前和各路诸侯有约，先入关者称王，所以我有资格称王关中。今天，我与父老乡亲约法三章：杀人者偿命；伤人者看情况定罪；偷盗者看情况定罪。其他的秦法全部废除，所有的人还是安心去做本来的工作。"

"我来到这里，就是为除暴安良，决不会伤害大家，父老们千万不要担心。我之所以还军霸上，就是等其他各路诸侯前来，再从长计议。"

刘邦表现出一副担当大任、仁爱慈祥的长者形象，虽然其真实的原因是实力还不济。

刘邦派人把约法三章的事情通报各县、各乡。人民群众喜气洋洋，争先恐后为楚军送来牛羊肉和粮食。刘邦坚决不接受，说："军营的粮草很多，并不缺乏，不敢麻烦父老乡亲。"

秦国的百姓被刘邦的仁慈忠厚打动，人人都恐怕刘邦不做秦王

（这就是拉拢人心）。

此时，又有人给刘邦提建议说：“关中土地财富十倍于关东诸侯，而且易守难攻。听说章邯已经投降项羽，被封为雍王，关中土地必属章邯（古代中国地分九州，关中为雍州）。如果项羽大军至此，您一定会失去关中。最好是派兵把守函谷关，拒诸侯联军于关东。还要尽快招募关中士卒，增强自身实力。”

刘邦觉得这个主意好，欣然照办（禁不住诱惑，暴露了自己的真实欲望）。

这样的馊主意，刘邦竟欣然接受。这个计划首先以割据关中称王为战略目标；其次忽略了双方的实力对比，刘邦的力量怎么能够抗衡诸侯联军？约法三章的时候，刘邦清楚地表明驻军霸上静候诸侯联军。当时，智谋之士张良、舌辩之士郦食其都在军中，竟然没有阻止刘邦的贸然行动，让人匪夷所思。

关中战场上，刘邦在军事、政治上取得全面胜利，率先入关，并且奠定了很好的群众基础。但是，刘邦也在函谷关为自己埋下一颗定时炸弹。而刘邦的主要竞争对手大楚国长安侯项羽，虽然落在刘邦的后面，但是很快就要兵临函谷关，刘邦就将为闭关付出代价。

二　新安杀降：断了后路

项羽接受章邯投降后，由司马欣担任上将军率领投降的秦军作为先锋部队，各路诸侯共四十万人，一路向函谷关进发。

就在进军途中，巨变悄然发生。

以前，在短暂的秦国统一时期，项羽军中的将领和士兵们，很多曾经到过关中，或者在关中服过徭役、兵役。当地的秦国官员和士卒，对待关外之人都很苛刻残暴。而如今，章邯大军投降，各路诸侯的将领士卒们乘机报仇，秦军俘虏随时遭受欺凌侮辱。二十万投降秦军内部，慢慢滋生仇恨情绪。

那时，刘邦还没有攻破武关兵入咸阳。秦军俘虏互相窃窃私语："章邯将军欺骗大家投降。如果我们跟随楚军入关破秦，成功固然好；一旦不能成功，楚军一定俘虏我们向东撤退。那个时候，秦政府一定会杀尽我们的父母儿女。"

这话很快传到项羽的耳朵里。

大军已经渡过黄河，到达新安（今河南三门峡渑池县），前面就是函谷关。项羽召集英布、蒲将军商讨对策："秦军虽然投降，但是他们依然强大，而且内心不服。马上兵临函谷关，如果秦军临阵倒戈，我们可就危险了。不如只留下章邯、司马欣和董翳，其他秦军一律击杀。"

项羽拍板，英布、蒲将军很快付诸实施。

汉元年（前 206）十一月，就在新安城南，楚军连夜坑杀二十万秦军俘虏。

项羽新安杀降，史学界历来有很大争议。《史记》中对此有几处描写，但是都很简略。《史记·项羽本纪》仅有一句话而已："于是楚军夜击坑秦卒二十余万人新安城南。"

新安杀降的资料太少，疑点太多。

其一，操作上有难度。殷墟投降以后，秦军作为诸侯联军的先锋部队，由司马欣率领。所以，秦军最多就是打乱编制，并没有解除武装，而且没有处于饥饿之中。冷兵器时代，如何一夜之间杀死如此庞大规模、拥有武器和战斗力的部队？

其二，前后兵力有矛盾。七月，秦军殷墟投降，项羽总兵力四十万人；十一月，新安杀降二十万人；十二月，项羽驻扎鸿门，总兵力也是四十万人。

其三，考古发掘不支持。在当年新安杀降的遗址上，至今没有发现大量的人类骸骨。

以上理由让很多人怀疑新安杀降是否真的存在过。而在新安杀降五十多年以前，秦将白起曾经在长平之战坑杀四十万赵国降军。当时，包围之中的赵军已经断粮四十六天，彻底失去战斗力，而且在投降之后，被立即解除了武装。长平杀降的前因后果、具体实施都有详尽的资料，而且已经被后世的考古所证实。

但是，也有一个理由支持新安杀降的存在：作为项羽的铁杆“粉丝”，司马迁决不会编造如此重大的杀降事件去抹黑自己的偶像。虽然在《史记》当中，司马迁夹带很多“私货”，犯了很多错误，留下很多互相矛盾的记载，但是对于新安杀降的记载，前后若干次都是一致的。

也许，折中一下看起来更合理：项羽确实曾经杀降，但是并没有把二十万秦军赶尽杀绝，只是杀掉了那些意图哗变、叛乱的秦军。而从殷墟到鸿门，项羽也在不断吸收新的力量，所以总兵力并没有什么损失……

谁又能说得清呢？

事实证明，几千年下来，新安杀降已经成为项羽人生中最不光彩的一笔。很多史学家认为，正是新安杀降让项羽彻底失去人心，尤其是为秦人所痛恨。而他的对手刘邦，做的却是恰恰相反。可以说，新安杀降为项羽在楚汉战争中的失败埋下伏笔。

三　鸿门宴：给你机会，你不中用呀！

过了新安，强大的项羽兵临函谷关。

到了函谷关，项羽大军无法进入。一打听，原来是刘邦派兵守关。听说刘邦先自己一步，已经占领关中、攻破咸阳，项羽怒发冲冠，立即派英布进攻。函谷关守兵无法抵挡，项羽大军破关而入，很快抵达戏水（今陕西西安临潼县）以西的鸿门（今临潼县项王营），离咸阳咫尺之遥。

项羽四十万大军驻军鸿门，号称百万；刘邦十万大军驻军霸上，号称二十万。两地相距二十公里左右。刘邦、项羽两人已分别一年零三个月，还未来得及见面。

于是，就在鸿门，项羽和刘邦吃了一顿中国历史上最有名的饭。世上本来只有饭没有局，一起吃的人多了，就成了局。

鸿门宴重要参与人员如下：

项羽集团：项羽、范增、项伯、项庄、陈平；

刘邦集团：刘邦、张良、樊哙；

友情客串：曹无伤。

刘邦左司马（参谋）曹无伤听说项羽大军抵达，如墙头草，随风倒，偷偷派人给项羽送话说："刘邦打算在关中称王，让嬴婴担任丞相，秦国金银财宝全部占为己有。"曹无伤以此作为给项羽的见面礼。项羽听说以后，更是怒不可遏。

亚父范增劝项羽攻击刘邦："刘邦在老家的时候，既贪财又好色。现在进入关中，虽然财宝遍地他竟分文不取，虽然美女如云他竟坐怀不乱，我看他的志向可是很大。我已经请人看他的气象，有五彩的颜色，成龙虎的形状，这可是天子之气。必须尽快向刘邦发动攻击。"

范增绝对是项羽第一谋臣，可惜，他辅佐的是个不中用的主子。让人困惑的是，如果范增真的认定刘邦有天子气象，为何不弃暗投明呢？

项羽采纳范增的建议，犒劳全军，准备第二天凌晨向刘邦发动进攻。

可是就在当晚，意外发生。

楚军左尹（左军指挥官）项伯，是项羽的叔叔。项伯年轻的时候杀人犯罪，逃亡在外，被张良收留，因此与张良感情至深。项伯听说项羽进攻刘邦的计划，而好朋友张良就在刘邦营中，项伯不想张良白白送死，竟连夜骑马进入刘邦军营，私下会见张良，把项羽的计划和盘托出，并且邀请张良跟自己逃跑。

张良说："我在这儿，是为韩王送沛公入关的。现在事情紧急，自己逃命乃不义之举，必须告诉他。"于是张良深夜晋见刘邦，把项羽的进攻计划和盘托出。

刘邦大吃一惊，魂飞天外，问张良说："如何是好？"

张良答道："谁为大王出主意防守函谷关？"（难道张良此时才知道？）

刘邦说："鲰生说防守函谷关，拒诸侯于关外，就可以在关中称王。所以采纳这个建议。"

张良沉默，接着问："大王觉得以您的兵力能够阻挡项王吗？"

刘邦沉默半天，不得不承认："确实无法抗拒项羽。那该怎么办？"（人贵有自知之明）

张良说："只能去见项伯，告诉他沛公可不敢背叛项王。"

刘邦问道："你是怎么和项伯如此交好的？"（狡猾的刘邦对张良心存疑虑）

张良解释说："以前项伯杀人逃命，我帮他活命。现在情势紧急，他才有此回报。"

刘邦再问："你们两个谁的年纪大？"（准备打感情牌）

张良说："他比我年长。"

刘邦稍稍定下神来："请把他请进来，我以兄长之礼待之。"（主意已定）

张良邀请项伯晋见刘邦。刘邦毕恭毕敬，亲自为项伯斟酒、敬酒，要与项伯约为儿女亲家。他信誓旦旦地说："我入关以来，秋毫无犯，管理官民，查封府库，等将军前来。之所以派兵驻守函谷关，只是为了防备盗匪出入和其他的突发情况。我日夜盼望将军前来，怎么敢背叛呢?！请老兄在将军面前转达我的一片忠心！”

刘邦如此抬爱，项伯非常感动，许诺帮助刘邦，说：“明日一早，一定来鸿门军营致谢项王。”

刘邦答道：“明日一定来！”

刘邦有政治家的风范，脸皮特别厚，说谎不脸红；还有探险者的勇气，打算冒着生命危险，决计深入虎穴。项伯则鼠目寸光，轻重不分，公私不明。

这是刘邦、项伯的第一次亲密接触。项伯客观上被策反，主观上是真的侠肝义胆。他连夜回到项羽军营，把刘邦不曾背叛的心意禀报项羽，还添油加醋地说：“如果不是沛公击破关中，你现在怎么会入关呢？他有大功我们还要向他进攻，就是不义。不如借机善待他！”

项羽完全同意项伯的见解。

时也，势也。秦国已灭，项羽和刘邦两大军事集团已经成为最大的竞争对手，项羽竟然看不见，实在是目光如豆。

第二天天刚亮，刘邦只带领一百多随从骑兵来鸿门见项羽。刘邦态度很谦卑，语气很低调：“臣下与将军合力攻秦，将军战河北(黄河以北)，我战河南，不成想我竟然能够先于将军破秦入关，荣幸地与将军在此相见。今天之事，因为有小人挑拨离间，才使将军和臣下有了猜疑。”

项羽回答说：“这是你的左司马曹无伤说的。要不然，我怎么会猜疑你呢?”

刘邦左一句将军，右一句臣下，几句阿谀奉承让项羽飘飘然如沐春风，立即放下敌意，并且把曹无伤给卖了。

当天项羽大摆宴席，招待刘邦一行。项羽、项伯坐西面东，范增坐北面南，刘邦坐南面北，张良坐东面西。

席间范增数次给项羽使眼色，有三次都拿起自己的玉玦（坚决、决断、决绝之意）示意项羽立即行动，可是项羽不为所动。范增无奈，起身离席，出来找到项庄（项羽的堂弟），告诉他说："大王为人心慈手软。你现在上前祝酒，然后就在席间舞剑助兴，借机把刘邦斩杀在座位之上。否则，我们都要成为刘邦的俘虏了。"

项庄听从范增的安排，入席间敬酒。敬酒以后，项庄说："大王和沛公饮酒，军中没有什么可以娱乐的，我就给大家舞剑助兴吧。"

项羽说："可以！"

项庄于是拔剑起舞，项伯见状，也拔剑起舞，并且用身体为刘邦掩护，使项庄无法向刘邦下手。

张良目睹事态紧急，马上离席，在营门找到樊哙。樊哙问："今日事情如何？"

张良说："事态紧急。项庄正在席间舞剑，试图刺杀沛公。"

樊哙一听，急了，嚷嚷说："已经迫在眉睫。现在我进去，和他拼命。"

樊哙手持宝剑和盾牌径直入内，守门的持戟卫士试图阻拦，他用盾牌撞倒卫士，直入营帐。樊哙面西而立，正对项羽，头发上指，怒目圆睁，眼珠子都要瞪出来了。项羽看见樊哙，也是吃了一惊，手按宝剑，直起上身，问："此人是谁？"

张良说："沛公的贴身侍卫樊哙。"

项羽被樊哙的架势所震慑，说道："真乃壮士！赐他一罐酒。"

樊哙拜谢，站起身来，一罐酒一饮而尽。

项羽又说："再赐他一条猪大腿。"

有人又送上一条生猪腿。樊哙就把盾牌放在地上，猪腿置于盾牌之上，用剑切割，大口咀嚼起来。

项羽又问："壮士！还能再喝吗？"

樊哙回答："我连死都不怕，还怕喝酒吗？以前秦王有虎狼之心，判刑的人数不胜数，杀头的人无法计算，最后全天下的人都背叛秦国。怀王和诸位将领有约在先：首先破秦进入咸阳的可以封王。现在沛公首先破秦进入咸阳，却秋毫无犯，查封宫殿、府库，还军霸上，只为等将军前来。之所以派人把守函谷关，是想防备盗匪和其他的突发状况。沛公如此劳苦功高，不但没有封赏，却听信小人谗言，竟然要诛杀有功之人。这可是要步秦国的后尘，我私下认为这可绝对不可以。”

酒量和食量也能派上用场，樊哙恐怕是中国历史上的佼佼者。豪爽的气质、不羁的个性显然获得项羽内心的认同感。然而，樊哙的话中却透着太多的狡黠，这人其实是个外粗内细的人。

项羽对樊哙的话竟然无言以对，只是对樊哙说：“坐。”

樊哙就坐在张良身边。一小会的工夫，刘邦起身上厕所，樊哙趁机跟随。项羽让都尉陈平召唤刘邦。

刘邦想溜号，对樊哙说：“现在走，就是不辞而别，怎么办呢?”

樊哙对刘邦说：“大礼节顾不上小谦让，大事业顾不上小细节。现在人为刀俎，我为鱼肉，还告什么辞呀?”

两人决定立即逃走，留下张良向项羽辞谢。张良问：“大王来此带了什么东西?”

刘邦说：“我带来玉璧一对，献给项羽；玉斗一对，献给范增。还没来得及进献，你帮我献上吧。”

张良接过玉璧、玉斗说：“一定办到。”

当时，项羽军在鸿门，刘邦军在霸上，相距四十里。刘邦放弃马车，只骑一匹马，改走小路，樊哙、夏侯婴、靳疆、纪信四人手持宝剑、盾牌，步行跟随。刘邦一行绕道骊山脚下，经过芷阳（今西安东北郊），回到霸上军营。

为防意外，刘邦事先告诉张良：“你推测我已经到达霸上时，再进去向项羽辞谢。”

张良料定刘邦已经抵达霸上（项羽命令陈平召唤刘邦，这么长的时间里，陈平在干什么？难道他也在暗中帮助、故意纵放刘邦?)，返回营帐向项羽致歉："沛公不胜酒力，不能亲自告辞，特命臣下向大王进献玉璧一对，向大将军进献玉斗一对。"

项羽问："沛公在哪里?"

张良答道："他听说大王有责备之意，内心不安，独自离开，已经返回军营。"

项羽欣然接受玉璧，放在座位上。而范增接过玉斗，扔到地上，拔剑砍断玉斗，狠狠地对项羽说："唉！你这小子不足共大事。夺取天下的，一定就是沛公，今日放虎归山，日后我们都会成为他的俘虏!"

范增洞察一切，气恼至极。无奈，项羽在低调的刘邦面前自我感觉太良好，看不见刘邦的威胁。

刘邦给你机会，可是你不中用呀!

刘邦回到霸上军营，立即诛杀墙头草曹无伤。

鸿门宴上，刘邦逃生的根本原因还是项羽的骄傲和刚愎自用：他认为刘邦不会构成威胁，他相信刘邦的花言巧语，反而不相信范增的判断，他认为自己能够控制一切。总之，他的政治智商还是太低。

即便刘邦已经逃离鸿门，做好防御准备，项羽依然拥有四比一的兵力优势，还是有极大的把握战而胜之，然而项羽最终还是没有向刘邦进攻。

曾经，有一个天赐良机摆在项羽面前，他没有珍惜，等到失去的时候才追悔莫及，人世间最痛苦的事莫过于此……

可惜，上天不会给自大的项羽再来一次的机会。

在其后四年的楚汉战争中，也许每个夜晚，项羽都会想起鸿门宴：他曾有机会不费吹灰之力让刘邦人头落地。四面楚歌的时候，想必范增的话句句都在项羽心头萦绕。

中国历史上有过多次著名的饭局，鸿门宴以后一千二百年左右，北宋太祖杯酒释兵权；以后两千年左右，大清乾隆故宫千叟宴……

从对中国历史进程的影响来看，没有任何饭局能和鸿门宴相比。

鸿门宴上，刘邦度过人生中最大的一次危机。有人认为，鸿门宴上项羽也错过称霸天下最重要的一次机会。其实不然。因为，项羽即使杀了刘邦，凭其不合格的政治智商也很难统一天下，他终究不是一位成就帝业的合格领袖。

四　火烧阿房：有这回事儿？

鸿门宴后，项羽的所作所为更令人惊叹。

过了几天，项羽率兵向西，进入咸阳。又是屠城，咸阳城内男女老幼一个不留，血流成河。继屠襄城、城阳和安阳杀降以后，项羽再次犯下严重的反人类罪行。

后世有人争论项羽热爱屠城是因为屠城可以给敌人最大的心理震慑。这种看法实在不敢恭维。因为当时秦国已灭，咸阳已降。此时屠咸阳，已没有任何政治或军事意义。

又有人说项羽屠城是因为对秦国的刻骨仇恨。这种意见不值得反驳：浏览项羽的屠杀历史，他屠遍楚、秦、齐、鲁各个地方。

所以，项羽嗜杀的根本原因就是他深入骨髓、近乎变态的残暴本性。

项羽屠咸阳的另一个重要原因是他的政治短见：他不准备在这个地方常住，混好了，要回到家乡显摆才令人心醉。

项羽又杀掉末代秦王嬴婴和所有秦国皇族后裔。在失去威胁和反抗能力的人面前，项羽再次耍起了威风。那伟大的、集三皇五帝于一身的秦始皇，死后仅仅三年，就国家灭亡，嬴姓全族遭到屠灭。

项羽又焚烧秦国宫殿，大火三月不灭。《史记》原文如此记载：“项羽引兵西屠咸阳，杀秦降王子婴，烧秦宫室，火三月不灭。”

项羽焚烧的其实应该是咸阳宫，而不是咸阳郊外的阿房宫。如前文所述，阿房宫根本就只是完成了很少一部分，而考古发现也足以证明阿房宫已经完成的部分并没有被大火焚烧的痕迹。这笔账，不能稀里糊涂算到项羽头上。

至于大火三月不灭，只能看做是司马迁的文学描写。

最后，在项羽的带领下，各路诸侯瓜分了搜刮来的金银财宝和美女，然后撤出咸阳，返回关东。

此时，有位眼光犀利的无名氏向项羽提出建议：“关中地区，有山河之险，四面雄关，土地肥沃，定都于此，可以称霸天下。”

项羽看看已经被自己毁掉的咸阳城，心里又日夜想着回家乡，回答说：“富贵不归故乡，就好像穿着漂亮衣服却在黑夜里行走，谁能看得见呢！”（“富贵不归故乡，如衣绣夜行，谁知之者！”）

衣锦还乡、荣归故里，是很朴素的人生理想。只是，项羽却把这种朴素的、初级阶段的理想看得高于一切。或者说，他就没有更高的政治理想。

无名氏私下里给身边的人说：“听说楚国人就像戴帽子的猴子（形容肤浅），果然如此。”

这话很快传到项羽耳朵里，项羽立即把那个人扔到大锅里活活煮死。项羽用煮死别人来证明自己确实和猴子差不多。

喜见同类表现极致的痛苦，这是最残暴的基因。我们会多次看见项羽大锅煮活人的表演。这只是第一次。

入关以后，项羽正事一件没有干，歪事干了一大堆：放了刘邦，然后去咸阳搞了杀光、抢光、烧光的“三光政策”，活脱脱一个屠夫、强盗头子。

最初，项羽叔侄揭竿而起，本为抗暴，遗憾的是项羽却比残暴的秦国更为残暴。即便是秦国统一六国时期，秦始皇也不曾对故六国人民和王族后裔进行斩草除根。嗜杀的项羽竭力暴露了自己的残暴和颟顸，至少故秦国的人恨透了他，天下人怎能不失望至极?

第十章
登坛拜将

历史可以有万种可能，但是真实的历史只有一张脸，供不同的人欣赏打扮。有时候，一些偶然的因素就决定了历史的走向，这一次就是。只因为韩信在人群之中多看了夏侯婴一眼，如果不是这一眼，韩信也只能是个刀下无名鬼，胸中空有甲兵百万，哪里会有后来的叱咤风云、赫赫战功?

一　十八路诸侯：王制的复辟

项羽带领诸侯联军在咸阳烧杀抢掠之后，大部队东返而去。

然而，项羽对于刘邦先自己一步入关耿耿于怀，派遣使者向楚怀王通报事情经过，要求改变先前“先入定关中者王之”的约定。但楚怀王回复说：按照先前的约定。也就是说，刘邦应该封为秦王，占有关中富饶土地。

放羊娃出身的政治木偶芈心竟然拒绝向军事强权妥协，项羽自然怒不可遏。而且，当初楚怀王拒绝项羽和刘邦同时西进，而是命其北上救赵，项羽对此一直心怀怨恨。此时项羽更不愿意把关中宝地留给刘邦，于是打算摆脱楚怀王。

项羽召集诸侯将领们说：“当初刚刚起兵反秦的时候，大家不得不拥立故六国的王族后裔。怀王，是我叔叔项梁所立。但是，现今都是我与各位将领披坚执锐，暴露于荒野，历经三年征战，才消灭秦国，安定天下。怀王并没有摧城拔寨的功劳，哪里有资格约定天下？但即便他没有功劳，我还是会分他一块土地，封他一个王位。”

诸位将领表示同意。

汉元年（前206）正月，项羽正式瓜分天下，大封诸侯。

一是西楚霸王。

项羽自封西楚霸王，用了一个威风凛凛、意气风发的名字。

项羽此时志得意满，登上人生巅峰，就以家乡彭城为都城，把彭城周围最好的九个郡划归自己，包括故魏国、故楚国的部分地区，即今日山东、河南、安徽、江苏、浙江五省的部分地区。

二是义帝。

项羽尊称楚怀王为义帝，彻底架空他的权力，摆脱他的控制。

在楚国内部的权力斗争中，楚军元老项羽以军事控制权取得最终的胜利，政治傀儡楚怀王彻底失去价值。

三是汉王。

项羽和范增实在讨厌刘邦，但是鸿门宴上已经和解，又担心不封刘邦会背上负约的坏名声，导致诸侯背叛。两人偷偷合计："巴蜀（今重庆市、成都市）两地道路艰险，以前秦国都把罪犯流放到那里。而且巴蜀也是关中的一部分。"于是项羽立刘邦为汉王（大汉王朝的名字竟然来源于刘邦的死敌项羽）。领土包括巴、蜀、汉中（今陕西汉中），都城设在南郑。

李白有诗云："蜀道之难，难于上青天！"项羽、范增旨在用秦岭山川地势之险彻底隔绝刘邦，这是一个战术意义上的好主意。

刘邦得封汉王，史称公元前206年为汉元年。

刘邦听说项羽分巴蜀给自己，气得七窍生烟，立即下令做好战斗准备，刘邦手下周勃、樊哙、灌婴等军事将领支持进攻项羽。

但是萧何的意见却完全相反，他告诉刘邦："去汉中称王，总比自寻死路要好吧?!"

刘邦问道："此话怎讲?"

萧何答："如果拒绝接受巴、蜀、汉中，而是向项羽发动攻击，以现在我们的实力，绝无一点胜算。接受巴、蜀、汉中，也是一人之下、万人之上的君王大业，可以和商汤、周武相提并论。最好是立即接受项羽的分封，登上王位以后，收揽民心、招纳贤良、养精蓄锐，再利用巴蜀的财富提高军事实力，在恰当的时候回军平定秦国故地，仍有机会君临天下。"

刘邦完全同意萧何的见解，立即任命萧何担任自己的宰相。

同时，张良准备追随韩王韩成。刘邦为了感谢张良，送给他黄金两千两、珍珠两斗。张良把这些东西全部送给项伯。刘邦又借机转送给项伯很多财宝，并转托项伯，希望得到汉中郡全部土地（以此推断，项羽本来只是打算把汉中郡的一部分给刘邦）。接受贿赂的项伯在项羽面前为刘邦努力争取，最后项羽同意。

鸿门宴前夜，项伯私通敌营、泄露最高军事机密，此时又接受请托为刘邦谋求汉中，客观上项伯彻底沦为刘邦安插在项羽身边的奸细。而项羽的智慧不足以让他认识到叔父项伯的危险。

四是雍王、塞王、翟王。

项羽把刘邦赶到巴蜀地区，似乎觉得山川之险还不足以遏制刘邦，又把关中故秦国地区分为三部分，分封三位秦国降将，以阻塞刘邦回军之路。

章邯被封为雍王，拥有咸阳以西的领土，都城设在废丘（今陕西兴平）。项家的故友长史司马欣被封为塞王，拥有咸阳以东至黄河的领土，都城设在栎阳，这也是司马欣以前为秦国工作的地方。都尉董翳，因曾经劝章邯投降，被封为翟王，拥有秦国上郡的领土（当年蒙恬、扶苏驻扎的地方），都城设在高奴（今陕西延安）。

虽然项羽是个大局观不好的人，但是他重义气，看重个人感情，对三位秦军降将都有回报。但是，这三位秦军降将早就失去秦国人民的信任，尤其是项羽焚烧、屠杀咸阳城以后，秦国故土上的人都恨透了他们。由这三位占领故秦国领土、意欲遏制刘邦，缺乏群众基础，其弊端很快就会显现。

五是西魏王。

章邯灭亡魏咎的魏国，魏咎的弟弟魏豹只身逃出，向楚怀王借兵几千人，陆续再次征服故魏国的一些土地。章邯投降项羽以后，魏豹已经占领二十多座城市，并且自领精兵随项羽入关。

但是，项羽自封西楚霸王，占领了故魏国大部分地区，只能把魏豹迁徙别处：黄河以东地区（今山西南部）。项羽封魏豹为西魏王，都城设在平阳（今山西临汾）。

项羽抢了魏豹的地盘，把魏豹赶出故魏国，想必魏豹对此不会心甘情愿。

五是常山王、代王、殷王、河南王。

巨鹿之战以后，赵国宰相张耳夺得老朋友陈馀的兵权，赵王赵歇派遣张耳跟随项羽入关。项羽滥用自己的权威，竟然封张耳为常山王（实为恒山王，后世为避汉文帝刘恒名讳，称常山王）占领故赵国，都城设在信都。

原来的赵王赵歇被赶出信都，改封代王，都城设在代县（今河北蔚县）。

当初，赵王赵歇同时派遣另外一位赵将司马卬追随项羽，平定河内（黄河以北地区）、随项羽入关。此时，项羽封司马卬为殷王，占有河内地区，都城设在朝歌（今河南鹤壁淇县）。

张耳有一位亲信随从申阳，英勇善战，首先攻下黄河以南三川郡，并且在黄河边迎接楚军，项羽很是欣赏。申阳被封为河南王，都城设在洛阳。

项羽把赵国一分为四，原来的赵王赵歇只得到巴掌大一点地方，而赵歇的宰相张耳却占领赵国大部分地区。当时最为妥帖的做法当是把张耳、司马卬等人交给赵歇来封赏，而得意洋洋的项羽却没有这样的政治智慧。这样，原来的上下级同时封王，甚至以下克上，整个赵国被项羽搞得乌烟瘴气。

七是韩王。

韩成继续封为韩王，都城设在阳翟（今河南禹州）。

八是九江王。

楚国大将、当阳君英布，在巨鹿之战率先渡河，在新安杀降、进攻函谷关等也功勋卓著，被封为九江王，都城设在六县（今安徽六安）。

九是衡山王。

鄱阳县令吴芮，率领南方百越部落的士兵参与诸侯联军，又跟随项羽入关，被封为衡山王，都城设在邾县（今湖北黄冈黄州市）。

英布本来是吴芮的部下，也是吴芮的女婿。项羽同时分封二人为王，并且把吴芮的地盘分给英布，而把吴芮赶到了邾县。

除此以外，项羽又绕过吴芮，封吴芮手下将领梅销十万户侯。

十是临江王。

原来楚怀王的上将军共敖，平定南郡（今湖北荆州），被封为临江王，都城设在江陵（今湖北荆州江陵县）。

项羽彻底取代楚怀王的位置，并且行使本来属于楚怀王的权力。

十一是燕王、辽东王。

燕王韩广派遣将领臧荼参与巨鹿之战，后来臧荼跟随项羽入关。和赵国的形势一样，项羽直接封臧荼做燕王，都城设在蓟县（今北京市）。

原来的燕王韩广，被改封辽东王，赶出蓟县，都城设在无终（今天津蓟县）。

这比瓜分赵国更过分，项羽直接让原来的将领取代燕王，然后把原来的燕王赶走了。

十二是齐王、胶东王、济北王。

齐国将领田都，参与巨鹿之战，并且跟随项羽入关，被封为齐王，都城设在临淄（今山东淄博）。

原来的齐王田福，改封胶东王，被赶出临淄，都城设在即墨（今山东青岛平度市）。

齐国另一位将领田安，也曾经参与巨鹿之战，被封为济北王，都城设在博阳（今山东泰安）。

而齐国真正的权力是掌握在田荣手里的。因为定陶之战时田荣拒绝出兵章邯，导致项梁战死，后来田荣又拒绝援救赵国，更没有派兵跟随项羽入关，所以项羽对田荣心存怨恨，封王时单独把田荣排除在外。

和赵国、燕国的形势类似，项羽又把齐国搞得天翻地覆。

张耳的老朋友成安君陈馀，因为巨鹿之战时和张耳闹了矛盾，被张耳夺取兵权，没有跟随项羽入关。但是陈馀素来有贤名，并且有功于赵国。项羽听说陈馀一直在南皮（今河北沧州南皮县），勉强把南皮附近的三个县封给陈馀，但是没有封王。对陈馀来说，这次分封如同施舍。

此次分封，义帝和西楚霸王不计算在内，号称“十八路诸侯”。项羽当时具有最好的形势，可是他竟然搞出了一个政治怪胎，是彻头彻尾的历史闹剧，项羽的智慧不足以使分封结果保持政治上的平衡。

分封完毕，我们只能得出一个结论：武艺高强的项羽是个政治弱智。帝制皇权代替王制封建已是大势所趋，项羽“开了历史的倒车”。就像一位意气用事、执拗任性的大孩子，天真地、任性地完全凭借自己的个人好恶，瓜分了一块大蛋糕，懵懂的让人忍俊不禁。

军事上取得巨大成功的项羽没有试图建立一个新的、统一的、中央集权的国家，那样的工作对于他来说实在太难了。项羽的西楚国和他所分封的诸侯们，只是一个没有任何组织纪律和约束性的松散同盟。

汉元年（前206）四月，纷纷扰扰三个月的分封好戏暂时落下帷幕，各路诸侯前往自己的封国。

二　天下复乱：利益，平衡

项羽“无厘头”的分封让一些人很受伤、很愤怒、很不平衡。

刘邦虽然老大不情愿，但还是接受萧何的建议，暂时向项羽妥协，准备前往汉中就任汉王。项羽分给刘邦三万人的部队（刘邦原有十万人，被项羽剥夺七万人?），另外楚军以及各路诸侯仰慕刘邦的人还有几万人（积攒的政治人气很不错）。刘邦率领部队从杜县南部进入蚀中（大名鼎鼎的子午谷）。

好友张良一直把刘邦送到秦岭以南的褒中（今陕西汉中附近），两位英雄依依惜别，张良将回到韩王韩成身边。

临行之前，张良向刘邦提出建议："请大王所过之处，把山中栈道全部烧毁，既可以防备项羽或者其他诸侯偷袭汉军，又可以此向天下表明您无意再向东方发展。"

刘邦采纳张良的建议，大军过后，栈道全部烧毁。项羽因此放松警惕，带领楚军回归彭城。

韩广的燕王当得好好的，项羽竟然把韩广的手下将领臧荼封为新的燕王，韩广哪里肯依？可是，臧荼的兵力更为强大，向自己原来的主人攻击，把韩广赶出蓟县，一直追到无终，将韩广杀死。臧荼就任燕王。

齐国宰相、同时也是齐国的实际控制人田荣，听说项羽竟然把自己的手下将领田都封为自己的主子，还把原来的齐王赶到胶东，气得暴跳如雷。田荣率领齐国反抗项羽，迎击田都。汉元年（前206）五月，项羽分封刚刚结束，田都战败，逃往西楚，投奔项羽（此为《史记·田儋列传》所记载，《史记·高祖本纪》记载田都为田荣所杀）。

齐王田福左右有人告诉田福："项羽强暴，大王应该就任胶东王，否则，项羽一定向我们进攻。"田福怂人一个，害怕项羽，偷偷背着田荣逃往胶东就任胶东王。田荣听说以后，大怒，率兵追击这个胆小鬼侄子和主子。六月，田荣在即墨杀死不争气的田福，自己就任齐王，然后回到临淄准备和项羽对抗到底。

但是，单凭齐国的力量，还不足以和项羽对抗。田荣寻找到另外一个很郁闷的人：彭越。

刘邦西征途中，曾与彭越有过短暂结合。此时的彭越，已在巨野沼泽之中做大做强，手下有一万多人，不属于任何一路诸侯。但是项羽分封之时，视彭越如无物：既不分封，也不招抚。田荣抓住彭越对项羽的不满，以齐王的名义颁发将军印信给彭越，命令彭越向济北王田安进攻。

七月，济北王田安被彭越击杀，田荣占领齐国全境。齐国田家内乱告一段路，田荣暂时统一三齐（齐国、胶东国、济北国）。但是，田荣的敌人是异常强大的项羽。

田荣再次命令彭越向楚国进攻，项羽派出大将萧公角迎击，彭越再次大败楚军。

反对项羽的力量还在不断扩大，又一个很郁闷的人加入田荣、彭越的反楚阵营：陈馀。

张耳接受项羽分封，前往信都就任常山王，赶走了自己一手扶持的赵王赵歇。赵歇恐惧项羽，不作抵抗，放弃信都前往代县，就任代王。听说张耳任常山王，曾经的刎颈之交陈馀十分愤怒，说："张耳与我功劳完全一样，而今张耳封王，我却在南皮这个小地方做一个侯爵，项羽太不公平！"

陈馀主动派说客夏说拜见田荣，对田荣说："项羽分封天下太不公平，竟然把原来的将领封王，却把原来的君王驱逐到贫穷而偏僻的地方（指燕王韩广、赵王赵歇、齐王田福）。赵王竟然被驱逐到代县！请齐王借兵给我，我所率领的南皮将作为齐国的番属。"

田荣正要联合赵国反抗楚国，和陈馀一拍即合，立即拨给陈馀部分兵力。陈馀率领南皮三县以及田荣的增援兵力，向新任常山王张耳发动进攻。

张耳无法抵抗陈馀的进攻，溃败逃走。

反楚阵营不断扩大，自恃强大的项羽还在继续瞎折腾。

项羽要以彭城为都城，而义帝一直都在彭城，实在是碍手碍脚。那就让他滚蛋吧，项羽找借口说："古代做帝王的人，拥有千里的广大土地，应该居住在上游。"借机让楚怀王从彭城迁都，迁到长沙郴县（今湖南郴州）。郴县距离彭城一千二百公里，远离中央政治舞台。项羽派人不断催促义帝速行，无奈的芈心踏上迁都的行程。

韩王韩成虽然被封为韩王，但是因为没有军功，而且还曾经派遣宰相张良追随刘邦，所以项羽看韩成很不顺眼。于是项羽不允许韩成回到韩地，而是带领韩成、张良一起回到彭城。

至此，各路诸侯对项羽渐有离心离德之势。

三　韩信：高贵的游侠

刘邦已经到达南郑。

但是，因为刘邦的封国实在太遥远、偏僻，一路行军途中，就有很多士卒将领不断逃亡：他们大多来自东方，安土重迁的中国人希望回到自己的家乡。即使留下的人，也日夜盼望回到东方。对此，刘邦也是一筹莫展。

此时，萧何向刘邦推荐了一个无名小卒：韩信。

韩信，淮阴（今江苏淮安）人，出身贫寒，最初混迹市井之中，既没有资格被推举做官，又没有能力经商治业。他常常寄人篱下、游手好闲，大部分人都很讨厌他。但是当地下乡南昌亭长认为韩信绝非凡夫俗子，很厚待他，于是韩信跟着亭长混吃混喝好几个月。亭长的妻子实在受够了这个好吃懒做的寄生虫，于是早晨故意很早做饭，坐在床上就吃完早饭了。等韩信吃饭的时候，已经锅空碗光。韩信明白她的意思，难以忍受她的轻视，一怒之下离开，再也没有回去。

又有一次，韩信在河边钓鱼。有个老妇人在河边洗衣服，看见韩信饥饿难耐，就给他饭吃。韩信感激，告诉老妇人说：“日后我一定重重地报答您。”老妇人也讨厌他游手好闲的样子，不屑一顾地对韩信说：“男子汉大丈夫不能自食其力，我是看你可怜才给你饭吃，哪里指望你要报答我!”

淮阴城中有个屠户，是当地有名的地痞流氓。他找了个人多的地方，故意向韩信挑衅：“你虽然个子高，常常带着剑，实际上是个窝囊废。你如果不怕死，就用剑刺我；如果怕死，就从我胯下钻过去!”韩信审时度势，思考半天，还是匍匐在地，从那个流氓的胯下钻了过去。众人哄堂大笑，都说韩信是个没用的胆小鬼。

韩信胯下之辱的事迹流传两千多年，至今为人津津乐道。然而，有尊严的活着，是每个正常人的基本需要。韩信事实上是个自尊心极强、非常清高、自负的人。老妇人给他饭吃，他说日后一定报答；亭长的妻子故意不给饭吃，他竟拂袖而去；功成名就以后，刘邦剥夺韩信王位，收在长安，韩信多次说过不屑于和樊哙屠夫之流为伍。这些都表明韩信的自尊心和清高姿态。

然而，为什么韩信能够在大庭广众之下从他人裆下钻过、承受如此大辱?

因为，形势比人强，胯下之辱总比血溅当场要强。韩信从来没有对胯下之辱安之若素、处之泰然，他只是两害相权取其轻。如果没有秦末天下大乱，韩信不可能扬名立万、凤凰涅槃。如果他穷困、狼狈终生，后世又有谁传颂他胯下之辱的韧性?

后世史家有人推测韩信很有可能是流落民间的故韩国贵族，也不是没有这个可能，只是没有确凿的史料支持。但至少，他最像是一位内心高贵的游侠。

韩信就这样混日子，一直混到二十多岁。秦二世元年（前209），天下大乱，诸侯纷纷起兵反秦。项梁、项羽叔侄起兵吴中，北上渡过淮河，经过韩信的家乡。穷困的韩信带着他的那把剑投奔项梁。

在项梁手下，韩信籍籍无名。

项梁定陶战死，韩信又归项羽指挥，项羽让他做了郎中（侍卫军官）。曾经有好几次，韩信向项羽提出自己的计谋，项羽总是置之不理。项羽刚愎自用，不能用人，不会用人，更不可能发现为自己值夜宿卫的小军官竟然是个天才。

在楚军之中，韩信郁郁不得志，自料永无出头之日，于是从楚军逃走，投奔刘邦。此时刘邦已经封为汉王，进入汉中。

但韩信在汉军中也未受重视，只是做了个连敖（仓库管理员）的小官。有一次，韩信竟然在军中犯罪（未知何罪。失职?），应当斩首。同罪的其他十三个人都已经斩首，轮到韩信砍脑袋的时候，鬼门关前的韩信抬起头来，正好看见监斩官夏侯婴，说："汉王难道不愿意君临天下吗？却为何斩杀壮士?"夏侯婴被韩信的话所震惊，又看这家伙仪表堂堂，认为此人非同寻常，就在断头台前把韩信释放。

历史可以有万种可能，但是真实的历史只有一张脸，供不同的人欣赏打扮。有时候，一些偶然的因素就决定了历史的走向，这一次就是。只因为韩信在人群之中多看了夏侯婴一眼，如果不是这一眼，韩信也只能是个刀下无名鬼，胸中空有甲兵百万，哪里会有后来的叱咤风云、赫赫战功?

夏侯婴又和韩信深入沟通，大为欣赏，于是把韩信推荐给刘邦。刘邦把韩信提拔为治粟都尉（负责督运粮草），但是也没有觉得韩信有什么与众不同。

刘邦和这个时代最伟大的军事统帅差点就擦肩而过。但是刘邦是幸运的，他没有最好的眼光，但是他有最好的"职业经理人"：萧何。

四　登坛拜将：一个试用的机会

后来，韩信有机会认识了萧何。他的人生迎来重大转机，因为萧何才是他命中注定的伯乐。虽然后来他竟然死在萧何手上，不过那都是后话。

萧何与韩信时常讨论问题，慢慢发现了韩信的与众不同。他对于韩信的见解，总是特别钦佩。此时，刘邦大军已经抵达南郑，途中陆续逃亡的将领有几十位之多。韩信依旧没有得到刘邦的赏识，而且他也料定萧何已经多次向刘邦推荐自己，既然如此，韩信认为刘邦终不会重用自己。韩信有经韬纬略、鸿鹄之志，终不肯一生默默无闻，他决定弃职逃亡，另谋高就。

萧何听说韩信已经逃跑，来不及告诉刘邦，就翻身上马，独自去追韩信。有人立即向刘邦报告："丞相萧何逃跑了！"刘邦傻了眼，如同失去左膀右臂。

过了一两天，萧何把追韩信追了回来，晋见刘邦。

刘邦又怒又喜，粗鲁地骂萧何："你怎么逃跑了？"

萧何回答说："我怎么敢逃跑呢？我是去追逃跑的人了。"

刘邦又问："追什么人去了？"

萧何说："韩信。"

刘邦听后大声诟骂："逃跑的将领有几十个人，你不去追；竟然去追韩信，你这不是骗老子吗？"

萧何解释道："其他逃跑的将领，没有什么稀奇的。但是韩信，天下无双。大王如果打算在汉中常住终老，那就用不到韩信。但是如果准备争夺天下，就没有人能够比得上韩信。现在就看大王如何决定了。"

刘邦稍微平静了一些，说："我是准备东进，怎能长久憋闷在这个地方呢？"

萧何再进一步："大王计划出兵关东，如果能用韩信，他就能留下；如果不用他，他迟早还会逃跑的。"

刘邦动心了："看在你的面子上，让他做将军吧。"

萧何得寸进尺："只是做将军，肯定留不住韩信。"

刘邦干脆一不做二不休："那就让他做大将军吧。"

萧何很满意："太好了！"

刘邦准备召见韩信拜为大将军。萧何又说："大王素来傲慢无礼，拜大将军如同呼唤三岁孩童，这也是韩信为什么逃跑的原因。大王如果有诚意，要择良辰吉日、斋戒沐浴、摆坛设场，要用隆重的礼仪才可以。"

刘邦同意。

在萧何的强力推荐下，刘邦终于决定启用韩信。但是，此时的刘邦也还只是准备给韩信一个试用的机会而已，因为他还没有见识过韩信的能耐。但无论如何，我们都应该为刘邦感到庆幸。而韩信的经历以及刘邦、项羽的成败，充分诠释了一个用人原则：用师者王，用友者霸，用徒者亡。

汉王拜将的消息一出，诸位将领各个沾沾自喜，都以为自己有机会担任大将军，那可是全军统帅呀。等到拜将的日子，大家才明白大将军竟然是负责押运粮草的韩信，汉军上下全部惊讶不已。

樊哙、周勃、灌婴、夏侯婴、曹参、周昌、郦商等等，刘邦军事集团的将领，大部分是从最初沛县起兵即追随刘邦，摧城拔寨、出生入死，没想到刘邦竟然让楚军逃兵、名不见经传的韩信坐了全军统帅的位子，他们的失望情绪可想而知。

但是，韩信很快就会展示他做大将军做得名副其实。

五　汉中对策：纲领

登坛拜将仪式结束，君臣落座。刘邦问韩信："丞相多次说到将军，请问将军有什么计策可以告诉我？"

韩信拜谢，反问刘邦："大王准备出兵关东，争夺天下，对手是不是项羽？"

刘邦回答说："是的。"

韩信再问："要说勇敢强悍，大王以为和项羽相比如何？"

刘邦沉默良久，说："我不如项羽。"

韩信很钦佩刘邦的自知之明，接着说："我也认为大王不如项羽勇敢强悍。但是，我曾经侍奉在项羽左右，很了解他是个什么样的人。项羽脾气刚烈火爆，能让千人肝胆俱裂。然而他不能任用贤人良将，只是匹夫之勇而已。"

"项羽待人接物恭敬慈爱，语言温和。如果有人生病，他会痛哭流泪，亲自端茶送药。但是如果手下将领立下大功、加封侯爵，项羽把侯爵印信放在手里反复摸搓，就是舍不得颁发下去。所以他这种表面的仁爱，只是妇人之仁，小心眼而已。"

"项羽雄霸天下而号令诸侯，不占据关中而返回老家彭城，又违反义帝先入关中为王的约定。他任人唯亲，全凭自己个人喜好分封天下，各路诸侯多有愤恨不平。项羽驱逐义帝至江南，而自己占领彭城，很多将领纷纷效仿，驱逐自己的君王，占领富裕的土地称王（臧荼、田都、张耳等）。"

"项羽进军，所过之处，全部毁灭。天下百姓怨声载道，无人愿意依附，只是害怕他的武力强大而已。表面看起来项羽雄霸天下，实际上，早已民心尽失。所以，他看似强大，却外强中干。"

“如果大王和项羽反其道而行之，任用天下武勇智谋之人，有谁能够阻挡？用天下的土地城市分封有功之臣，有谁不会臣服（韩信本人也等着裂土封侯呢）？率领思乡心切的忠义之师向东挺进，有谁不能战胜？”

“况且，三秦王（章邯、董翳、司马欣）本为秦将，率领秦国子弟征战数年，伤亡无数，后来竟然欺骗大家，投降楚军。至于后来到达新安，项羽用欺诈的手段坑杀秦国降军二十万人，章邯、董翳、司马欣三人却独善其身。此三人出卖秦国士卒，秦国父老对此恨入骨髓。现在项羽倚仗楚国兵力强盛，分封此三人在秦地称王，然而，三秦百姓，并不爱他们。”

“大王当初从武关进入，秋毫无犯（韩信拍马屁，其实刘邦曾经率军屠武关）。又废除秦国苛刑峻法，与人民约法三章。秦国百姓无不希望大王能够封王秦国，而他们也知道，按照当初义帝的约定，就应该是大王称王秦国。大王没有能够封王关中，而被项羽强行封王汉中，秦国百姓对此也十分怨恨。现在大王要率兵东进，三秦之地可以传檄而定。”

刘邦听后大喜过望，有相见恨晚之意。他完全依据韩信的策略，部署诸位将领，准备东进。

韩信的一番说辞，即是《汉中对》，为刘邦详细分析敌我双方的力量对比、人心向背，成为楚汉战争初期刘邦的纲领性策略，几乎媲美四百多年以后诸葛亮为刘备所献《隆中对》。

“登坛拜将”是大汉王朝的里程碑事件，也是韩信人生的转折点。后来的事实证明，如果没有韩信的赫赫战功，楚汉战争的结果将绝对不同。韩信就是刚愎自用的项羽亲自为敌人送去的屠刀。

刘邦磨刀霍霍，楚汉战争一触即发。

第十一章

败走彭城

经过彭城一战，刘邦至少会明白几件事情：

人生可以得意，但不能得意洋洋，思想堕了，人品败了，失败就到了；

项羽确实很厉害，乃当世第一武将，绝不可小觑；

骑兵很重要，真的很重要。

这些对刘邦来说，是多么痛的领悟。

一　还定三秦：暗度陈仓

汉元年（前206）八月，项羽分封四个月以后，刘邦在汉王的位子上还没有坐热，即挥师攻击三秦。萧何以丞相身份留守汉中，安抚军民、征收赋税，负责刘邦的后勤供应。

出兵以前，刘邦派遣上万人大张旗鼓地复修栈道，摆出修好栈道向东进军的架势。刘邦所焚毁的栈道，全部在悬崖峭壁之间，为经年累月的历史遗留，破坏容易，重修却难度极大，至少需要几年的时间。因此，章邯按照自己的判断，把主要兵力布置在栈道出汉中一侧，准备以逸待劳，痛击汉军。

刘邦的汉军主力，穿过故道（今汉中市和宝鸡市之间的凤县一线，有穿过秦岭的狭窄通道），很快出现在雍王章邯面前，打了章邯一个措手不及。当汉军主力以迅雷不及掩耳之势出现在章邯侧翼的时候，成败已经注定。章邯仓促应战，与汉军战于陈仓（今陕西宝鸡陈仓区）。章邯无法抵抗，大败，向东撤退。

两军又战于好畤（今陕西咸阳乾县），曾经战无不胜的章邯失去群众基础和战斗力，再次大败。章邯损失惨重，率领残部退守都城废丘（今陕西兴平）。

秦国灭亡后，表面的和平局面仅仅维持几个月，天下就再次陷于战火之中：如火如荼的楚汉战争全面爆发。

两年前，刘邦费尽心机来到关中；现在，又要排除万难回到东方。

章邯固守废丘，汉军久攻不下，留下部分兵力继续围困章邯，主力继续东进，进攻塞国和翟国，废丘遂成为一座孤岛。

刘邦杀了个漂亮的回马枪，并为中国战争史留下了声东击西的经典一役。但是，史料中对于此次战役的记载，却少之又少。

《史记·高祖本纪》记载：八月，汉王用韩信之计，从故道还，袭雍王章邯。

《史记·淮限侯列传》记载：八月，汉王举兵东出陈仓，定三秦。

《史记·项羽本纪》记载：是时，汉还定三秦。

明修栈道，暗度陈仓，是韩信《汉中对》的第一次亮相，大获全胜。为大汉王朝的江山奠定了良好的基础。遗憾的是，这一战役的具体细节已经无法考证，甚至无法知晓哪位将军奉命修复栈道，也无从知晓韩信有没有参与军事指挥。

但是，毫无疑问，明修栈道，暗度陈仓的功劳，应该属于韩信。这也是韩信成为千古名将的光辉起点。

此时，张耳为陈馀所败，逃出信都，不知道该投奔哪里。他告诉手下人说："汉工刘邦和我有旧交情，但是项羽兵力强盛，而且立我为常山王，我准备投奔项羽。"

张耳手下有个叫甘公的人，给张耳提出建议："当初汉王入关的时候，五星聚在东井（二十八星宿之一）周围。东井正是秦国的标志。先入关者，一定称霸。楚军虽然现在强大，以后必然为汉军所败。"（此人看似伟大的预言家，实则可能是洞察到项羽已失人心）

于是，张耳前往废丘投奔刘邦。

秦始皇二十二年（前 225）时，秦国灭魏国，悬赏捉拿张耳，张耳与刘邦断了联系。至今已经接近二十年的时间。但是，刘邦见老朋友来投，格外高兴，厚待张耳。

汉军主力日夜盼望东归，攻势凌厉、无法阻挡，塞王司马欣和翟王董翳，相继投降。至此，刘邦已经占领全部三秦土地（除废丘一座孤城之外），设置渭南郡、河上郡、上郡三个郡。

陈馀击败张耳后，则再次占领赵国全部土地。于是前往代县迎赵歇回信都，再次拥立赵歇为赵王。陈馀没有趁机自立为王，实在是忠义之士。赵歇感激陈馀复立之功，封陈馀为代王。陈馀因为赵歇初登赵王之位，国势不稳，而留在信都辅佐赵歇。另外派遣心腹夏说前往代县，为自己代理代王。

二　项羽：失误

此时，项羽的“十八诸侯”分封版图已经破碎：田荣率齐反楚、刘邦占领三秦、陈馀逐张耳复赵国、彭越势大扰乱后方……这些消息让项羽左右为难，不知道应该先对付哪一支部队。

张良正跟随韩成在楚军营中，向项羽上书说：“刘邦因为先入关中却没有按照约定封王三秦而愤愤不平。他发动战争，目标只不过是三秦的土地。现在，刘邦已经得偿所愿，他不会继续东进。而田荣率领齐国，联合彭越和赵国，有消灭西楚的打算，他们才是大王最大的敌人。”

张良故意出了个馊主意，试图转移项羽的注意力，减轻刘邦的压力。项羽认为张良言之有理，于是陆续把楚军主力派往齐国战场对付田荣。

除军事上的错误以外，项羽还在继续政治路线上的错误：既已驱逐义帝出彭城，他也不打算留下这个包袱。项羽偷偷下令衡山王吴芮和临江王共敖，在长江之上杀死义帝芈心（一说九江王英布追杀义帝至郴县）。

这个可怜人，本是楚国皇族公子，祖国为秦国所灭，沦落民间替人放羊为生。后来被项梁发现，成为楚国政治傀儡。一番挣扎以后，终于无法和项羽抗衡，竟落得身遭屠戮、葬身鱼腹的下场，死得如同一棵草芥。

杀掉这样一个已无足轻重的人容易，但是肤浅的项羽却无法想到，此事让自己背上弑君的罪名，使自己在伦理和政治上陷于被动地位。又一次，项羽如同一个固执任性的熊孩子。

项羽还有一个包袱：韩王韩成。项羽裹挟韩成至彭城，找了个机会废掉他的韩王称号。再后来，又随便找了个理由，把韩成杀掉。杀掉韩成以后，项羽封郑昌为韩王，都城设在阳翟（今河南禹州），防备刘邦的进攻。

其实，项羽只是不喜欢韩成而已。而郑昌，曾经在秦国担任吴县县令，在项梁、项羽初起兵时就跟随项羽叔侄。项羽是个小心眼的人，做事全凭个人喜好，不看政治形势。

故韩国贵族张良几乎倾半生精力复仇秦国，并一手扶植故韩国王族后裔、横阳君韩成复立韩国。懵懂的项羽杀掉韩成，如同踩死一只蚂蚁。此举彻底把这个时代最优秀的智囊推向刘邦阵营：张良走投无路，只能乔装改扮，逃离项羽和郑昌，绕道小路前往关中，投奔刘邦。

得到张良，刘邦喜出望外，立即封张良为成信侯。张良天生柔弱，身体多病，刘邦不让他带兵，而是留在身边，随时出谋划策。张良由刘邦的朋友变成他的军师，将和项羽死磕到底。

刘邦、项羽之间的楚汉战争已经全面爆发，而刘邦的父亲刘执嘉、妻子吕雉、儿子刘盈、女儿刘鲁元（名不详，后来封为鲁元公主）还都在敌占区、老家沛县。刘邦专门派出一支部队，由薛欧、王吸率领，向东南方向出武关，迎接家属（刘邦竟然现在才想起来妻子儿女，令人费解）。

这支部队到达南阳郡，有王陵军加入。王陵，刘邦的沛县老乡，以前曾经是沛县豪强，和雍齿交往甚密，两人都看不起刘邦。诸侯起兵反秦以后，王陵陆续聚集几千人的部队，割据南阳郡，不隶属于任何诸侯军。此时，王陵带领麾下部队依附刘邦，会同薛欧、王吸的汉军东进迎接刘邦家属。

但是，为时晚矣。项羽派兵立即封锁阳夏（今河南周口太康县），汉军部队无法前进。

而王陵，竟然成为这次行动的受害者。项羽听说王陵率领部队投靠刘邦，而王陵的母亲也在沛县老家，于是立即迎接王陵的母亲，置于军中，礼遇有加，实际上是收为人质（此事像极了曹操收徐庶之母）。

王陵派出使者至楚军营中迎接老母，项羽让王陵的母亲坐在最尊贵的西边的位子上，希望王陵能够投靠自己，却不愿意放行王母。会见结束以后，王陵的母亲私下告诉王陵的使者："请告诉我儿，好好效忠刘邦。刘邦忠厚仁慈，日后定会统一天下。不要因为我的原因，让他为难。"然后，老太太拔剑自刎而死。

连一个脆弱的老太婆都宁愿死也不愿意效忠自己，这让项羽陷入疯狂。项羽下令，把王陵母亲的尸体放到大锅里煮烂。项羽如此热衷于展示自己的残暴，既然如此，王陵吃了秤砣铁了心，要跟项羽对抗到底。

愚蠢的人，总是为自己制造敌人，而原因很简单，他控制不了自己的情绪。

项羽的死对头刘邦，则稳扎稳打，步步紧逼。占领三秦以后，刘邦出函谷关，继续东进，首先到达陕县（今河南三门峡）。精于政治宣传的刘邦安抚关外父老乡亲，又下令凡是率领万人部队来投降的封万户侯。为了保证后方粮食供应，刘邦下令，以前秦国的皇家园林和狩猎场全部恢复为耕地。

刘邦再进攻项羽所封河南国，河南王申阳无法抵抗，投降汉军。刘邦以洛阳为首府，设置河南郡。

郑昌奉项羽之命就任韩王，抵抗刘邦进攻。刘邦找到一位故韩国皇族后裔韩信（此韩信非登坛拜将之韩信），暂时封他为韩国太尉（军事统帅），命他率领大军向郑昌进攻，郑昌也投降汉军。刘邦借机封这位韩国皇族后裔为韩王，为与名将韩信区分，史书称他为韩王信。

从汉中出兵陈仓至今三个多月，刘邦已经控制汉中、三秦、河南国、韩国的广大地区，势力迅速扩张，于是刘邦决定把都城从汉中迁至栎阳。由此，汉中和关中成为刘邦的稳固后方，也成为汉军前线作战的补给仓库。

刘邦迅速东进，但项羽却顾不上他，因为全部楚军主力已经投入齐国战场。汉二年（前205）正月，项羽率领西楚军主力抵达齐国境内的城阳（今山东日照莒县），与田荣的齐军决一死战。事实证明，项羽确实剽悍，田荣的齐军主力大败而逃、溃不成军。解决田荣，项羽只需要一次战斗。

仓皇逃窜的田荣跑到平原（今山东德州平原县），被当地人所杀。项羽、田荣的恩恩怨怨，以田荣的死亡而结束。齐国全境投降西楚，项羽封曾经被田荣驱逐的田假为齐王。

然而，残暴的项羽似乎还不满意，坑杀所有齐国降军。又继续率领大军北上，一直到达北海（今山东潍坊昌乐县），一路上实行杀光、抢光、烧光的“三光政策”，一路屠城、掠夺、焚烧、摧毁城郭。西楚大军过处，寸草不留，一片焦土。项羽的残暴令人发指，齐地人民无法忍受，再次集结抗暴。本来已经收复的齐国，硬生生被残暴而愚蠢的项羽又逼反了。

田荣的家族还没有被消灭：田荣死后，他的弟弟田横收拾齐国残兵败将，得到几万人，重新集结在城阳，和项羽对抗。田横拥立田荣的儿子田广为齐王，和项羽所立齐王田假针锋相对。齐国事无巨细，全部权力尽在田横掌握。

项羽虽然知道刘邦日益壮大、步步逼近，但他希望首先平定齐国，再对付刘邦。但是，再次反楚的齐国已经领略到项羽的残暴，战斗力十足，经过数次大战，项羽始终无法平定齐地。西楚大军竟然被齐国羁绊数月之久。

因此，刘邦一路奏凯。汉二年（前 205）三月，刘邦从临晋（今陕西渭南附近）渡过黄河向东，兵锋直指西魏国。西魏王魏豹望风披靡，投降刘邦，率领魏国部队跟随刘邦东进。不自量力的殷王司马卬迎战，刘邦攻陷朝歌，生擒司马卬，在殷地设置河内郡。刘邦率领汉军主力驻扎在黄河北岸的修武（今河南新乡获嘉县），准备渡过黄河，向南发展，进逼西楚国。

此时，有一个人，一个很重要的人，逃离西楚，前来投靠。

三　陈平：鬼才

陈平，阳武（今河南新乡原阳县）人，出身贫苦，喜欢读书。

陈平家有薄田三十亩，和哥哥陈伯一起居住。哥哥嫂嫂辛苦耕田，陈平却常常读书交游。长大以后，陈平身材魁梧，别人经常讽刺地问陈平："你家那么穷怎么还吃成这样子?"嫂嫂也厌恶他的好吃懒做，说："这样的小叔子，还不如没有好呢!"哥哥陈伯听到这话，一怒之下竟然要把妻子给休了。

陈平到了谈婚论嫁的年纪，虽然仪表堂堂，可是因为家贫，没有富人家愿意把女儿嫁给他，而嫌贫爱富的陈平又讨厌找一个穷老婆。当地有一个叫张负的富人，他有一个孙女，结过五次婚，最后丈夫都死了。大家都说这种女人不吉利，再没有人敢娶这个女人。但是陈平却不以为然，希望娶这个女人。

有一次，当地有户人家办丧事，陈平早去晚归帮忙料理，赚点零花钱。张负也参加了这家的丧事，见到了陈平，认为他仪表不凡、与众不同。丧事结束以后，张负跟随陈平回家，才知道陈家竟然贫穷如此：家在穷街陋巷，大门竟是一张破烂不堪的席子。但是陈家门前的车辙却有很多，显示陈平交游广泛。

张负回家后，对儿子张仲说："把你女儿嫁给陈平吧。"张仲说："陈平穷得叮当响，还游手好闲，全县的人都耻笑他，为何要把女儿嫁给他？"张负回答："你有没有见过像陈平那种仪表堂堂、气宇不凡的人会贫贱一辈子的？"最终，陈平娶了张负的孙女为妻。

张负既然看中陈平终不是贫贱之人，就告诫他的孙女："不要因为陈家穷，就看不起他们。要像侍奉父亲一样侍奉哥哥，像侍奉母亲一样侍奉嫂嫂。"不但如此，张家还陪嫁大量的财物作为嫁资，连陈平的聘礼和置办酒席的钱，都是张家事先赠送的。自此以后，陈平过上了富裕的日子，交游更加广泛。

有一次，村子里举行祭祀活动，结束以后，大家让陈平为大家分祭肉。陈平分得很平均，大家都交口称赞。陈平说："有朝一日，我要分割天下，也会分得这么均匀！"

后来陈胜首举义旗，天下诸侯纷纷举兵抗秦。陈胜的大将周福拥立魏咎为魏王，都城设在临济（今河南新乡封丘县），就在陈平的老家旁边。

素有谋略的陈平辞别兄嫂，投奔魏咎，被魏咎封为太仆（管理交通的长官）。陈平多次在关键问题上向魏咎进言，但总是不被采纳。而魏咎身边的人也开始说陈平的坏话。陈平认为魏咎终不能重用自己，还有被谗言陷害的危险，于是逃离魏国。

再后来，项羽率领楚军北上，陈平投奔项羽，跟随项羽破秦入关。

刘邦占领秦国故地，殷王司马印迫于汉军的威胁，曾经反楚。项羽派遣陈平率部讨伐。陈平利用强大的军事威慑力，不战而胜，使司马印改过自新，再次依附西楚。项羽派遣项悍擢升陈平为都尉，并赏赐黄金二百四十两。

但是，刘邦东进以后，司马印难以抵挡，再次投降刘邦。此时的项羽怒发冲冠，竟然迁怒于之前曾经讨伐过司马印的将军官吏等，要把他们全部格杀，其中包括陈平。

司马印降汉，和陈平何干？怪罪他们当时没有杀死司马卬？项羽喜怒无常，总是在为自己制造敌人。

陈平恐惧，他把官印和项羽赏赐的黄金封好，派人送还项羽，乔装打扮，仅带一把佩剑，只身逃亡，决定投奔黄河北岸的刘邦。

在黄河岸边，陈平搭乘渡船过河。两个船家见陈平仪表堂堂、单人独行，判断他是逃跑的将领，身上肯定有金玉宝器，想要杀掉陈平。陈平见状，灵机一动，把衣服脱掉扔到船板上，光着膀子帮船家撑船。船家看陈平竟然身无财物，就没有杀他。

陈平来到刘邦军营，托汉军营中自己的一个老朋友魏无知为自己引荐。刘邦召见陈平，和陈平等七个人一起吃饭。饭罢，刘邦说："好吧，你们都回去休息吧。"陈平感觉到机会有可能稍纵即逝，立即对刘邦说："我是来和大王商讨大事的，有事必须今天说。"刘邦于是和陈平促膝长谈，结果二人情投意合。刘邦最后问陈平："你在西楚做什么官?"陈平说："都尉。"就在当天，刘邦封陈平为都尉，除此以外，还让陈平担任参乘（刘邦乘车时的护卫）和护军（监军）。

陈平刚刚从西楚阵营前来投靠，直升都尉已经是破格提拔，参乘则使陈平成为刘邦的"身边人"，而护军更是让陈平的地位高于其他大部分将领。任命一经发布，如同当初拜韩信为大将军，汉军全体哗然。大家议论纷纷："大王只是偶尔得到一个西楚的逃兵，连他的底细都没有摸清，就和他出入同车，还让他监护军中各位前辈将领!"

其实，大家的怀疑很有道理。对于周勃、樊哙、灌婴等丰沛军事集团的元老们来说，刘邦刚刚让"外人"韩信担任大将军，又让"外人"陈平担任参乘和护军，大家的心都酸溜溜的。

可是，刘邦用人不疑，不但坚持对陈平的任命，还更加厚待他。

四　刘邦入彭城：胜利来得太容易

接纳陈平以后，汉二年（前205）三月，刘邦率领汉军主力由平阴津（今河南洛阳孟津县）渡过黄河，到达洛阳新城。当地有位三老（地方上负责教化的小吏）董公，拦住刘邦车马，为义帝芈心之死大哭。

他对刘邦说："顺应民心的，才能昌盛；违背民心的，一定灭亡。项羽残暴，驱逐他的君王（义帝芈心），并且弑君于江南。大王最好号令大军，为义帝戴孝发丧，号召天下共同讨伐无道项羽。如此一来，全天下的黎民百姓，都将仰慕大王的高风亮节。"

此时，距离项羽杀义帝已经过去了五个月。但刘邦是天才的政治家，董公的话使他醍醐灌顶：原来芈心在群众中是有号召力的，芈心的死是可以大做文章的。董公此计大妙，刘邦立即照办。

刘邦专门修筑祭坛，裸露上身，哭得死去活来，并号令全体汉军为义帝哀悼三天，比死了亲爹还伤心。然后他派遣使者通告各路诸侯："天下共同拥立义帝，面北向他称臣。今项羽放逐、诛杀义帝于江南，大逆不道。我亲自为义帝发丧，各路诸侯都要披麻戴孝。我率领关中汉军、三河（黄河东部、南部、西部，指刘邦已经征服的地区）勇士，沿着长江、汉水顺流而下，愿意追随各路诸侯，共同向谋杀义帝的凶手进攻。"

刘邦的话说直白一点就是：项羽这小子十恶不赦，请你们派兵随我去打他。

可怜的芈心，人虽然已经死了，刘邦还要请出他的亡灵为自己服务。芈心的死对刘邦来说一毛钱都不值，甚至刘邦会暗自庆幸项羽杀了这个家伙：如果刘邦占领天下，义帝也会成为他的政治包袱。可是愚蠢的项羽先杀了他，给了刘邦可乘之机。刘邦此次发丧，一来谴责项羽，二来使自己登上道德制高点，三来可以拉拢其他各国的力量共同对付项羽。

刘邦的文书送到赵国的时候，赵国话事人陈馀告诉使者说："刘邦杀掉张耳，我们就立即出兵响应。"这就是曾经的刎颈之交：互相都想割了对方的脖子。曾经最要好的朋友成为最痛恨的仇人。

刘邦舍不得杀掉老朋友张耳，但是也舍不得陈馀的援军，他要了个阴招：找了一个长得特别像张耳的人杀掉（这人实在倒霉），把脑袋送给陈馀，陈馀很快派出援军支援刘邦。

此事的细节让人毛骨悚然，但是确有蹊跷之处。张耳、陈馀两人深交几十年，甚至同吃同睡多年，彼此的了解可谓至深。陈馀怎能认不出张耳的脑袋有假呢？只能猜测一下：那血淋淋、脏兮兮的脑袋让陈馀不忍直视，草草"验收"了事。

一切准备停当，汉二年（前 205）四月，刘邦率领五路诸侯联军，共五十六万人，浩浩荡荡，向西楚国都彭城进军。

在《史记·项羽本纪》和《史记·高祖本纪》中均有五路诸侯的记载。事实上，除雍王章邯困守废丘以外，刘邦已经控制汉中、关中、三河的广大地区。五路诸侯应该是：塞王司马欣、翟王董翳、西魏王魏豹、殷王司马卬、河南王申阳。另外还有陈馀派出的赵国援军，以及这支联军的核心：刘邦的汉军主力。

总兵力是否达五十六万人，已无从考证，但应该与事实有很大出入。秦末整个帝国的人口总数只有两千多万。经过四年的天下大乱，人口总数应该有个急剧的下降，而下降最快的就是青壮年战斗人员。按照农业社会、冷兵器时代生产、后勤人员与有效战斗人员五比一的保守比例，此时，全国包括项羽、刘邦在内的十九路诸侯以及彭越的战斗总兵力可能都不会超过五十六万人。既然无法考证，《史记》中又多次出现五十六万的数字，只能认为这个数字包括所有的后勤补给，而有效的战斗人员不会超过十五万人。

大军到达外黄（今河南商丘民权县），彭越率领手下三万人投靠刘邦。

刘邦说："彭将军已经占领魏国十余座城市，意欲拥立魏国后人。今西魏王魏豹乃从前魏王魏咎的堂弟，是真的魏国后人。"于是任命彭越为魏国丞相，率领手下兵马，拥有独立军权，夺取故魏国的土地。

两年多以前，兵乏将寡的刘邦奉楚怀王之命西进攻秦，经过昌邑，结识彭越，共攻昌邑失败，两位英雄分道扬镳。如今，两位英雄再聚首，形势已是大不同：彭越始终独立发展，拥有兵马三万人，至今未封王侯；而刘邦首入关中、咸阳，灭秦有功，获封汉王，如今控制半个中国，坐拥五十六万联军。

其实，形势比人强，彭越是来"抱大腿"的。只是对于刘邦来说，彭越并不是易于控制之人。所以，刘邦并没有吸收彭越的部队，而是继续保持彭越相对独立的状态。

事实的发展证明，攻打彭城确实不需要彭越：项羽率领西楚军主力陷在齐国，彭城此时防备空虚；而汉军主力部队正打回老家、士气正盛；再者刘邦为义帝复仇的政治旗帜确实有一定号召力。

于是，汉二年（前205）四月，联军轻轻松松占领彭城。

五　败走彭城：一夜回到解放前

此时，刘邦拥有无与伦比的兵力优势，而且占领西楚国都城，他的势力遍布大半个中国：

萧何坐镇栎阳，控制巴、蜀、汉中、关中，负责后勤；

周勃带兵围困章邯于雍丘；

樊哙、郦商转战关中各地；

韩王信在故韩国攻城略地；

彭越在故魏国攻城略地；

联军主力全在彭城，文臣武将济济一堂，拥有刘邦、张良、陈平、灌婴、夏侯婴、张耳、卢绾、纪信、薛欧、王吸、王陵、司马欣、董翳、申阳、魏豹、司马卬……

而此时，项羽的西楚军主力在齐国深陷泥潭，已经成为无根的孤军，既不能扫清田横的势力，又丢失了老巢彭城。

看起来，刘邦已经功德圆满，项羽如同丧家之犬。

刘邦也的确是这么看的，他身边所有的人，包括张良、陈平这样的智谋之士，也都是这么看的。于是，得意洋洋的刘邦露出老混混的本来面目，把彭城的财宝美女全部收下，每日率领兄弟们大摆宴席，不亦乐乎，连近在咫尺的妻子儿女都忘记了。

但是，项羽不这么看。

项羽留下西楚军主力部队在齐国与田横周旋，亲自率领三万精锐骑兵，从鲁县（今山东曲阜）出发，经过胡陵（今山东济宁鱼台县），迅速抵达萧县（今安徽宿州萧县）。

如果展开地图画出项羽的进军路线，就会发现其中玄机。从鲁县到彭城，最短距离就是直线南下，经过微山湖的东侧，从彭城北面进攻。而项羽的行军路线却是一个明显的“S”型，绕道微山湖西侧，到达彭城西南方十五公里的萧县。这显然是经过项羽精心谋划的。

各种史料表明，项羽在刘邦占领彭城以前，已经出发，三万精锐骑兵充分展示“兵贵神速”的用兵原则。而项羽的这支骑兵军团，有可能是中国军事史上第一支全骑兵的大规模兵团，第一次向世人展示了骑兵兵团无与伦比的机动性和无坚不摧的冲击力。他绕道西南方向发动进攻，正是要出其不意，攻其不备。而彭城的北、东、南三面环水，人数处于劣势的项羽已经做好驱逐汉军入河的准备。

黎明时分，项羽率领部队以雷霆万钧之势向彭城发动闪电攻击。可以想见，志得意满、防备松懈、“日日饮酒高会”的刘邦军团，就在半梦半醒之间，遭遇项羽精锐之师的马踏联营。战场形势毫无悬念，日中时分，项羽已经攻入彭城。

刘邦的诸侯联军丢盔弃甲、一泻千里，毫无还手之力。联军被迫放弃彭城，向东、南逃窜。西楚军把联军赶入穀（谷）水、泗水，杀十几万人。其余联军继续向南逃往灵璧（今安徽宿州灵璧县），想逃往山区躲避，但被西楚军赶入睢水，彻底瓦解，被杀或者淹死的汉军又有十几万人，睢水为之断流。

刘邦所率汉军残部被项羽的骑兵里里外外包围三层，已穷途末路，项羽的全面胜利就在眼前。

再一次，似乎冥冥之中，历史又被偶然因素所改写。千钧一发之际，西北方向突起大风，沙尘暴从天而降，飞沙走石，遮天蔽日，白天如同黑夜，树木被折断，房屋遭摧毁。沙尘暴的方向正好对西楚军不利，西楚军阵脚大乱。刘邦借此天赐良机，带领十几名亲信随从，溜出重围。

《史记·项羽本纪》记载：“围汉王三币（璧）。于是大风从西北而起，折木发屋，扬沙石，窈冥昼晦，逢迎楚军。楚军大乱，坏散，而汉王乃得与数十骑遁去。”每读史至此，司马迁的描述总让人觉得有太多感性与夸张的成分，但刘邦的确是从乱军中跑了。

一方是回巢猛虎，一方是怠惰之师。经此一战，刘邦的汉军几乎全军覆没，看似强大的刘邦，瞬间被打回原形。

刘邦输得很惨，但是，命还留着。

刘邦向北绕道沛县方向，想把自己的父母妻子带上一起逃跑。沛县就在彭城西北部不远的地方。占领彭城的时候，刘邦连日饮酒高会，陷在美女怀抱不能自拔，把父母妻儿早忘到九霄云外。如今，他惶惶如丧家之犬，倒想起亲人来了。

西楚军一路尾随，也准备抓住刘邦家属。刘邦至家中，一个亲人也没有看见，只能向西逃跑。就在途中，幸运的刘邦遇见自己的两个孩子：刘盈（时年六岁）和刘鲁元（时年十二三岁）。两个孩子竟在混乱之中和家人走散。刘邦把两个孩子拉上马车，由夏侯婴驾车，一同逃跑。

可是西楚军追赶甚急，已经互相可以听得见对方的马蹄声。生命只有一次，老婆可以再娶，孩子可以再生。五十二岁的老混混刘邦在危难之际竟然把自己的两个孩子踹下车，希望马车能快一点。

对于两个可怜的孩子来说，这父王太不靠谱，关键时刻还是幸亏夏侯婴不忍舍弃两个孩子，下车再把孩子抱回。刘邦始终无法彻底摆脱西楚追兵，他反复三次把孩子踹下车，还多次拔剑准备杀掉夏侯婴，威胁他放弃两个孩子。但是夏侯婴不为所动，说："事虽紧急，却无法跑得再快了，为何要把儿女丢弃？"他反复三次抱起姐弟俩，让姐姐刘鲁元抱住自己的腰，弟弟刘盈抱住姐姐的腰。最终，刘邦还是被项羽手下将领丁公（姓丁，名不详）率领小股楚军追上。

丁公与刘邦已经短兵相接，取刘邦项上人头只在毫厘之间。刘邦回头对丁公说："我们两人都是当世英雄豪杰，何必互相为难呢？"刘邦当时已经闻名天下，一句话把这个不知名的丁公拔高到与自己平起平坐的地位，马屁拍得实在高明。刘邦此举果然有效，丁公不再紧逼，纵放刘邦而去。

刘邦率领残兵败将和一双儿女，逃往下邑（今安徽宿州砀山县），稍作喘息。

刘邦初起兵时，曾把家人托付给自己的沛县老乡、舍人（门客）审食其。此时，审食其和刘邦的父亲刘执嘉、妻子吕雉从其他小路追赶刘邦，可是运气太坏，竟然被西楚军抓住，押回彭城。项羽把他们置于军营之中，作为人质。

彭城之战是楚汉战争中双方第一次大会战，也是刘邦、项羽两人在战场上的第一次正面交锋，是中国历史、乃至世界军事史上重要的以少胜多的案例。

骑兵兵团作战、闪电突击，都是项羽卓越军事才能的体现。他以三万精兵完胜刘邦五十六万联军，酣畅淋漓。而刘邦不仅获利全部回吐，连本金也赔了大半。

经过彭城一战，刘邦至少会明白几件事情：

人生可以得意，但不能得意洋洋，思想堕了，人品败了，失败就到了；

项羽确实很厉害，乃当世第一武将，绝不可小觑；

骑兵很重要，真的很重要。

这些对刘邦来说，是多么痛的领悟。

但是，项羽的彭城之战并不像看起来那么完美。从战场形势推断，项羽的目标是摧毁刘邦的有生力量，他没有认识到他的敌人其实只有一个，那就是刘邦。如果项羽最初的指导思想就是擒贼先擒王，估计刘邦很难逃脱。

彭城的汉军虽然几乎全军覆没，但是刘邦、张良、陈平、灌婴、夏侯婴、张耳、卢绾等等一班文臣武将得以全身而退。刘邦还有巴蜀、汉中、关中作根据地，他还有机会蓄势重整旗鼓、卷土重来。

第十二章

背水一战

韩信独立带兵，短短两个多月，连下魏、赵、燕三国。他凌厉无比的攻势、出神入化的用兵一定给刘邦留下深刻的印象，也彻底为自己奠定汉军统帅的地位。战绩摆在那儿，丰沛军事集团的元老们再没有人对韩信的上将军之位指手画脚。但是，韩信本就不属于刘邦的故旧或者嫡系，其实力的壮大也让刘邦有点隐隐的担忧。与其说刘邦、韩信君臣和睦，不如说双方都在小心翼翼地维持着恰到好处的平衡。

一　下邑画策：张良论英雄

刘邦在彭城吃了人生中最大的一次败仗，退至下邑。

彭城一败，刘邦从天堂跌入地狱。清点残兵败将，殷王司马卬死于乱军之中，塞王司马欣、翟王董翳见风使舵，不知何时已经溜号，投降项羽去了。陈馀派出的赵国援军业已溃散，而且纸里包不住火，陈馀已经知道张耳根本没有死，刘邦竟然骗取赵国援军。陈馀宣布背弃刘邦，依附项羽。

对刘邦来说，唯一的好消息是汉军的文臣武将都还在，而且一双儿女也已经在身边。另外稍显安慰的是，项羽并没有派兵紧追不舍，也许刚愎自用、骄傲自大的项羽不屑于追击穷途末路的敌人。所以在后来才有毛泽东的“宜将剩勇追穷寇，不可沽名学霸王”之句。

留得青山在，不怕没柴烧。

刘邦一面派人四处收集溃败后的散兵游勇，一面思考下一步的行动。很快，他提出一个大胆的计划：“我准备把整个关东地区（函谷关以东，整个故六国地区）全部放弃，让给有能力和我一起战胜项羽的人，谁能与我成此大功？”

这说是个计划，其实也不是计划。函谷关以东，本就不属于刘邦。他虽然占领了一些地方，但是彭城一败，很多人趁机反水投靠项羽，关东地区基本上得而复失。此计划中，狡黠的刘邦只是把不属于自己的东西拿出来作奖品。

张良告诉刘邦："九江王英布，乃楚之骁将，和项羽互相猜忌；彭越曾经和田荣在齐地背叛项羽；而大王麾下将领，只有韩信可独当一面、托付大事。如果把关东分给他们三人，西楚国一定失败。"

这即是张良"下邑画策"。

项梁率军北渡淮河之时，英布投靠楚军，至分封九江王，跟随项羽已两年之久。就任九江王以后，项羽征召英布讨伐田荣，英布声称有病，只派一员手下将领率领四千人的部队援助项羽。后来，刘邦占领彭城，英布依然声称有病，竟然袖手旁观。项羽内心怨恨，多次派出使者责备英布，要求他前往彭城。英布内心恐惧，不敢从命。项羽树敌太多，又爱惜英布的才能，打算与之交好，才没有向他进攻。张良敏锐地捕捉到他们二人之间的矛盾。

彭越兵力强盛，曾经联合田荣背叛项羽，和项羽早已经势同水火。

韩信虽然早在八个月以前就已登坛拜将，但是一直跟随刘邦，并未获得独立兵权。

张良智谋过人、目光如炬。除项羽以外，当世三位名将，皆在张良算计以内。张良"下邑画策"的中心内容就是：策反英布、联合彭越、重用韩信。这成为刘邦阶段性战略的核心。

后来的历史发展证明，正是张良的下邑之谋，为刘邦取得楚汉战争的最终胜利打下了坚实的基础。

刘邦从下邑继续西退，到达虞县（今河南商丘虞城县）。

刘邦环顾身边文臣武将，说："你们这些人，没有一个能够共谋天下大事的！"语气中满是责备、无奈和忧虑。

大家都惭愧，只有一个叫随何的谒者（传递文书之人）问刘邦："大王到底是什么意思？"

刘邦说："谁能为我出使淮南（九江国地处淮河之南），使英布背叛项羽？如果英布能够发兵，把项羽牵制几个月，我就有百分百的把握取得天下。"

随何说："那就派我去吧！"

于是，刘邦派随何率领二十人出使淮南。

汉二年（前205）五月，刘邦继续撤退，到达军事重镇荥阳。各路汉军溃败之兵也陆续在此集结，丞相萧何又从关中发来老弱新兵（青壮年损失太大），增援荥阳。汉军重整旗鼓，声势复振。

就在荥阳，刘邦吸取彭城之败的教训，向敌人学习，组建汉军骑兵部队。

大家一致推选秦国降将、校尉李必、骆甲担任骑兵将领，刘邦准备拜将。李必、骆甲自知并非刘邦嫡系，推辞说："我们都是故秦国人，恐怕大家不会信任。请大王遴选您身边擅长骑射的将军担任骑兵统帅，我们来辅佐他。"

刘邦审视左右，认为灌婴英勇善战，拜为骑兵统帅，令李必、骆甲任左右校尉，组建汉军骑兵部队，命名为郎中骑兵。

就这样，一场大败引发中国军事史上的重大变革。

虽然战国赵武灵王时期，骑兵在赵国得到发展，但是还没有推广开来。灌婴组建汉军郎中骑兵以后，骑兵部队正式成为中国军队的重要的、必备的组成部分。郎中骑兵经过战场的考验，演变为汉军的最精锐部队，在楚汉战争后期、汉初平定诸侯叛乱的战争以及日后的汉匈战争中崭露锋芒。

此时，项羽坐镇彭城，调派楚军骑兵部队追击汉军，一直追到荥阳。两支骑兵部队战于荥阳以南的京县、索城之间（都在今河南荥阳市南），汉军击退楚军，形势趋于稳定。

楚汉战争进入相持阶段。

二　盗嫂受金：陈平被挖坑

这个时候，汉军的高层队伍出了一点问题：陈平在担任护军的过程中，竟然收受贿赂。

周勃、灌婴等汉军元老本来就对陈平上位心存芥蒂，借机向刘邦诽谤陈平：“这小子虽然仪表堂堂、面如冠玉，腹中未必有真才实学。我们听说他在老家时，和自己的嫂子通奸；他投靠魏国（魏咎），不能相容，就逃到楚国；在楚国又混不下去了，再投奔大王。现在大王尊崇他，让他担任护军。他竟然利用职务便利，收受将领们的贿赂。给钱多的，他就给安排好的位置；给钱少的，他就给安排差的位置。陈平就是反复无常的乱臣贼子，希望大王能够明察。”

此即是陈平“盗嫂受金”。

陈平爱财，收受贿赂，绝对属实，但是盗嫂之事，十有八九属于诬陷。周勃、灌婴等人要从工作表现、个人道德上拉黑陈平。刘邦收陈平只有两个月，对其缺乏足够的了解。众口铄金，刘邦也开始怀疑陈平，于是召见并责备推荐陈平的魏无知。

魏无知说：“我所推荐的，是陈平的才能。大王责备的，是他的品行。假如现在有一个人品行高洁，却对战场胜负没有丝毫裨益，大王会用这样的人吗？楚汉相争，日益惨烈，我为大王推荐奇谋之士，是因为他的计谋对国家会有帮助。至于盗嫂受金，那又有什么关系呢？”

刘邦还是心存疑虑，又当面责备陈平：“先生在魏国不如意，跑到楚国也不如意，如今又到我这里。难道这是一个守信之人的样子吗？”

陈平为自己辩解，说：“我投靠魏王，魏王不能采纳我的意见，才转投项王。结果项王更不相信别人，他任人唯亲，只相信项家的人和他妻子娘家的人。虽然有奇谋之人在他身边，他都不能用，我才逃离楚国。听说汉王知人善任，我才来投靠。我两手空空而来，不接受别人的赠礼，就无法过活。如果我的计谋有可取之处，大王不妨采纳；如果大王觉得我是无用之人，那别人送给我的金银财宝全部都在，大王只管把它们充公，请让我辞职，老死故乡。”

陈平对自己收受贿赂的事情，坦诚不讳。

刘邦听后，向陈平道歉，不但赏赐他很多财物，还提拔他担任护军中尉，监护全体将领。那些对陈平有意见的人，碰了一鼻子灰，再也不敢说他的坏话。

陈平的问题，其实是选用干部的标准问题：如果不能德才兼备，那是以德为先，还是以才为先？显然，陈平不是个道德高尚的官员，甚至可以说有才无德。刘邦审时度势，不但做出正确的选择，还显示出高度的驭人技巧：乱世用人之际，官员的才能最重要；既然你缺钱，我就送钱给你！

三　魏豹反汉：都是算命惹的祸

出问题的官员不只是陈平，还有魏豹。

彭城战败以后，司马欣、董翳之流已经偷偷溜走，投向项羽的怀抱。西魏王魏豹则跟在刘邦身边，一直到达荥阳。刘、项两家僵持不下，鹿死谁手，难以预料。

要不要离开刘邦？魏豹很纠结。

此时，碰巧发生了一件非常偶然的小事，让魏豹做出离开刘邦的决定。

魏豹后宫有个小妾，名薄姬。薄姬的母亲魏媪也是故魏国皇族后裔，闲来无事，她请著名相师许负为自己的女儿算命。许负见到薄姬以后，以为她面相大贵，日后生子必为天子。魏豹听说以后，内心狂喜，以为薄姬生子为天子，自己必为开国之君。于是魏豹找个借口，声称回魏国探视生病的母亲，离开荥阳。魏豹回到西魏国都城平阳（今山西临汾），立即封锁黄河渡口，防御汉军，宣布投靠西楚国。

许负这次为薄姬相面，有可能是观薄姬面相高贵，也有可能是胡说八道。不管怎样，魏豹因为他/她的话而做出错误的战略决策，以致后来身死荥阳。但是历史的发展竟然印证了许负的话：魏豹死后，刘邦收其宫室。偶尔一次，刘邦临幸薄姬，薄姬竟然怀孕生子，其子就是刘邦的第四个儿子刘恒。刘恒后来登基，史称汉文帝，此乃后话。

许负在中国历史上也鼎鼎有名，被称为神相，日后还被刘邦封侯。大部分人认为司马迁笔下的许负即是许妇之意，但也有人认为许负就是他/她的名字，没有证据表明许负为女性。此相师日后还有两次惊人的预测，即文帝弄臣邓通饥困而死，以及周亚夫封侯拜相却绝食而死，都被他/她言中。许负之术令人对中国深邃的文化惊叹不已。

但是，许负却没有准确预测自己家族的命运：他/她的女婿是汉初著名侠士，被文帝所杀。而他/她的外孙郭解更是继承父亲的事业，成为汉初登峰造极的大侠，后来因为威胁到帝国的稳定而被汉武帝夷灭三族。

都是算命惹的祸。

刘邦听说魏豹反汉，立即派舌辩之士郦食其前往劝说魏豹。刘邦鼓励郦食其："你要对他好言相劝，如果能让他回心转意、回到荥阳，我封你为万户侯。"

郦食其前往平阳游说魏豹。但魏豹已铁了心，找借口回复郦食其："人生在世，如白驹过隙，转瞬即逝。汉王为人傲慢，常侮辱人，骂诸侯群臣就像骂奴隶一样，没有上下君臣的礼仪，我不忍心再见到他。”

软的不行，来硬的，刘邦准备攻击魏豹。但是如此一来，汉军将处于和项羽、魏豹两面作战的境地。所以在进攻开始以前，刘邦的首要任务是稳固大后方。

军马未动，粮草先行。荥阳北部、黄河南岸的敖仓，有大量秦国时代的粮食。刘邦派人修筑从荥阳至敖仓的甬道，专门用来运输粮草。

汉二年（前205）六月，刘邦回大后方栎阳视察工作。为稳固国之根本，刘邦挑了个好日子，六月六日，封刘盈为太子，并赦免囚犯。

刘盈这个六岁的懵懂孩子，一个多月前还被亲爹踹下马车，生死只在一念之间，如今却已是一人之下万人之上。此时他的人生，是个十足的喜剧，是个完美的逆袭。自古以来，有个能干的父亲都是非常重要的。如果有人表示不服，刘盈可以拍着胸脯说：“我爹是刘邦!”

汉军的大后方，还有一个眼中钉、肉中刺：章邯。章邯被困雍丘城内，已经十个月，虽内外断绝，但始终坚守。刘邦下定决心把他解决了：命人决渭河之水灌入雍丘城内，城破之日，章邯自杀殉国。

章邯死了，带走了秦国名将最后的光辉。如非生逢乱世，章邯只是咸阳宫内默默无闻的少府。造化弄人，小人物登上历史舞台，成为秦国最后的名将。他曾率领骊山囚徒大杀四方，又曾于巨鹿之后以后急转直下，终因失去秦人之心而饮恨关中。但是，章邯人生最后十个月的坚守和慷慨赴死的勇气仍然令人敬佩。

刘邦彻底扫清后方后，把雍国的土地划入中地郡、北地郡和陇西郡。

刘邦又下令，所有诸侯和各位将领的儿子，凡是在关中的，全部在栎阳集结，成立都城保卫部队。

刘邦又命负责祭祀的官员祭祀天地四方、上帝山川，并且规定每年定期祭祀。

太子刘盈留守栎阳，关中根据地的日常工作由丞相萧何全面负责。萧何负责制定法律规章、管理人口、为前线征收新兵。萧何还为汉王设立太庙、社稷坛，祭祀刘邦的祖先和社稷。萧何认为重要的工作，全部禀告刘邦决定；一般性的工作，他就自行裁决。

大后方已经搞定，汉二年（前 205）八月，刘邦返回荥阳前线，对魏豹作战提上议事日程。

四　木罂渡河：一鸣惊人

韩信拜将已经一年，但始终没有独立带兵，现在轮到他出场了。

刘邦任命韩信为左丞相，灌婴、曹参担任韩信的副将，率军攻击魏国。

出兵以前，刘邦问郦食其："魏国统帅是谁？"

郦食其说："柏直。"

刘邦说："乳臭未干，怎是韩信的对手？"接着又问："魏军骑兵将领是谁？"

郦食其说："冯敬。"

刘邦说："是故秦国将军冯无择的儿子，虽然有些能耐，但不足以抵挡灌婴。"刘邦再问："步军将领是谁？"

郦食其说："项它。"

刘邦说："项它也挡不住曹参。我终于放心了。"

此次对魏国一战，是韩信为刘邦第一次独立出击，显然，刘邦有些放心不下。同时，刚刚组建的汉军骑兵部队，也日益受到刘邦的重视。

汉二年（前205）八月，汉军在都城栎阳集结，由韩信率领，向东进攻魏国，到达黄河西岸的临晋（今陕西渭南大荔县）。魏豹在黄河东岸的蒲坂（今山西运城永济市）布下重兵，与汉军隔河相望。

韩信在临晋频繁调动部队和船只，佯装准备在此渡河。同时命人偷偷砍伐木材，制作大量的木盆、木桶，并利用很多空瓶子，即木罂，制作了很多漂流筏。韩信率领汉军精锐部队携带自制渡河工具悄悄抵达临晋以北一百公里的夏阳（今陕西韩城）。

魏豹在蒲坂密切注意临晋汉军动向，一连几天，汉军都没有渡河。正在魏豹严阵以待之际，后军来报，韩信已经从夏阳渡过黄河，奇袭魏豹后方的安邑（今山西运城夏县）。魏豹大惊失色，立即回军迎战韩信。灌婴借魏豹回军之际，率领临晋汉军渡河，占领蒲坂。

魏豹腹背受敌。

激战多日，魏军无法抵抗汉军的进攻，九月，韩信生擒魏豹，派人把魏豹解送荥阳。刘邦不忍杀害魏豹，留魏豹在荥阳军中。

“木罂渡河”乃韩信独立带兵的处女作，完美无比。韩信声东击西、避实就虚，对战场形势的判断令人叹为观止，这是一种深植于骨髓的天赋。

韩信取得对魏作战的全面胜利，成功开辟北方战场，扭转了刘邦腹背受敌的被动局面，为刘邦正面战场对项羽作战分担了压力。

韩信继而向刘邦上书，提出自己的大战略：继续北上，攻击赵国、燕国，向东攻击齐国，然后向南切断楚军粮道；需要增兵三万人。

刘邦不仅同意韩信的战略，还爽快地为韩信增兵三万人。

说爽快其实也不是太爽快，由于此时灌婴的骑兵部队已经调往荥阳前线，刘邦再派遣自己的好友张耳跟随韩信一同北上：一方面张耳与赵国陈馀反目成仇，作战动力很足，可以帮助韩信；另一方面可以分韩信的兵权。除此以外，刘邦的嫡系曹参也一直追随韩信。说到底，刘邦对韩信还是一直存有戒备之心。

五　背水一战：旷世杰作

汉二年（前 205）闰九月，韩信率军进入赵国境内，与赵国的附属国代国的部队遭遇（代王为陈馀，由夏说代理代国）。双方战于阏与（今山西晋中和顺县），韩信生擒代军统帅夏说。

韩信接连攻克魏国、代国，生擒魏豹、夏说，收魏、代部队以后，士气大振，兵力大增。刘邦此时则立刻派人征调韩信手下精兵，支援荥阳前线（其实是担心韩信坐大难控之举）。

汉三年（前 204）十月，韩信、张耳率领几万人继续北上，攻击赵国，到达太行山井陉口。赵王赵歇、成安君陈馀在井陉口布下重兵，号称二十万（真实兵力在十万人左右）。赵军以逸待劳，占有绝对数量优势，而且据守井陉关关隘，更有一夫当关、万夫莫开之势。

另外，赵军营中还有军事奇才李左车，他是赵国名将李牧的孙子，和陈馀共同辅佐赵歇，被封为广武君。他对陈馀说：

“听说汉将韩信暗渡黄河、生擒魏豹，又血战阏与、活捉夏说。如今又得张耳助力，前来伐赵。此正是远离国土、乘胜进攻，其兵锋锐不可当。”

“但是，汉军远征千里，粮草匮乏。每前进一步，必先砍柴做饭，从来没有第二天的食粮。井陉险关，崎岖狭窄，马车不能并排，骑兵无法成对，蜿蜒几百里，粮食一定在大部队后面。”

“请您借我奇兵三万人，从小道绕至汉军背后，绝其粮草、断其归途。您在正面率领赵军主力，深沟高垒，坚守不战。如此一来，汉军战不得战、退无法退，峡谷之中也无法掠夺食物。不出十日，韩信、张耳两人项上人头，就可置于赵军旗下。请您参考我的计策，否则，我们一定被韩信、张耳所擒。”

李左车深谙兵法，此计扬长避短，正中汉军要害。若果真用此计谋，韩信、张耳将死无葬身之地，中国历史将面目全非。

可是……

陈馀，以儒雅将军自居，经常说仁义之师不用奇谋诡计。他对李左车说：“兵法上说，兵力十倍于敌，就要围而歼之；兵力两倍于敌，就要针锋相对。韩信虽然号称几万兵马，实际几千人而已。汉军奔袭千里，已经疲惫不堪。我们优势如此明显，倘若避而不战，日后敌人兵力更强，将如何是好？各路诸侯一定讥笑我们怯懦，反而轻易向我们进攻。”

此时未知李左车的反应如何，想必他一定预想到一出悲剧在上演。

韩信派人偷偷探听赵军的情况，得知陈馀不肯用李左车的计策，欣喜若狂，这才敢带领大军进入井陉关险道。距离井陉口三十里，汉军安营扎寨。夜半时分，传令出军。

韩信首先遴选精锐骑兵两千人，命令他们人手一面汉军红旗，从小路爬上周围山顶，隐匿不动，远远地窥视赵军军营。韩信告诫他们：“赵军见我军败走，必倾巢而出追击我军。届时，你们疾驰进入赵营，拔掉赵军旗帜，插上我军旗帜。”

韩信又传令手下将领：“今天先灭赵军，再吃饭！”各位将领简直不敢相信自己的耳朵，但是佯装相信，都说：“是！”

韩信又告诉手下将士们：“赵军已经占领有利地势安营扎寨。他们兵力占优、地势占优，反而害怕把我们吓跑。所以赵军见不到我军丢弃大将旗鼓（军队统帅有一套专门的旗鼓），绝不肯出营会战。”

于是，韩信派遣一万人马出营，就在赵军营前，背水列阵，把自己陷入绝地。赵军将士远远看见，皆哈哈大笑。黎明时分，韩信带领大军，挥动大将军旗，擂动大将军鼓，直出井陉口。

赵军大开营门，正面迎击。两军鏖战良久，韩信、张耳佯装失败，丢旗弃鼓，抛下辎重，逃入背水军营。赵军见汉军大将溃败，果真倾巢而出，争抢汉军旗帜和辎重，向背水汉营进攻。韩信、张耳率领陷入绝地的汉军殊死抵抗，赵军一时无法取胜。

韩信先前派出的两千奇兵，眼见赵营空虚，驰入赵营，拔掉赵军旗帜，竖起两千汉军旗帜。

此时，赵军既然不能取胜，又无法速战速决，准备回营休整，可是回头一看，满营皆是汉军红旗，士卒皆惊恐万分，以为汉军已经占领赵营、生擒赵王和各位赵将。顷刻之间，赵军陷入混乱，几万大军溃不成军、争相逃命。赵军将领虽拼命截杀，可是兵败如山倒，已经无济于事。

汉军前后夹击，大败赵军，赵歇、陈馀等率领残兵向南逃窜。汉军紧追不舍，就在泜水河边，阵斩陈馀，生擒赵王赵歇（此为《史记·淮阴侯列传》所记载，但是《史记·高祖本纪》记载韩信斩赵歇）。

张耳、陈馀几十年的刎颈之交终于抵达终点：张耳刎了陈馀的颈。陈馀的人头事小，但连累一个国家就此葬送。

硝烟退去，汉军将领纷纷祝贺此次大捷，对于韩信的排兵布阵既崇拜又疑惑，问：“兵法上说，排兵布阵要右后方靠山，左前方临水。而此次会战，将军却令我们背水列阵，还说先灭赵军再吃饭，当时我们内心充满怀疑。但是我们最终竟然取胜，这是为什么呢？”

韩信回答：“我的排兵布阵，也在兵法里面，只是各位没有注意到罢了。兵法上说：‘陷之死地而后生，置之亡地而后存。’我们的部队，都是由市井小民组成的杂牌军。率领这样的部队，必须把他们置于死地，使他们人人都为自己而战。如果战场之上给他们生的机会，他们一定苟且偷生、纷纷逃命，哪里还能指望他们战斗呢？”

各位将领无不心悦诚服，纷纷说：“原来如此。大将军的谋略，我等自愧不如。”

韩信传令下去，不得杀害广武君李左车，有生擒李左车的，赏赐黄金两万两。

两千二百年前最宝贵的是什么？也是人才。汉军果然有人生擒李左车，解至韩信大营。韩信亲自为李左车松绑，让李左车坐在西边尊贵的位子上，而自己坐东面西，以师礼接待他。

韩信毕恭毕敬地向李左车请教：“在下打算北上攻燕，然后东进伐齐，如何能够成功呢？”

李左车辞谢说：“我听说‘败军之将，不可言勇；亡国之人，不可偷生’。我只不过是一个败亡俘虏，哪有资格和将军讨论天下大事？”

韩信开诚布公地说：“在下听说，百里奚为虞国效力而虞国灭亡，为秦国效力而秦国称霸，并不是百里奚在虞国的时候愚蠢、到了秦国以后就充满了智慧。原因在于，领袖能不能重用他，能不能采纳他的建议。假如成安君陈馀能够听从您的计策，我韩信早就被赵军生擒活捉。正是因为陈馀没有听从您的计策，如今我才有机会向您请教。我和您推心置腹，希望先生不要推辞。”

李左车为韩信的真诚打动，说：“智者千虑，必有一失；愚者千虑，必有一得。我的话只是狂夫之言，恐怕不堪大用，仅供将军参考。”

作为败军之将，李左车不忘恭维韩信一番：“如今将军暗渡黄河、生擒魏豹，又血战阏与、活捉夏说，再一鼓作气、拿下井陉。只用一个早晨，即破赵军二十万，斩杀成安君。将军名闻海内，威震天下，即使田间耕作的农夫，也无不放下农具、整理衣冠，俯首听命。这正是将军的优势所在。”

李左车的恭维有些肉麻，不过他马上话锋一转，进入正题：“但是，汉军劳师远征，士卒疲惫，无法连续作战。如果将军率领疲惫之师，屯兵于燕国坚城之下，则很可能旷日持久、无法攻克。届时粮草枯竭、形式窘迫，燕国尚且不肯屈服，齐国一定会在边境之上驻屯重兵、严防死守。如果将军与燕、齐两国相持不下，则刘、项两家势必难分伯仲。这正是将军的弱势所在。善用兵者，不会以短击长，而是以长击短。”

李左车对韩信的优势、劣势，分析得入木三分，韩信问：“那该怎么办呢？”

李左车说：“为将军考虑，最好是按甲休兵，同时安抚赵国人民，百里之内，父老乡亲一定奉献牛肉美酒慰问汉军将士。然后，只要派遣舌辩之士，手执咫尺布告，向燕国展示汉军雷霆万钧的气势，燕国就会望风而降。燕国归降以后，再派能言善辩之人扬威于东方齐国，齐国定会步燕国后尘。纵然齐国有智谋之士，也无力回天。如此，天下大事，尽在掌握。兵法说，先虚后实，以声威屈人之兵，正是如此。”

韩信得此金玉良言，心中窃喜，说：“太好了！”

韩信依计而行，派遣使者招降燕王臧荼。果真不出李左车所料，臧荼望风而降，归顺韩信，投降汉王刘邦。一个好点子，抵得上雄兵十万。

韩信再派出使臣上报汉王刘邦，请求加封张耳为赵王。韩信此举一则如李左车所言，可以镇抚赵国；二则可以拉拢张耳；三则也是韩信对刘邦的试探（这次是张耳，下一次是否轮到我了呢）。

刘邦政治素质过硬：立即同意韩信的请求，封张耳为赵王。如果不同意，刘邦只能与韩信、张耳结怨，不如送个顺水人情，借此安抚外将。但是，刘邦有两个条件：你们要挑选精兵支援荥阳前线；李左车是个人才，把他送给太子刘盈。

韩信毫不犹豫，挑选精兵增援刘邦，并立即把李左车派往荥阳前线。刘邦安排李左车在荥阳北郊、黄河南岸的山上操练兵马，此山即是后来以李左车的爵位命名的广武山，当地人称为邙山。

韩信独立带兵，短短两个多月，连下魏、赵、燕三国。他凌厉无比的攻势、出神入化的用兵一定给刘邦留下深刻的印象，也彻底为自己奠定汉军统帅的地位。战绩摆在那儿，丰沛军事集团的元老们再没有人对韩信的上将军之位指手画脚。

但是，韩信本就不属于刘邦的故旧或者嫡系，其实力的壮大也让刘邦有点隐隐的担忧。与其说刘邦、韩信君臣和睦，不如说双方都在小心翼翼地维持着恰到好处的平衡。

让刘邦担忧的，不只是前方的韩信，还有后方大总管萧何。虽然萧何忠心耿耿、兢兢业业，但是他在汉中的势力与威望日益增长，刘邦对此放心不下。所以刘邦在忙于荥阳前线战事之际，也不忘多次派使者返回栎阳慰问萧何，对萧何卓有成效的工作致以崇高的敬意和衷心的问候。

萧何身边的鲍生（姓鲍，名不详）看出端倪，对萧何说："大王暴露于野、奋勇杀敌，戎马倥偬之中数次派人慰问丞相，那是因为大王对丞相有疑心。为丞相着想，不如把萧家达到征兵年龄的兄弟、子侄全部派往荥阳前线，大王一定会更加信任您。"

萧何恍然大悟，依计而行，刘邦果然喜出望外。

刘邦后方有萧何坐镇关中，前方有韩信摧城拔寨。而此时，把兵力全部投入荥阳主战场的项羽觉察到韩信的威胁，多次派楚军袭扰韩信，意图争夺赵地。然而为时已晚，韩信把楚军的进攻全部击退。

此时看起来，刘邦的优势日益明显。然而，汉军在荥阳战场却陷入胶着。

项羽的楚军太能打了，刘邦占不到丝毫便宜。

要战胜项羽，刘邦还需要更多的帮手：策反英布、联合彭越。

第十三章
闯营夺印

刘邦茕茕孑立、形影相吊，身边只剩下一个铁杆死忠：夏侯婴。脸皮厚是没有用的，他简直太脆弱了，如同一只丧家之犬，只要几个农夫，就可以把他置于死地。幸亏项羽不知道他的行踪，但是如果韩信、张耳此时有了歪心思，可如何是好？这一路上，刘邦很可能想起了当初雍齿背叛的情形，甚至一想到韩信、张耳可能背叛“裸奔”的自己，就不寒而栗。是的，韩信是不能相信的，张耳也是不能相信的，任何人的忠诚都不能拿自己的性命去验证……

一　英布降刘：统一战线

汉二年（前205）六月，刘邦派使者随何到达六县去说服九江王英布降汉，九江国太宰（负责祭祀、礼仪的官员）接待他们。但是，一连三天，汉王使团都没有见到九江王英布。

无奈的空等不是办法，随何主动发起攻势。他告诉太宰："大王不见我，一定是因为他觉得楚强汉弱。这正是我来的目的。请让我面见大王。如果我说得对，大王就听；如果我说得不对，大王就可以在淮南街头杀掉我们这二十人，正好以此表明大王背汉向楚的决心。"

太宰向英布转述随何的话，英布才接见了他们。随何对英布说："汉王让我恭敬地把书信送至大王宝座之前，是因为我私下里很奇怪大王为什么和西楚那么亲近呢？"

英布回答："我愿意面向北方，以臣子的礼仪侍奉项王。"

随何说："大王和项王都是平起平坐的诸侯王，愿意面向北方以臣子之礼侍之，是因为大王以为西楚强大，可以把整个国家托付给他。项王进攻齐国之时，身先士卒、冲锋陷阵，大王就应该亲自率领全体淮南将士，为楚军担任先锋。您竟然只是派遣其他将领率领四千人增援楚军，难道面向北方以臣子之礼侍奉项王，应该是这个样子吗？"

"后来我家汉王攻击彭城，项王还在齐国，大王应该率领全体淮南将士，渡过淮河，日夜不停地和汉王战于彭城。大王坐拥几万兵马，竟然无一人渡河，只是袖手旁观而已。难道要把整个国家托付给项王，应该是这个样子吗？”

“大王依靠西楚是虚，依靠自己是实，我私下认为实在不可取。但是大王还是不肯背叛楚国，是大王以为汉国弱而已。实际上，楚兵虽然貌似强大，但是天下皆以西楚为不义。因为西楚首先背负入关封王的盟约，继而杀害义帝。楚王只是依靠战场上的胜利，自以为很强大。”

“汉王率领天下诸侯之兵，退守成皋、荥阳，利用巴蜀、汉中的粮食，挖深沟、修壁垒，分兵把守边界要塞，抵抗楚军。如果楚军撤退，途中还会有魏国兵力阻击。楚军深入敌国八九百里，求战不能，攻城不克，老弱病残转运粮草于千里之外；如果楚军坚持进攻成皋、荥阳，汉军坚守不战，则楚军一定进退两难。所以说，楚军不足虑。假如楚军真的战胜汉军，其他各路诸侯自然因为害怕楚国而援救汉国。楚国的所谓强大，正是招来天下之兵的原因。楚不如汉，形势再明显不过。”

“大王不把国家托付给万无一失的汉国，竟然要托付给危如累卵的楚国，我真的是不能理解。我不是说淮南之兵足以消灭西楚国，而是如果大王发兵背楚，项王一定受到牵制不得前进；只要坚持几个月的时间，汉王取得天下可是板上钉钉的事情。那时，我和大王一起归附汉王，汉王一定会裂土封王以赏赐大王的功劳，何止淮南？淮南一定是大王所有！因此，汉王敬重地派我担任使臣，向大王进献愚计，万望大王留意。”

随何伶牙俐齿、口若悬河，字字句句命中要害。英布说：“我接受您的意见。”

英布虽然私下里许诺随何背楚，但实际上内心还在犹疑不决。所以，英布迟迟不肯公开发布背楚向汉的消息。

但是，事情凑巧，随和只用一个小伎俩就把英布归汉生米煮成熟饭。

项羽派出的使者也来晋见英布，督促英布迅速出兵。英布接见楚国使者的时候，随何径直进入，坐在楚使的上座，说：“九江王已经归汉，楚国如何又来督促发兵?”

精明的随何只用一句话，就釜底抽薪，让英布无法回头。

英布一听，满脸愕然，不知所措。楚使更是大吃一惊，起身便走。随何对英布说：“事已至此，请杀掉楚使，尽快归附汉王，同心协力对付项羽。”英布被逼无奈，说：“就听你的吧。出兵攻打楚国。”

英布立即杀掉项羽的使者。既已杀掉楚使，英布被随何彻底策反。

英布起兵反楚，向项羽的部队发动进攻。项羽派遣项声、龙且迎战英布。双方激战几个月，至汉三年（前 204）十一月，英布不能支持，九江军大败。西楚大将周殷接管英布的地盘。

此时，韩信已经收复魏、赵、燕，刘邦与项羽在荥阳胶着。英布打算率领残军投靠刘邦，但是害怕楚军随后追杀，于是抛弃部队，只与随何绕道小路，投奔刘邦。

出身骊山徒役的黑社会头目英布，借陈胜起义不断壮大，在项梁率军北上的时候，就追随项羽。在过去三年半的时间里，英布战无不胜，攻无不克。但是英布既非项伯、项它、项冠这样的项家族人，亦非龙且、曹咎、司马欣这样的项家故旧。项羽的刚愎与猜忌使英布始终无法进入西楚的核心利益集团，因此英布从来都没有安全感。虽说随何长于舌辩，但是英布背弃项羽的原因正是项羽本身。

继韩信、陈平之后，英布成为项羽集团叛逃刘邦集团的第三位干将。

十二月，英布抵达荥阳。

拜见刘邦的时候，刘邦态度傲慢，双腿叉开坐在床上，正在洗脚。英布见了刘邦这德性，感觉受到侮辱：竟然为这样的人与项羽反目成仇、抛弃家国！英布肠子都悔青了，死的心都有。

双方会面以后，英布入住馆舍，景象却又完全不同：房间、帷帐、饮食等一切设施、用品都和汉王规格相同，充分显示出刘邦对英布礼遇有加。于是英布又大喜过望。

英布立即派遣使者偷偷返回九江，接收自己的部队和家属，可是为时已晚。西楚大将项伯已经接收九江国的残兵败将，并且把英布的妻子儿女全部杀死。英布的使者经过苦苦寻找，得到英布手下不愿意投靠西楚的故人、老臣等几千人，率领他们归汉。刘邦又从汉军中间划拨一部分部队给英布，派他据守荥阳西面的军事重镇成皋。

但是，即使策反了英布，刘邦在荥阳战场还是渐渐落入被动。

二　谏阻分封：老谋深算

自从去年五月退守荥阳以来，刘邦和项羽已经僵持七个多月，互有攻守，不分上下。但是，项羽开始派军破坏敖仓到荥阳的运粮甬道，试图断绝汉军的粮草供应。汉军粮食日益短缺，形势日益严峻。

刘邦忧心忡忡，问计于郦食其，希望找到削弱西楚的方法。

郦食其建议说："古代的时候，商汤讨伐夏桀，却把他的后裔封到杞国。周武讨伐商纣，却把他的后裔封到宋国。秦帝国道德沦丧、仁义崩摧，吞并各国、毁人社稷，使各国的后裔没有立锥之地。如果大王能够复立六国后裔，发给他们王侯的印信，那六国故地的君臣百姓一定感激大王的恩德、仰慕大王的仁义，前赴后继甘愿受大王驱使。届时大王恩德与仁义并行于天下，西楚一定向大王臣服。"

刘邦说："太好了。快找人刻好印信，先生带上这些印信去封六国后裔吧。"

印信已经刻好，郦食其还没有动身时，张良碰巧拜见刘邦。

刘邦正在吃饭，招呼张良说："子房过来！有人为我出了个削弱西楚的好办法。"于是把郦食其的计策和盘托出，问道："你以为如何？"

张良大吃一惊，问："谁为大王出此下策？大王大事休矣！"

刘邦正为此计沾沾自喜，被张良泼了一盆冷水，不禁一脸困惑，问道："何出此言？"

张良说："请借我一支筷子，我为大王画出天下大势。"

张良接着说："第一，商汤讨伐夏桀却把他的后裔封到杞国，是因为商汤完全有能力控制他们，大王却不能控制项羽。"

"第二，周武王讨伐商纣却把他的后裔封到宋国，是因为周武王有足够的能力可以随时置商纣王后裔于死地。大王却无法置项羽于死地。"

"第三，周武王攻入殷商，表彰商容的贤德，释放囚禁中的箕子，加高比干的坟墓（商容是商纣王时期的贤者，遭纣王迫害而逃亡；箕子是纣王的叔叔，遭纣王囚禁；比干也是纣王的叔叔，被纣王剖腹挖心）。大王却没有贤者可以表彰，没有智者可以拜访，没有圣人可以为其封墓。"

"第四，周武王取得政权以后，把巨桥的粮食和鹿台的财宝散发给天下穷苦之人。大王却不能把国家府库打开全部赈济穷苦人。"

"第五，周朝建立以后，把战车改为安车，把兵器捆绑库存，以示天下再也没有战争。大王却不能立刻偃武修文、停止用兵。"

"第六，周朝把战马放牧于华山南麓，以示天下战马再不使用。大王却不能把战马全部放归农田。"

"第七，周朝把牛群放归桃林塞的北部，以示天下不再运输军粮。大王却不能把牛群放归山野。"

啰嗦了半天，张良终于进入正题：

“第八，天下英雄豪杰抛弃父母妻子、告别亲戚故旧、远离祖宗墓地而追随大王，还不都是为了有朝一日能够建功立业，大王可以封一块地给他们吗？如果按照大王如今的计策，复立六国，拥立汉、赵、魏、楚、燕、齐的皇族后裔，那英雄豪杰都可以返回老家、从其故旧、各事其主。又有谁能够帮助大王取得天下呢？”

“而且，西楚国强大，复立后的六国一定欺软怕硬依附项羽，大王如何让他们臣服于你呢？按照您如今的计策，大王万事皆休！”

张良的话简单点说就是：古代的经验有古代的情况，切不可形而上学、照抄照搬。如今时移势异，一定要具体情况具体分析。如果您把这些印信分发下去，可是割了自己的肉给项羽吃。而且，大家伙儿跟着您就是想以后您当了皇帝后我们也能分一杯羹，您现在把土地都分给故六国后裔，弟兄们还跟着您图什么？这个馊主意可是要让您自毁长城，断不可取！

此即著名的张良“谏阻分封”。张良是一位明察秋毫的谋略家、卓有远见的政治家。他的分析鞭辟入里、切中要害。刘邦一听，如梦初醒，吐出嘴里的食物，大声诟骂：“郦食其这个滥书呆子，差点坏了老子大事！”

刘邦命人赶忙销毁已经刻好的六国印信。

三　离间范增：诡计

刘邦在荥阳战场的被动局面丝毫没有改观，项羽率领西楚军对荥阳形成合围之势。项羽日夜进攻，荥阳危在旦夕。刘邦派使者向项羽乞和，许诺以荥阳为界划分天下：荥阳以东归项羽，荥阳以西归刘邦。

幼稚的项羽准备接受刘邦的条件休战罢兵。以荥阳分割天下，只是刘邦穷途末路之时的缓兵之计，瞒得了项羽，但是瞒不了范增。范增警告项羽："汉军势穷，要抓住机会加紧进攻。如果放他们一马，日后一定后悔。"

于是，项羽和范增加派兵力，仍日夜围攻荥阳。

刘邦心急如焚却又无可奈何，问计于陈平："天下战事纷纷，何时才能安定下来？"

陈平答道："项羽这个人，表面恭敬爱人，注重礼节自尊的人很多都投靠他。但是当论功行赏、裂土封爵的时候，项羽就特别吝啬，所以真正的英雄豪杰很少有投靠他的。而大王和他正好相反，平常态度傲慢粗鲁，所以注重礼节自尊的人不会追随大王。但是当论功行赏、裂土封爵的时候，大王非常慷慨，所以三教九流、英雄豪杰、顽劣无耻之人，都愿意追随大王。"

"所以，大王和项羽，如果能够抛弃自己的缺点，学习对方的长处，一定可以定鼎天下。"

陈平给项羽、刘邦两个人都工作过，对两位领袖的性格特点刻画得入木三分。他接着说：

"项羽虽然强大，但还是有弱点。项羽最信任、最忠诚的臣子，只有范增、钟离昧、龙且、周殷几个人而已。大王如果舍得万斤黄金，使用反间计，离间西楚君臣，使他们互相猜疑，项羽生性多疑，容易偏听偏信，就一定会在内部诛杀。西楚祸起萧墙时，我们率军进攻，一定能够战胜他们。"

刘邦说："非常好！"

刘邦划拨四万斤黄金给陈平，让他全权负责实施反间计。用人不疑，刘邦从来不过问黄金的使用情况。

黄金四万斤之事这《史记》中的记载。在刘邦的时代，按照人均数量来看，黄金储备非常丰富。当时，黄金和白银的购买力之比是3∶1左右，而在 21 世纪，这个比例是80∶1左右。所以，虽然有争议认为这黄金是铜，但是也很有可能就是真实的黄金。不管怎样，有一点是肯定的，那就是刘邦舍得花钱，舍得花大把的钱，因为他明白“有舍才有得”的道理。

陈平利用重金雇用间谍，在楚军中散布谣言：据说钟离昧等一干将领，劳苦功高，却不能够裂土封王，他们准备投靠汉王，消灭项羽并一起瓜分项羽的地盘。谣言四处传播，项羽果然不再信任钟离昧等将领。

项羽既然起疑，使派遣使者拜访刘邦。陈平派人烹制最高级别的酒席，包括一只太牢（全牛），以及全套的高级食具酒具。当陈平看见西楚使者的时候，故作惊讶地说：“我还以为是亚父派来的使者呢，怎么是项王的使者?”陈平言罢，撤掉太牢酒席和用具，重新摆放粗糙的饮食器具招待项羽的使者。

西楚使者返回楚营，把详细情况汇报给项羽，项羽果真疑心大起，猜忌起范增。陈平上演的只是小把戏，但是项羽的智慧水准不足以识别这样的伎俩。此时，范增力劝项羽继续全力进攻荥阳城，但因为项羽内心猜疑，反而故意不听范增之言。

待范增终于弄明白事情真相，生气地说：“天下大事，已经确定。希望大王好自为之，请允许老臣退休养老。”

项羽本就感觉范增掣肘，如今又怀疑他私通刘邦，巴不得他离开，立即批准。

七十四岁的范增踏上归途，准备返回彭城。可是由于内心悲愤，背疮发作，范增病故于中途。

项羽能征惯战，却不是一位优秀的领袖，现在，他终于摆脱掉唯一一位智者谋臣。

四　荥阳之战：刘邦狼狈逃窜

虽然刘邦使用反间计成功驱逐范增，但是荥阳的危机丝毫没有解除。

汉三年（前204）五月，刘邦、项羽已经相持荥阳一年。此时项羽彻底切断成皋至荥阳的粮草供应，汉军粮食断绝，无法坚守。

亲信大将纪信对刘邦说："形势十万火急，城破只在旦夕之间。我可以冒充大王，出城假意投降。大王可以趁乱逃生。"

午夜时分，刘邦使用陈平的诡计，派出两千名披甲女子出荥阳东门，纪信乘坐刘邦专用的黄盖辇车，左边插着代表大王威仪的御旗，出城投降。纪信假装刘邦向楚军高喊："荥阳城中粮草已尽，汉王今日投降。"夜幕之下，无法辨认真伪，楚军以为刘邦真的投降，所有围城楚军全部聚集在东门外，准备亲眼目睹这重要一刻。所有人都认为项羽从此刻起将统一天下，全体楚军对项羽山呼"万岁"。

趁此混乱之际，刘邦率领陈平等亲信随从几十人，偷偷打开西门，逃往成皋。继彭城之战以后，刘邦第二次直面项羽，依然完败。但是他又一次丢卒保车、金蝉脱壳，全身而退。

项羽最后终于发现，"汉王"竟然是纪信扮演的，问道："汉王在哪里?"纪信回答："汉王已经走远了。"骄傲的项羽怒不可遏，更无法忍受当着全体楚军的面受此戏耍、侮辱，满腔怒火全部烧向纪信：命人把这个无比忠诚于刘邦的将军活活烧死。

刘邦逃跑以前命令周苛、魏豹、枞公（姓枞，名不详）和韩王信留守荥阳。刘邦已去，项羽进攻越急。生死存亡的关头，周苛、枞公想起魏豹曾经背叛汉王，互相商量说："反国之王，不能和他一起守城。”两人密谋，逮捕杀害魏豹。

算命是个很害人的东西。当初许媪预言魏豹的小妾薄姬生子当为天子，加之魏豹不甘居于刘邦之下，才会背叛刘邦。魏豹本就不属于刘邦的嫡系，又有反叛的经历，荥阳城此刻危如累卵，周苛的担忧完全是有道理的。魏豹一死，战国时期故魏国的余绪彻底消失。

周苛、枞公所率领的荥阳守军，已经成为孤军：内无粮草，外无救兵。但这支孤军面临绝境竟然焕发战斗力，项羽一时无法攻克荥阳。

刘邦成功逃脱，放弃成皋，回到关中，打算集结部队，重返荥阳前线。

手下袁生（姓袁，名不详）建议刘邦：“楚汉僵持于荥阳长达数年（其实只有一年多），汉军常常处于被动局面。大王可以尝试向东南方出武关，项羽一定向南进攻，紧追大王。大王吸引项羽却坚守不战，荥阳、成皋前线可以获得喘息之机，韩信也有充分的时间巩固赵、燕、齐。待周围形势稳固以后，大王再返回荥阳，为时未晚。如此，西楚军分散出击、疲于奔命，汉军正好可以获得休整，届时再战，一定可以战胜。”

好主意，绝对的好主意。袁生计策可充分发挥汉军的战略纵深，正面避项羽锋芒，侧翼对楚军形成战略包围，准备拖垮楚军。

刘邦做出正确判断，向东南方出武关，进军宛县（今河南南阳）、叶县（今河南平顶山叶县）。刘邦和英布不断招兵买马，汉军声势复振。

项羽暂时放弃荥阳，占领成皋。闻听刘邦在宛县，项羽派终公（姓终，名不详）留守成皋，率领楚军南下进攻刘邦。但任凭项羽攻打，刘邦坚守宛县，决不出战。

宛县求战不得，项羽正在犹豫之际，楚国后方传来坏消息：彭越率领自己的部队占领了下邳（今江苏徐州睢宁县古邳镇），严重威胁彭城。

原来，彭城之战以前，刘邦命令彭越率领部队在故魏国地区攻城略地。刘邦兵败彭城以后，在楚军的强大攻势下，彭越已经占领的地盘又全部丢失。彭越率领部队退守黄河沿岸，成为刘邦安插在楚军后方的游击部队。彭越的部队发迹于巨野沼泽之中，时进时退、灵活机动，时常偷袭楚军的粮道，与荥阳前线的刘邦遥相呼应。此即为“彭越挠楚”。

汉三年（前204）五月，刘邦狼狈逃出荥阳时，彭越却在后方战场取得重大进展：击败项声、薛公（姓薛，名不详），占领西楚军事要地下邳。

下邳距离西楚都城彭城只有七十公里，彭越严重威胁到彭城的安全。项羽无奈，放弃宛县的刘邦，挥军东进，剑指彭越。

袁公的疲军战略效果立现。

项羽东进攻打彭越之机，刘邦挥军北上，进攻成皋。终公无法抵抗汉军的进攻，刘邦重新取得成皋。此时，周苛依然坚守荥阳，刘邦占领成皋，彭越占领下邳威胁彭城。似乎刘邦又取得重大战略优势。

但是，项羽身为当世第一武将，再次证明他有多么彪悍。六月，项羽回军，大败彭越，重新占领下邳。彭越率领残部逃跑，再次进入游击模式。

驱逐彭越以后，不知疲倦的项羽率军回到荥阳前线，全力进攻。最终，坚持了一年多的荥阳城终于陷落，项羽生擒周苛、枞公和韩王信。项羽对周苛说：“如果你投降西楚，我让你做上将军，封三万户侯。”周苛宁死不屈，大声诟骂：“你如果不赶快投降汉王，一定会被汉王抓住。你不是汉王的对手！”

项羽大怒，把周苛投入大锅活活煮死，然后又杀害枞公。韩王信无奈，只得投降项羽。

项羽马不停蹄，又率领楚军迅速包围成皋。

一个多月前，刘邦使用金蝉脱壳之计，在两千娘子军和纪信的掩护下，才得以逃生。如今，竟然再次陷入项羽的天罗地网之中。

这次，刘邦从全面占优到身陷重围，只有短短半个月。虽然已是老相识，但项羽的彪悍还是让刘邦再次震惊。有彭城逃命和荥阳脱身的经验，刘邦知道自己无法抵挡项羽的攻击，所以不等项羽彻底形成包围圈，就决定立即放弃成皋。

再一次，刘邦灰头土脸地溜走了。旧仇未报，又添新恨。这一次，他只带了一个人：他的老友兼好车夫夏侯婴。每读书至此，都让人不禁感叹刘邦直面项羽时的屡次窘迫与狼狈，幸亏刘邦的心理素质够好、脸皮够厚。

五　闯营夺印：我信不过你

六月，刘邦和夏侯婴乘坐一辆车偷偷出成皋北门，向北，渡过黄河，前往驻扎在小修武（今河南新乡获嘉县）的韩信、张耳大营。

刘邦茕茕孑立、形影相吊，身边只剩下一个铁杆死忠：车夫夏侯婴。

脸皮厚是没有用的，他简直太脆弱了，如同一只丧家之犬，只要几个农夫，就可以把他置于死地。幸亏项羽不知道他的行踪，但是如果韩信、张耳此时有了歪心思，可如何是好？这一路上，刘邦很可能想起了当初雍齿背叛的情形，甚至一想到韩信、张耳可能背叛“裸奔”的自己，就不寒而栗。是的，韩信是不能相信的，张耳也是不能相信的，任何人的忠诚都不能拿自己的性命去验证……

这个问题是难不倒政治天才刘邦的。从成皋至小修武，全程五十公里，一路上，刘邦计议已定。

当夜，二人抵达小修武，悄无声息，装作平民的样子，随便找个地方住下，提心吊胆过了一夜。完全可以相信，这一夜，刘邦和夏侯婴一定惴惴不安，没有睡着。第二天天刚蒙蒙亮，两人进入汉军大营，声称自己是汉王的使者，得以进入韩信、张耳的大将军营帐。刘邦径直进入韩信、张耳的卧室，在二人半梦半醒之间，收了他们的将军印信，夺了他们的军权。

刘邦夺得军权以后，立即召集军中诸将开会，并调整他们的官职。韩信、张耳起床以后，才发现汉王已经抵达，而且拿走了自己的将军印信，两人又吃惊又尴尬。吃惊的是，刘邦如此行踪诡秘，而自己已经丢掉军权；尴尬的是，明摆着，汉王不信任自己。

在政治高手刘邦面前，韩信幼稚得如同三岁小儿。

但是，韩信、张耳也不用太尴尬，刘邦马上就会安抚他们，还会给他们新的任务。刘邦命令张耳率领部分赵军北上，加强赵国军备。又封韩信为相国（韩信进攻魏豹的时候已被封为左丞相，此时再封相国，安抚韩信），率领剩余的赵军向东进攻齐国。同时，刘邦提拔曹参为右丞相，继续追随韩信。

此时，驻守成皋的汉军将士也陆续撤退，追随刘邦至小修武。刘邦取得小修武的汉军控制权，加之成皋撤退的汉军，他再次稳住阵脚。

六　平齐之战：韩信的地盘

韩信似乎并没有受到刘邦闯营夺印的影响，继续率军向齐国挺进。此时，还有另一个人也正在赶往齐国，他就是刘邦的忠诚谋士：高阳酒徒郦食其。

刘邦稳住阵脚以后，郦食其向他主动请缨说：

“现在燕、赵已经平定（那是韩信的功劳），只有齐国还没有归附。齐国地广千里，田姓王族根深叶茂，拥兵二十万（其实没有这么多），据守历城（今山东济南）。齐国人狡诈多变（极尽夸张之能事），东有大海，西有黄河、济水（现已消失），南临西楚国，最容易发生变乱。大王纵然遣兵几十万（帮刘邦吹牛），恐怕也非一年两年能够平定。请大王派我出使齐国，游说齐王归附。”

刘邦欣然同意，立即派遣郦食其出使齐国。

郦食其到达齐国以后，面见齐王田广和齐相田横，问道：“大王知道谁能定鼎天下?”

田广明知道郦食其是刘邦的说客，故意说：“不知道。”

郦食其吓唬田广说：“大王如果知道谁能统一天下，齐国还能保存；如果大王连谁能统一天下都不知道，齐国一定灭亡!”

田广又问：“那谁能统一天下呢?”

郦食其绽放其舌辩之能，说：“统一天下的，一定是汉王。当初汉王、项王合力西向攻秦，约定先入咸阳者封王。汉王先入咸阳，项王却背负约定，把汉王驱逐至汉中。项王又谋杀义帝，汉王才起蜀汉之兵还定三秦（刘邦首先出兵三秦发动楚汉战争，两个多月以后项羽才诛杀楚怀王。郦食其故意颠倒顺序，把刘邦置于道德制高点）。”

“汉王出关以后，收天下之兵，立故六国王族后裔（刘邦出关以后，根本没有拥立六国贵族为王，但是这样的谎言可以拉近刘邦和田广的关系），所有投降的城市，守将都被封侯；所有得到的财宝，汉王都与将士利益均沾。所以天下英豪贤才都乐意追随汉王。诸侯之兵四面而至，蜀汉粮食顺流而下。”

“反观项王，背信弃义，诛杀义帝。将士有功，他总会忘记；部属犯错，他永远记得。取得胜利的得不到赏赐，摧城拔寨的也不能封爵；非项家族人不能重用；刻好的印信，舍不得发放；得到的财宝，全部据为己有。所以，导致天下背叛，英雄豪杰心有怨言，无人愿意效忠。”

“所以，天下英雄尽归汉王，任其驱使。汉王发兵蜀汉，还定三秦；渡过黄河，占领魏国（韩信的功劳）；北上井陉，诛杀陈馀（也是韩信的功劳）。这一切，都非人力所能及，完全就是上天的旨意。”

“现如今，汉王已经据有敖仓存粮，占据成皋重地，把守白马渡口，堵塞太行天险（又是一派胡言，两个多月前，刘邦刚从成皋只身逃命，如丧家之犬，如今只是重新站稳脚跟。这一切战略优势只不过是刘邦当前的计划而已）。汉王的大好形势至为明显，天下不肯归附的一定灭亡。大王如果归附，齐国社稷尚可保存；如若负隅顽抗，那可是自取灭亡。”

郦食其精于舌辩，在战场形势上对田广说了很多谎话。但是，他的判断是没有错的，天下一定归刘邦所有。

田广和田横认为有理，同意归附刘邦，并下令解除历城的军事防备，每天和郦食其饮酒作乐。

此时，韩信已经到达平原（平原津，古黄河渡口，今山东德州平原县），隔着黄河与齐国遥遥相望。这时，韩信听说郦食其已经说服齐国归附，打算就地驻军，放弃进攻齐国。

但是，一个人彻底改变了齐国和郦食其的命运。

这个人就是范阳辩士蒯通，他在五年前以一张利口帮助武臣拿下范阳等十几座城市。蒯通建议韩信继续进军：

“将军奉命进攻齐国，汉王只是派了一个人出使齐国而已，并没有公开命令让将军停止进攻，将军怎能擅作主张罢战？况且，郦食其凭借三寸不烂之舌，夺取齐国七十多座城市，而将军带兵数万，一年多才夺取赵国五十多座城市。带兵几年，难道反而不如一个腐儒？”

很显然，问题的关键是：虽然齐王田广同意归附，但是刘邦并不放心，所以没有公开命令让韩信停止进军。而从韩信本身来讲，他虽然连克魏、赵、燕，自己却还没有立锥之地：张耳已经封赵王，臧荼继续做燕王。显然，韩信需要有一块属于自己的地盘。

所以，继续进攻齐国符合刘邦和韩信两人的利益。

汉四年（前203）十月，韩信乘着夜色的掩护，偷偷渡过平原津，然后向历城齐军发动猛烈突袭。因为齐军已经解除戒备，所以无力抵抗，瞬间崩溃。汉军继续向东追击，直逼齐国国都临淄。

临淄城内的齐王田广如梦初醒，感觉被郦食其欺骗，气急败坏地对郦食其说："如果你能让韩信停止进攻，你还能活命。否则，我会煮死你！"郦食其也来了牛脾气："做大事的人不拘小节，具有高贵品德的人不会犹豫不决。我才不会为你去做说客呢！"郦食其本来可以妥协一下活命的，但是狂生的牛脾气来了，宁愿死，也要选择猖狂。田广大怒，把郦食其给煮了。

郦食其，高阳酒徒，好读书，家贫落魄，众人谓之狂生。其年逾六十，仍籍籍无名，幸得一知己，沛公刘邦。士为知己者死，且青史留名，此生足矣！

从客观效果上看，郦食其和韩信里应外合攻陷齐国。其实，郦食其是被刘邦和韩信联手给做掉了。从此以后，韩信和郦食其的弟弟郦商算是结下了梁子。对郦商来说，正是韩信的贪功之战，把他哥哥给害死了。但是，韩信才不在乎呢，内心清高的他哪里能看得上郦商这样的小角色？

他早就瞄准了齐国这个东方大国，在内心深处，他把齐国当成了未来自己的地盘，所以，必须武装占领。

煮了郦食其以后，田广和田横向东逃跑，并且向项羽请兵。韩信紧追不舍，试图全歼齐国势力。

听说韩信拿下齐国，项羽内心震恐，顿时感到腹背受敌的巨大压力。项羽不惜一切代价，派出自己心腹猛将、西楚大司马龙且，率领大军二十万（只是号称而已），援救齐国。齐王田广逃至高密（今山东潍坊高密），与龙且的西楚军会合，稍稍稳住阵脚。

十一月，汉军追至高密，驻扎在潍水西岸。一边是汉军统帅、相国韩信，右丞相曹参和御史大夫、骑兵将军灌婴，一边是西楚大司马龙且和齐王田广。汉军和齐、楚联军隔着潍水，相持不下。

有人为龙且献策说："汉军远离家乡，全力以赴，势不可挡。而齐军和楚军就在本地作战，心志不坚，容易败散。不如高沟深壁，坚守不出。然后齐王可以派人拉拢其他城市的齐军。其他齐军听说齐王还在，又有楚军来救，一定会背叛汉军。汉军远征两千里，如果齐国城市全部反汉，汉军将失去粮草供应，我们可以不战而胜！"

但是龙且对此不以为然："我早就知道韩信是什么样的货色，他好对付得很。他以前竟然靠洗衣老妇来养活自己，还有过胯下之辱，都证明他是个怯懦之人，这种人怎能指挥大军作战？况且，如果坐等汉军不战而降，我们的功劳如何彰显?！我们速战速决，可以拿下半个齐国！"

在《史记》中，龙且的军事演出一共四次：项梁率领龙且、田荣破秦军于东阿；刘邦还定三秦以后，龙且、项它率楚军与灌婴战于定陶南，失败；九江王英布反楚归汉之时，龙且、项声击淮南，破九江军；还有此时与韩信战于潍水。

龙且的军事才能与韩信相比，可谓小巫见大巫。龙且虽然在后世名声很大，但是那主要是因为文学作品以及娱乐影视的渲染。在司马迁笔下，他和范增、钟离眜、周殷等人作为骨鲠之臣被陈平点名。其实他和曹咎一样，都是凭借和项羽的发小或者裙带等私人关系才被封为西楚大司马的，其军事能力并没有纸面上那么过硬。

骄横轻敌的龙且具有和项羽相似的年龄和军事气质，但是，他显然严重低估了他的对手。韩信摧城拔寨、连克三国的战绩就摆在那里，龙且却选择性失明。我们似乎看见赵括和陈馀的悲剧在上演。

韩信再次施展谋战的魔法。

他秘密命令汉军连夜缝制上万沙袋，全部填满沙土，在潍水上游筑起一道人工堤坝。天亮以后，潍水接近断流，汉军穿过河床向齐、楚联军发动进攻。两军战于潍水，稍一接触，汉军佯装败走。龙且一看，大笑："早就知道韩信乃无能之辈！"率领齐、楚联军追击汉军至潍水西岸。

就在此时，韩信命令上游汉军拆掉人工堤坝，洪水倾泻而下，把齐、楚联军一分为二。韩信再命汉军发动猛烈反攻，齐、楚联军瞬间崩溃。龙且已经过河，进退维谷，被汉军斩杀于潍水。潍水东岸还未能渡河的齐、楚联军眼见统帅阵亡，一哄而散。

齐王田广逃至城阳（今山东日照莒县），被韩信生擒。齐相国田横听说田广被擒，自立门户称齐王，率领残兵败将逃至嬴县（今山东莱芜），被灌婴的骑兵部队击溃。田横无奈逃奔彭越（由此可见，此时的彭越还没有死心塌地一心向汉，颇有且走且看的架势）。

全歼齐国，雄才大略的韩信做到了，还捎带着把西楚大将龙且斩杀了。

第十四章
楚河汉界

木罂渡河擄魏豹，背水一战斩陈馀，夜渡黄河袭强齐，潍水泄洪杀龙且，韩信转战中国半壁江山，其一生的军事成功都与水有不解之缘。而关乎自身命运的最重大决定，韩信也似水一般优柔寡断，正所谓成于水而败于柔。只在韩信一念之间，三国演义差点提前四百年上演。

一　成皋之战：优势，胜势

几乎就在韩信平齐之战的同时，刘邦在成皋、荥阳中心战场也忙得焦头烂额。

刘邦灰溜溜地从成皋逃跑以后，项羽占领成皋，可是并未对汉军造成沉重打击。项羽准备向西进军，声势复苏的刘邦命令汉军在巩县（今河南巩义）严防死守，项羽无法突破巩县。

汉三年（前204）八月，刘邦率军向南进军，就在小修武南，黄河北岸，刘邦大宴将士，准备渡河再战。手下郎中郑忠，建议刘邦高垒深堑，对楚军围追堵截，避免正面交锋。

刘邦完全了解项羽正面交锋的战斗力，同意郑忠的主张，派遣刘贾（刘邦的堂哥）、卢绾（刘邦的发小）率领两万步卒、几百骑兵向东，从白马津（今河南安阳滑县）渡过黄河，深入西楚腹地，开展游击战争。

刘贾、卢绾此次出征，在多数史书中只是一带而过。但是，正是此举，在项羽背后来了温柔一刀，成为楚汉战争的重大转折。

刘贾、卢绾率领两万多汉军深入敌后，和彭越遥相呼应，把“敌进我退，敌驻我扰，敌疲我打，敌退我追”的游击队战术发挥到极致。他们劫掠楚军粮草辎重，焚烧楚军仓库，对楚军的后勤供应造成沉重打击。一旦楚军攻击，刘贾、卢绾军总是坚守营垒，拒不出战。在汉军的助力下，彭越再次转入主动，攻下故魏国地区陈留、外黄、睢阳等十七座城池，大有截断楚军归路的趋势。

彭越、刘贾和卢绾，让成皋前线的楚军痛苦不堪。项羽决定亲自解决。

四个月前，项羽放弃宛县的刘邦，东击彭越。如今，项羽决定再次进攻彭越。项羽是个很好的领袖，凡事事必躬亲、冲锋在前；但项羽又是个糟糕的领袖，不会培养干部、无力发掘人才。这样的折返跑，让楚军精锐疲于奔命，首尾不能相顾。

但是，成皋作为楚军的桥头堡，派谁镇守是个大问题。项羽把这个重要的任务交给项家多年的老友、西楚大司马曹咎。曹咎，曾经在秦帝国时期担任蕲县监狱长，搭救过犯罪判刑的项梁。凭借和项家的裙带关系，曹咎一直在楚军中担任要职，不知何时，竟然被项羽任命为西楚大司马，这可是全军总参谋长的重要职位，和龙且平起平坐。

关键时刻，项羽把镇守成皋的任务交给曹咎，由曹咎的老同事、老朋友、项羽分封的塞王司马欣担任副将。项羽对曹咎说："请坐镇成皋，严防死守。如果汉军挑战，千万不可出击。只要拖住汉军，坚守十五天，我一定平定彭越，准时回来。"作为当世第一武将，项羽有信心、有能力在半个月的时间里暂时解决彭越。

但是，曹咎的能力根本不能让项羽放心。另外，项羽带走的是楚军精锐部队，镇守成皋的楚军战斗力也让人担心。

九月，项羽安排好成皋的防守事宜，率军东击彭越。

本来，刘邦并没有打算借机攻打成皋，而是准备退守成皋以西的巩县、洛阳，如此可以和成皋、荥阳、敖仓的楚军保持一定的安全距离。

此时，马上要出使齐国的郦食其劝刘邦说："我听说天外有天的道理，凡事环环相扣、互为倚重。君王的天就是人民，人民的天就是粮食。明白这个道理的，能够成就帝王大业。否则，一定会失败。我听说敖仓粮食储备巨大，虽然经过几年连续使用，但是敖仓的地下还有大量的粮食。楚军得到荥阳，没有坚守敖仓，却回军进攻彭越，还命令曹咎率领乌合之众镇守成皋，这可是大王的天赐良机。一旦错过，后悔莫及。楚汉相争，两雄不能并存，而且经年累月无法决出胜负。如今天下动荡，百姓骚动，农夫放下农具，妇女抛弃织机，是因为百姓不知道何时天下安定。”

“希望大王尽快进兵，占领荥阳要地，收取敖仓粮秣，堵塞成皋险关，扼守太行要塞，断绝飞狐关，屯兵白马渡。向天下诸侯显示大王的有利形势，让全国百姓都知道天下必将归于大王！”

郦食其逞口舌之利，洋洋洒洒，不亦乐乎。实际上他的意思很简单：项羽东返是天赐良机，一定要进攻荥阳、成皋，取得敖仓的粮食供应。

这一次，郦食其出的不是馊主意。刘邦虽然在荥阳、成皋两次落荒而逃，但是似乎并没有形成心理阴影，他采纳郦食其的建议，准备进攻成皋的曹咎和荥阳的钟离昧。

汉四年（前203）十月，项羽已经走远，刘邦命令汉军向成皋的曹咎挑战。

曹咎开始坚守不出，一直坚守五六日。汉军改变战术，派人日夜不停地在成皋城外大声诟骂，对西楚军从上至下恣意侮辱。一连骂了几天，小心眼的曹咎气得眼冒金星，决定出城迎战。

曹咎打开成皋东门，准备渡过汜水（古河，已湮没）与汉军决一死战。怒火中烧的楚军刚刚渡过一半，汉军迎头痛击，可怜的楚军瞬间溃败，就这样被一位心理脆弱、能力不足的统帅彻底葬送。汉军轻松再次占领成皋，所有项羽贮存于此的金银财宝全部归于汉军。深得项羽信任与重用的曹咎，自刎于汜水，原塞王司马欣同时自刎。这对老友做出同样的选择，以死向项羽谢罪。

冲动是魔鬼。

因为小脾气，坏了大局面；没有韧性的人，容易折断。这些话说的大概就是曹咎之流。除了冲动以外，恐怕曹咎失败的最大原因还是轻敌。曹咎肯定是认为自己有胜利的把握，才会主动向汉军进攻。

汉军占领成皋以后，刘邦从小修武渡河南下进入成皋，坐镇指挥。他派遣汉军精锐进驻荥阳北方的广武，很快占领敖仓。这样，刘邦不但取得敖仓的粮草供应，并且对荥阳的钟离眛形成半个包围圈。

在此之前，刘邦虽然派遣韩信一连占领魏、赵、燕三个国家，但是在荥阳、成皋的中心战场，汉军一直处于被动局面。此次成皋易手，成为楚汉战争的战略转折点。成皋之战和潍水之战以后，双方的战场形势发生根本性的转变。

汉军形势如下：

刘邦：已经占据成皋、敖仓中心战场的主动权；

韩信：连续平定魏、赵、燕、齐，协同曹参、灌婴彻底控制北方战场；

彭越：协同刘贾、卢绾在西楚后方开展游击战争，切断西楚后勤补给；

萧何：坐镇栎阳，保障汉军后勤供应。

西楚军形势如下：

项羽：丢掉成皋、敖仓，丧失中心战场的主动权；

钟离眛：困守荥阳以东；

龙且：被韩信、曹参、灌婴消灭，军破，身死。

周殷：困守九江。

集腋成裘，经过成皋一战，刘邦正在把自己的优势转化为胜势。

楚汉战争的胜利天平彻底向刘邦倾斜。

二　广武对峙：无奈的霸王

项羽果真世之骁将，半个多月时间，就把彭越占领的十几座城市全部收复，彭越再次转入游击战。此时，成皋失守、曹咎阵亡的消息传来，项羽立即回军成皋。

项羽骁勇善战，名声在外，汉军闻听项羽回军，立即解除包围圈，据守险要。楚、汉两军还未交战，即陷入僵持：疲惫的楚军无力进攻，处于优势的汉军也心存忌惮，不敢贸然出击。

肇始于陈胜、吴广起义的烽火狼烟熊熊不息，金戈铁马、生灵涂炭已经五年多。此刻，突然陷入沉寂。这是楚、汉双方军事上的短暂平衡，是冲刺前的蓄力。

这次僵持，从汉四年（前 203）十月开始，竟然长达十个多月。

时日迁移，冬天马上过去，春天就要到了，但是楚军却陷入深深的危机当中：粮草匮乏。楚军已经失去敖仓，远在东方的补给线又总是被彭越阻断。而汉军不但有敖仓的粮草，还有大管家萧何从西方源源不断的补给。

叱咤风云的项羽也怂了，他做出了一生中唯一的小动作：用人质要挟刘邦。

汉三年（前 204）五月，彭城之战以后，项羽在追击刘邦的过程中，掳得刘邦的父亲刘执嘉和原配妻子吕雉，一直囚禁在楚军军营之中，至今已经接近两年。实属无奈，项羽把老人和妇女都用上了。

项羽命人做了一个很大的菜板，就在两军阵前，把刘执嘉放到菜板上，恐吓刘邦："再不速速投降，我就把你爹烹了！"

两军对垒、正面交锋，自然是项羽占优，但是若要比耍混的话，项羽可是不能望刘邦项背。

刘邦大声地告诉项羽：“当初，我与你都受怀王之命，互称兄弟。所以，我爹就是你爹！你如果非要烹杀你爹，希望能分我一杯羹！”

“吾翁即若翁，必欲烹而翁，而幸分我一杯羹！”司马迁的笔下，刘邦的混混嘴脸跃然纸上。当时的具体情形无人知晓，刘邦很可能了解项羽的性格与心思，断定项羽不会痛下杀手。即使项羽付诸行动，刘邦又能如何？自己占有明显的军事优势，投降是断断不可能的。和江山相比，爹实在是次要的。更何况，彭城之战以后的逃亡途中，刘邦已经有过抛弃子女的前科劣迹。

不知道被绑在菜板上的刘执嘉此刻作何感想。

项羽耍了个小动作，却一点没占到便宜，被刘邦的混混嘴脸激怒，下令烹杀刘执嘉。就在千钧一发之际，一位刘邦的老友救了刘执嘉一命。

项羽的叔叔项伯对项羽说：“天下大势，未知何去何从。而且一个争夺天下的人，怎么会顾及家庭亲情。杀了刘邦老爹，丝毫没有益处，只会增加仇恨。”

任人唯亲的项羽认为叔叔言之有理，放了刘执嘉。

这一事件太过典型，成为刘邦人生中的污点，被传播两千多年。而项伯，作为张良的故交，曾经在鸿门宴前夜向刘邦泄露重大军事机密；又与刘邦结为儿女亲家，还在鸿门宴上保护刘邦，成为刘邦集团的免费间谍；此时又救了刘执嘉一命，送了刘邦一个天大的人情。

刘邦是个知恩图报的人。凭借鸿门宴的表现和搭救刘执嘉，项伯在刘邦称帝以后，被赐姓刘，并且封为射阳侯。

楚军的形势日益严峻。西楚两个大司马曹咎、龙且的覆灭，令项羽成为一支孤军。项羽一计不成，又生一计。他告诉刘邦：“烽火狼烟，生灵涂炭，已经数年之久，都是因为你我二人而已。我愿意与你单挑，一对一决一雌雄，不必再劳苦天下父老。”

刘邦时年五十四岁，而项羽只有三十岁。刚武的项羽进退维谷，竟然提出如此幼稚的解决方案！

刘邦轻蔑地对项羽说：“兄弟我只斗智，不斗勇！”

项羽求战不得，命令手下将士向汉军挑战。汉军营中有楼烦神射手，一连射杀项羽手下三员战将。项羽怒发冲冠，立即身披铠甲，执戟上马，跃出营门，亲自挑战（个人英雄主义者）。

项羽怒目圆睁，大声呵斥。楼烦射手正要瞄准项羽搭弓射箭，四目相对的一瞬间，被项羽所震慑，竟然心胆俱裂，无法射箭，径直逃回汉军大营，再也不敢出来。

刘邦闻听项羽竟有如此威力，大为震惊。

史书所载如此桥段，令人非常震撼。司马迁呈现过很多项羽个人英雄主义的唯美瞬间，但至于这些桥段是否完全真实当是另当别论。

最后，项羽又邀约刘邦当面对话，地点选定在广武涧两岸。两人各怀鬼胎，率队前往。两拨人隔着一道深沟互相喊话，像极了两拨黑社会的谈判。

项羽再次提出两人一对一决斗解决争端，刘邦不置可否，闲话连篇。突然之间，刘邦提高嗓门，大声地斥责项羽的罪过：

“我和项羽共同受命于怀王，约定先入关者封王，项羽违反怀王之约，把我迁移到偏僻的蜀汉。其罪一。”

“谋杀卿子冠军宋义并取而代之（如果不是杀了只会纸上谈兵的宋义，岂有后来的破釜沉舟、巨鹿之战?）。其罪二。”

“项羽救赵以后，应该还报怀王，却裹挟诸侯兵马，擅自入关（刘邦能入关，项羽为何不能入关？怀王的安排已经让刘邦占了大便宜，还要卖乖）。其罪三。”

“怀王约定入关者禁止暴力劫掠，但是项羽焚烧秦宫（确有其事），盗挖骊山陵墓（此事无定论，或为刘邦故意污蔑），聚敛秦国财宝。其罪四。”

“秦王子婴已经投降，项羽竟然把他杀掉。其罪五。”

“二十万秦军已经投降，项羽在新安把他们全部坑杀，却把秦将封王。其罪六。”

“项羽把将领们封到富庶的地方，却把原来的王驱赶至偏远之地，导致众将纷纷叛逆旧主。其罪七。”

“项羽把义帝赶出彭城，据为己有，还抢夺韩王的地盘，吞并梁、楚肥沃土地。其罪八。”

“项羽命人弑杀义帝于江南。其罪九。”

“违背怀王约定，人臣弑杀君王，坑杀秦国降兵，分封天下不公。项羽大逆不道，天下所不容！其罪十（此罪只是将前面数罪又进行了总结而已）。”

显然，刘邦是有备而来，他再次站到道德制高点上狠狠地踩了项羽一脚。

列举了项羽的种种罪状之后，刘邦又大义凛然地说：“我率领堂堂正义之师，追随各路诸侯的足迹，讨伐无道残暴之人。市井的流氓和刑余的罪犯都可以捉拿项羽，你怎么还敢向老子挑战?!”

项羽被刘邦批得体无完肤，气得暴跳如雷！他命令事先埋伏好的弓箭手瞄准刘邦射箭，不偏不倚，正中刘邦前胸！

刘邦正在大声批判、趾高气扬，突然被箭射中倒地。鸡贼的刘邦反应迅速，大声地喊道：“那个蟊贼射中了我的脚！”

广武对峙，各有收获。刘邦占了上风，却伤了身体。

刘邦奔回广武大营，伤势很重，卧床不起。就在两军僵持的节骨眼上，领袖严重受伤，一定会动摇军心。机智多谋的张良建议刘邦假装没事儿，并巡视大营，以安抚军心。

刘邦明白张良的建议，宣传工作是很重要的，即使是为了隐瞒真相。年过半百的刘邦强忍疼痛，坐车绕大营一圈。孰料伤势更加沉重，刘邦只能从广武前线撤回成皋疗伤。

伤势好转以后，刘邦立即返回首都栎阳。

他做了三件事：

大摆宴席，慰问父老（慰问后方大总管萧何及汉军将士，提高士气，稳定后方）；

斩首司马欣，悬首街市（司马欣自刎于汜水，枭首尸体提高震慑力）；

逗留四天，率领补给将士，发兵广武前线（萧何的工作卓有成效，增兵广武，决一死战）。

刘邦已经占据了巨大的战略优势，大决战的时刻就要到了，他需要做好各方面的准备。他心里明白，和项羽的战争就快有个结果了。他现在应该已经有了很大的自信战胜项羽，至少不会输给他。

但是，他还有一块心病。还有一个会影响到战争结果的人，他感觉到没有完全控制这个人的把握。

这个人就是韩信。

这个半道加入的家伙有勇有谋，已经占领整个齐国，甚至赵、燕两国都有可能成为他的坚强后盾，实力足够强大。他会完全效忠于我吗？这样的担忧时而令刘邦寝食难安。

三　韩信的惆怅：三国演义？

基于同样的考虑，韩信也感到有些困扰。他已足够强大，拿下整个齐国以后，他有了足够的资本实现自己的梦想：称王。

韩信派使者给刘邦送去一封信，汇报评定齐国的战况。重点在这封信的最后：

“齐国人伪诈多变，反复无常。而且齐国南与楚国（项羽的地盘）接壤，如果无人代理齐王，恐怕齐国局势不稳。请大王准许我暂时代理齐王。”

刘邦刚刚箭伤痊愈，正与项羽对峙于荥阳郊外。当他了解韩信的心思以后，火冒三丈：“老子困守于此，日夜盼望你能助我一臂之力。谁知你竟然要自立为王！”

张良和陈平两位智谋之士就在旁边，完全了解当前的形势。他们偷偷踩了刘邦一脚，悄悄地告诉刘邦：“依靠目前的局势，大王有能力阻止韩信称王吗？既然不能，那就顺水推舟，封韩信为王，厚待安抚他，使他安心。不然的话，齐国恐怕发生变乱。”

狡黠的刘邦恍然大悟，立即变了调子：“大丈夫平定诸侯，要做就做真正的王，何必做个代理的王！”

政治如戏，也靠演技。

汉四年（前203）二月，刘邦派张良担任大使，前往临淄，正式封韩信为齐王。作为利益交换，张良从齐国带走一支部队支援荥阳前线。

韩信请求封王听起来有道理，其实就是政治要挟。对刘邦来说，我给你的才是你的；没给你的，你竟然强要，这是赤裸裸的借机敲诈！封韩信为齐王，是刘邦无奈的暂时妥协。最终，韩信封了王，刘邦得了兵。这一次请封事件看起来结局圆满，实际上宣告了刘邦、韩信信任关系的彻底结束。韩信在刘邦的心里投下一个巨大的阴影，也为自己的悲剧人生做了提前的铺垫。

此刻，齐王的新头衔让韩信登上人生的巅峰。在刘邦、项羽以外，韩信成为最重要的一支力量。

项羽也看到了这一点。

曹咎军破、龙且军破、粮草断绝，几乎已经让项羽难以支持。形势永远比人强，高贵的项羽第一次低下高贵的头颅。他派遣一位叫武涉的舌辩之士出使齐国，拉拢韩信，拉拢这位曾经为他执戟守夜的卫兵。

武涉对韩信说：

“天下苦秦久矣，才有英雄合力击秦。秦破之日，计功割地，分土封王，按甲休兵（指项羽分封十八路诸侯的闹剧）。汉王竟然再次兴兵，斩破三秦，引兵出关，他是要吞并天下才肯罢休，如此贪得无厌。”

“且汉王此人，绝不能信。他被项王控于股掌之间数次（鸿门宴、荥阳、成皋），项王可怜他让他活命（仅鸿门宴一次而已，其余皆是刘邦巧计逃脱）。可是一旦汉王脱逃，立即背信弃义，复击项王，如此忘恩负义。”

“您自认为与汉王交情深厚，为他赴汤蹈火、攻城略地。但是，最终一定会被汉王擒获（精准预测）。您现在所以能够苟且偷生，是因为项王的存在。当今楚汉相争，最关键的正是将军阁下。您帮汉王则汉王胜，您帮项王则项王胜。如果项王今日灭亡，明天就是您的死期！”

“将军阁下与项王有旧，为何不反汉向楚，三分天下？如果将军阁下错过当前大好时机，帮助汉王进攻项王，那绝非智者所为！”

武涉虽为项羽说客，但他对当前以及未来形势的判断正是切中要害，入木三分。可惜，韩信的政治智商太低。虽然他内心闪过片刻的犹豫，但还是坚定地告诉武涉：

“我固然做过项王的部下，可惜只是郎中，为项王执戟站岗而已。言不听、计不用，万般无奈才投靠汉王。汉王却任命我为上将军，交给我数万部队，脱下他的衣服给我穿，分享他的食物给我吃。汉王对我言听计从，我才能有今日。汉王如此亲我信我，我若背叛，一定会招来灾祸。我会效忠汉王，至死不渝。请代我叩谢项王！”

武涉苦口婆心，但韩信不为所动。无奈，武涉回报项羽。

和武涉看法相同的还有一个人，他就是蒯通。

蒯通也想调唆韩信自立，故意绕了一个弯儿，告诉韩信：“臣下曾经学过相人之术。”

韩信问道：“先生如何相人呢？”

蒯通神秘兮兮地说：“人之贵贱在于骨骼，人之忧喜在于面容，人之成败在于决断。依此法断之，万无一失。”

韩信好奇地问：“先生相我如何？”

蒯通借机屏退左右，对韩信说：“相君之面，不过封侯，而且危机四伏。相君之背（背叛），贵不能言！”

韩信问道：“此话怎讲？”

蒯通的观点和武涉非常接近：“天下初乱，英雄豪杰一呼百应，天下形势风起云涌，旨在亡秦。秦亡以后，楚汉纷争，生灵涂炭，不可胜数。”

“项王起兵彭城，扬威巨鹿，兵临荥阳，一时间威震天下。但是止步荥阳，不能西进，兵困已有三年之久。汉王率大军几十万，战楚军于巩县、洛邑，连战连败，无尺寸之功，竟至于败走荥阳，再败成皋。观当今楚汉形势，勇者（指项羽）智者（指刘邦）俱困于此，僵持不下。”

“依照臣下看来，楚汉命运，全在大王。大王向汉则汉胜，大王向楚则楚胜。依臣之计，大王隔岸观火，使楚汉都能保存，然后三分天下。如果汉、楚、齐鼎足而立，则天下趋于稳定，任何一方都不敢率先兴兵。”

“常言说，天予不取，反受其咎；时至不行，必有灾殃。万望大王深思熟虑！”

韩信思忖片刻，回答说：“汉王待我，情意深重，载车同行，解衣推食。我岂可为一己私利而背信弃义？”

蒯通举例分析刘邦、韩信的私人友谊，说：

“大王自以为与汉王交情深厚，就可以建功立业、彪炳史册，臣下以为大错特错！常山王张耳、成安君陈馀两人交情如何？两人布衣之时，约为刎颈之交，义干云霄。后因张黡、陈泽，两人反目成仇。再后来常山王逃奔汉王，借兵北上，竟然把成安君斩杀于泜水，两人的刎颈之交，也成为天下笑谈。此二人为何最终互相屠戮？那是因为人心难测、欲望无穷，而欲望一定产生灾祸。大王与汉王的个人友谊无法与常山王、成安君相提并论，而你们之间的冲突却远远超过张黡、陈泽之事。将军把身家性命托付汉王，岂能长久?!”

蒯通再举例剖析刘邦、韩信的君臣关系，说：

“大夫文种，不世出之贤臣，鼎立越王勾践，复兴越国，称霸天下。虽功成名就，却为勾践所杀，为何？因为勇略震主者身危，功盖天下者不赏。将军与汉王的君臣忠信不可与文种、勾践同日而语。而大王渡黄河、掳魏豹，下井陉、斩陈馀，传檄而定燕，乘胜而平齐。连下魏、赵、燕、齐四国，然后又诛杀龙且，歼灭楚军二十万。大王正是勇略震主、功盖天下！大王身居臣子之位，却携震主之威、不赏之功，归楚则项王不能信任，归汉则汉王内心震恐。这正是大王的危险所在！”

韩信非常犹豫，说：“先生且休息，容我细细考虑。”

但是，一连几天，韩信都没有动静。蒯通再进言：“智者善于决断，犹豫后患无穷。成功难得，失败易至。机不可失，时不再来。愿大王详察！”

韩信始终不忍背叛刘邦，总以为以自己的功劳，刘邦终究不会夺取他的齐国，并把他的决定告诉蒯通。

蒯通明白大祸即将来临，偷偷溜走，流落街头以为人卜卦为生。

事实证明，韩信虽然贵为中国历史上数一数二的军事统帅，但其政治智商的确让人不敢恭维。他出神入化的军事指挥和他糟糕透顶的政治判断形成鲜明的对比。

他不了解专制制度下政治的凶险，不了解这种制度下利益是唯一的价值取向，不明白所谓“解衣推食”只是权术和表演，他幼稚地希望自己和专制君王的私人友谊可以为其带来安全，他天真地以为自己的功劳可以成为保护伞。

有人认为，刘邦的两位嫡系曹参和灌婴也正在齐国，韩信正是忌惮于他们的军事威胁才没有背叛刘邦。这样的看法是站不住脚的，因为曹参和灌婴虽然是丰沛集团的骨干人物，但他们只是韩信的部下，曹参没有独立的军事指挥权，而灌婴率领郎中骑兵转战鲁北、淮北与彭城。他们对声望、地位已达巅峰的韩信不能构成威胁。

木罂渡河掳魏豹，背水一战斩陈馀，夜渡黄河袭强齐，潍水泄洪杀龙且。韩信转战中国半壁江山，其一生的军事成功都与水有不解之缘。而关乎自身命运的最重大决定，韩信也似水一般优柔寡断，正所谓成于水而败于柔。只在韩信一念之间，三国演义差点提前四百年上演。

居功自傲而内心清高的韩信完全没有意识到自己已经错过自我保全的最佳时机，他稳稳地坐在齐王的位子上，等待刘邦的召唤与奖赏。

确实，刘邦需要韩信。刘邦的形势蒸蒸日上，但是要最终战胜项羽，他还需要韩信的鼎力相助。

四　楚河汉界：并非均势

刘邦一刻没有停歇，他一直在为最后的大决战做准备：安抚首都栎阳，取得栎阳的补给部队；封韩信齐王，又取得了韩信的一支部队。

汉四年（前 203）七月，刘邦再封英布为淮南王。八月，燕王臧荼派遣一支骑兵部队支援刘邦。同时，刘邦下达两项安抚后方、拉拢人心、鼓舞士气的命令：凡是阵亡的汉军将士，全部由政府出资安葬并抚恤他们的家属；任命丰沛元老周昌（阵亡于荥阳的周苛的堂弟）继任周苛为御史大夫。

刘邦厉兵秣马，虎视眈眈。

项羽弹尽粮绝，日薄西山。

荥阳对峙长达十个多月，其间刘邦多次派遣使者要求项羽释放刘执嘉和吕雉，但是都没有成功。

九月，项羽已是弹尽粮绝、无法支持，正巧刘邦又派人拜见项羽，希望接回父亲和妻子。

高贵的项羽终于同意利用人质作为交换条件，向刘邦乞和。

楚汉双方一拍即合，达成妥协：项羽归还人质；双方以荥阳附近的鸿沟（现已湮没不存）为界，鸿沟以东归楚，鸿沟以西归汉。刘邦和项羽签署停火协议。

项羽松了一口气，楚军将士以为天下已经太平，山呼“万岁”，准备东返。

刘邦、吕雉、刘盈和刘鲁元都很高兴，他们一家终于团聚了。八岁的刘盈和十四五岁的刘鲁元终于见到了阔别两年半的母亲，自有一番热闹景象。

三十九岁的吕雉已经有六年的时间没有见过自己的丈夫了。六年前，刘邦沛县起义的时候，把所有的家属拜托给一个叫审食其的朋友照顾。而如今，吕雉眼前的丈夫虽然苍老了许多，但是已经取得巨大成功。

对五十四岁的刘邦来说，吕雉是他的正室，她的回归会有政治上的积极意义。但是从感情的角度来看，并没有什么值得他太高兴的。他现在身边是莺歌燕舞、美女环绕。尤其是来自定陶的戚姬，简直是美艳绝伦、风情万种，比这个原配妻子要漂亮千万倍。他的生活已经不太需要这个人老色衰的妻子了。而且，这个妻子和审食其共同生活了六年，据说两个人已经日久生情，形同夫妻……唉，管她呢，反正已经不喜欢她了。贵为汉王、坐拥半个中国，他现在该考虑如何管理自己的国家了。

项羽已经率军退出战场，向东方撤退。

刘邦也是沾沾自喜，本来做了很多铺垫工作，准备一场大决战，没想到一份停火协议就结束了旷日持久的战争。于是，刘邦也打算收拾行囊，回到关中。

张良、陈平敏锐地捕捉到消灭项羽的大好时机，他们对刘邦说：“天下大半已属大王，其余诸侯全部依附。而西楚师老兵疲，粮草断绝，正是大王的天赐良机。今日放虎归山，以后必有祸患！”

二人的建议正中刘邦下怀。没有永远的朋友，也没有永远的协议，一切都是利益，一切都是平衡。

刘邦遂决定向撤退中的项羽发动进攻。

楚汉战争的收官之战，一触即发！

第十五章
霸王之死

项羽的悲剧在于他迷信武力，不讲政治。政治的核心是利益的分配。这个分配包括利益的划分、平衡和利益失衡以后的补偿及其所有的方法和机制。项羽正是混淆了战争手段与政治目的，更无法保持利益的平衡。所以，即便是项羽在鸿门宴上杀死了刘邦，天下也很可能会四分五裂，终究不会是他的。

一　固陵之战：刘邦被放了鸽子

刘邦单方面背弃停火协定，追击撤退中的项羽。在追击途中，他向齐王韩信、魏相彭越请兵，希望三方会师，一举击破西楚军。刘邦一路追击，一路期盼。兵至固陵（今河南周口淮阳县北），楚汉两军已经能够听到彼此的马蹄声。

但是，韩信和彭越一个也没有出现。彭越在过去十个月项羽纠缠于中央战场的时候，连续攻克几十座城市。他派人送来一些粮草，捎话给刘邦说："魏地初定，局势不稳，无力派军支持大王。"而韩信更过分，一个兵也没有派，连句话都没有。

刘邦三打一的计划很美，但是两个帮手都没有出现，他只能和项羽一对一迎战了。很明显，韩信和彭越消极怠工了。

汉五年（前202）十月，正在撤退中的楚军稳住阵脚，向刘邦的汉军发动疯狂反攻，汉军大败。刘邦在单独率军面对项羽的时候，至今无一胜绩，哪怕项羽已经在溃退途中。幸运的是，撤退中的西楚军急于东归，已如强弩之末，未对刘邦的汉军造成毁灭性打击。刘邦无奈，由攻转守，稍稍稳住阵脚以后，深沟高垒，只求自保。

刘邦很郁闷，问计张良："他们都不来帮我，该怎么办？"

张良为刘邦分析说："西楚灭亡，就在眼前。但是韩信、彭越二人都还没有自己的封地，此次未能出兵，并不奇怪。大王封韩信为齐王，却并非心甘情愿，并且没有为韩信指定封地范围。彭越作为魏相，已经数年。如今魏王魏豹已经不在（被周苛杀于荥阳），彭越日夜盼望大王能够封他为王。”

“请大王把陈县（今河南周口淮阳县）以东至大海，封给韩信；再把睢阳（今河南商丘）以北穀城（今山东济南平阴县）以南封给彭越。如果大王真的可以如此与他们分享天下，他们一定火速前来。如果他们不来，则战局难料。”

彭越还说得过去，至少送来一些粮草，找了个借口。韩信简直太过分了，这可是无言的、赤裸裸的敲诈！刘邦虽是这样想，但是他很清楚：形势比人强。君王的命令、朋友的情谊，都抵不过利益的交换。

刘邦完全接受张良的建议，给韩信、彭越下达命令说：“请与我合力击楚。楚灭以后，陈县以东至大海，封给韩信；睢阳以北、穀城以南封给彭越。”

取得利益的承诺以后，韩信、彭越立即回复刘邦：“即日起程！”

此时，项羽的后方只剩下一个据点：寿春（今安徽六安寿县），由西楚大司马周殷镇守。很快，汉军的敌后游击部队刘贾、英布军渡过淮河。在其威逼利诱之下，周殷向汉军投降，并且率领九江楚军加入追击项羽的行动。

项羽覆亡在即，周殷无心抵抗，情有可原。但是作为项羽的骨鲠之臣、大司马（西楚三位大司马之一），周殷只能算是无耻的叛徒。

汉军的郎中骑兵部队已经占领彭城，在灌婴的率领下，几乎同时加入追击行动。

刘邦的天罗地网全面撒开，项羽已是末路狂花。

二　乌江残阳：霸王的宿命？

汉五年（前202）十二月，项羽率军十万抵近垓下（今安徽宿州灵璧县附近）。同时，全部汉军业已到达，总兵力超过五十万人，由韩信担任大会战前方总指挥。

韩信是谋战之神，项羽是勇战之神。两位百战百胜、无坚不摧的战神，此前从未在正面战场针锋相对。在楚汉战争行将结束的时刻，这个宿命的地点被选在了垓下。

韩信率领三十万嫡系部队冲锋在前，刘邦率军居中，周勃和大将柴武率部殿后。韩信把三十万部队分为左中右三路，自己坐镇中路军，形成扇形包围圈不断逼近楚军。穷途末路的项羽向韩信的中路军发动猛烈反扑，韩信率军退却。就在项羽形成反扑的时刻，韩信命令左右侧翼对楚军完成包围，再命令中路军同时发动攻击。十万楚军大败，被困垓下。

疲惫的西楚军一面负隅顽抗，一面安营扎寨。项羽已是虎落平阳，百战百胜的英勇已经被恐惧占据了一半。

夜幕降临，汉军主力把楚军包围得水泄不通。突然，四面传来楚歌声（汉军中的楚地士兵自发地歌唱，抑或是韩信有意瓦解楚军士气），项羽大惊失色，说道："难道汉军已经把楚地全部占领？为何汉军之中楚人如此之多?!"他无法入睡，起身饮酒。

其实，项羽饮的不是酒，是恐惧和绝望。

项羽身边有一位美人虞姬，跟随多年；另有一匹乌骓马，项羽骑了五年。项羽感时伤怀，慷慨悲歌：

"力拔山兮气盖世，时不利兮骓不逝。骓不逝兮可奈何，虞兮虞兮奈若何！"

铁汉柔情，令虞姬肝肠寸断。她相和而唱，项羽禁不住流下数行眼泪，左右将士也都掩面而泣。人之将死，其言也善。曾经不可一世的项羽何曾想过，自己能有今天？

不能再等了，等下去只能是坐以待毙，项羽决定趁着夜色突围。他翻身上马，遴选麾下精锐骑兵八百人，抛弃西楚大军，向南突围而去。垓下向南，即是淮河，淮河东南方向，很快就能到达长江。如果项羽的突击小分队满血前进，项羽有很大的把握渡过长江，回到吴中。

天亮时分，汉军才发觉项羽已经突围而去（项羽如何突围的？汉军的包围圈为何连八百骑兵突围都没有发觉？无从稽考）。

此时，对于汉军的骑兵部队是一个历史性的时刻。

灌婴率领五千精锐郎中骑兵，紧追不舍。很显然，项羽的八百精锐也已经疲惫不堪，竟然被灌婴追及。项羽且战且退，勉强支撑，渡过淮河。这时候项羽麾下骑兵死的死，散的散，只剩下一百多人。

项羽一行抵达阴陵（今安徽滁州定远县境内），迷路，询问一位田间农夫。农夫欺骗项羽说："向左。"项羽向左以后，竟然陷在沼泽之中，被迫放慢了脚步，最终被灌婴的骑兵再次追及。两军接触之后，项羽再向东，退出沼泽，到达东城（今安徽滁州定远县境内），只剩下二十八人。

项羽退至一处山坡，四下已被汉军包围。项羽知道再也不能逃脱，告诉手下将士说：

"我起兵至今，已经八年，大小七十余战，未尝败绩，独霸天下。今天困于此，是天要亡我，并非作战不力。今天固然一死，但是我为各位来一次闪电战，一定能够取得三项胜利：突出汉军重围，阵斩汉军将领，砍倒汉军旗帜。如此，则各位明白是天要亡我！"

项羽把二十八骑分为四队，面向四个方向，约定在山坡东侧集结于三处。项羽大喝一声：“我为各位阵斩汉将！”说罢，如猛虎下山冲下山坡，汉军望风披靡，项羽瞬间斩杀一名汉将。

此时，郎中骑兵将领杨喜追项羽甚急，项羽怒目相向，杨喜竟然人马俱惊，逃奔数里。按照原定计划，项羽与将士们集结三处。汉军不知项羽所处，于是分成三个包围圈。

项羽如法炮制，又来一次突击，再次斩杀一名汉军都尉，杀数十百人（史书所载如此夸张）。又集结一处，发现只损失两名骑兵。项羽得意地对将士们说：“怎么样？”将士们佩服得五体投地，大声说：“果真如大王所言！”

项羽再向东，到达长江边的乌江（今安徽马鞍山乌江镇）。乌江亭长停船靠岸，对项羽说：“江东虽小，也有千里之地，数十万人，还可以称王。请大王快快渡河。此地只有我一条船，汉军追至，无法渡河。”

项羽仰天长笑：“天要亡我，我何必渡江！我与江东八千子弟渡河西向，如今无一人生还，纵然江东父老可怜我让我当王，我有何面目面对他们？即使父老不言，我岂不是内心羞愧?!”

项羽又对亭长说：“我知道你是长者。我骑此乌骓马五年，所向披靡，曾经日行千里，不忍杀它，就托付给您吧！”

仰天长啸赴死难，霸王不是苟且人！曾经，他执戟仗剑，血战八方，百战百胜，无坚不摧。如今，只剩得孤家寡人，残阳如血。

此时，汉军再次追及。项羽下马步战，短兵相接之际，再次斩杀汉军数十百人，自己也身受十多处创伤。

在生命最后的数秒时刻，项羽依旧具有贵族的从容。他猛地瞅见汉军骑兵队伍中一位老熟人，朗声喊道：“对面可是老朋友吕马童？”

吕马童手指项羽对另一位将领王翳说：“这正是项王！”

项羽对吕马童说：“我听说汉王悬赏千金、万户侯购买我的人头，我就把头送给你！”

说罢，项羽自刎，终年三十一岁。

战死沙场，死得其所。就这样吧，也就这样了。

他是战国时代最后的骑士，他是中国历史难以逾越的传奇。他的勇武，旷古烁今，彪炳千秋。

这一刻，楚汉战争结束了。

三　千古追问：谁杀死了霸王

《史记·项羽本纪》是《史记》中最精彩的篇章，而项羽之死又是其中最精彩的部分，甚至比鸿门宴还要精彩。每次读项羽之死，总有意犹未尽的感触：

司马迁书写《史记》的年代离项羽已有一百多年，为何描写的如此详细精彩？

虞姬去了哪里？

垓下之战的十万楚军去了哪里？

项羽如果渡过长江回到吴中，他还有戏吗？

项羽为何就失败了？

先看项羽之死的当事人。

参与追击项羽的汉军骑兵将领杨喜，和其他四位将领吕马童、王翳、杨武、吕胜一起分得项羽的尸体，五人分享万户封邑。这五人都来源于秦军，他们在此刻的出现，以及郎中骑兵组建初期李必和骆甲来源于秦军的事实，正说明汉军的郎中骑兵脱胎于秦军的骑兵部队。

凭借项羽五分之一的尸体，杨喜被封为赤泉侯，封邑两千户。杨家从此走上富贵之路，其后代绵延不绝，不乏位高权重之人。七百八十多年以后，开创大隋王朝的杨坚就是杨喜的后代。或许可以说，项羽虽死，却以另一种独特的方式影响了中国历史。

在项羽乌江自刎大约一百年以后的汉武帝时期，赤泉侯的爵位已传至杨喜的曾孙杨胤。杨胤有个儿子叫杨敞，杨敞娶了个媳妇，这个媳妇就是司马迁的女儿。

杨敞年轻的时候默默无闻，但是他与老丈人司马迁有很多交流。后来的汉昭帝（刘弗陵）时期，杨敞深得托孤重臣霍光的信任，进入帝国权力中心，历任大司农、御史大夫、丞相。再后来的汉宣帝（刘询）时期，杨敞的儿子、司马迁的外孙杨恽才把深藏多年的外祖父所著《史记》公之于众。这都已经是司马迁去世以后的事了。我们也要感谢杨喜的家族，否则，史家之绝唱必定无法传世。

关于项羽之死的种种史料，司马迁很可能都是从女婿那儿听来的。在那个信息传播极为困难的时代，项羽之死的种种情形，通过几代人的口口相传、添油加醋，再经过项羽的"铁杆粉丝"司马迁的描画渲染，最终成为我们所看到的《史记》中的项羽之死。而第四代赤泉侯杨胤是司马迁的亲家，也许正是基于这层关系，司马迁以"赤泉侯"的称呼让杨喜在如此精彩的篇章里露了一下脸。

司马迁最为夸张的部分，就是项羽的个人战斗力。项羽的勇猛无敌和英雄气概令人印象深刻：来去如风，斩将刈旗，动辄杀数十百人。然而，杀数十百人是绝对不可能的，因为单骑的项羽在当时不具如此大规模杀敌的技术条件：马镫和马鞍。

提及中华文明，国人最为人津津乐道的就是四大发明。其实，我们还有另外一项发明，极大地推动人类社会的发展，甚至不亚于四大发明，就是马镫。

马镫的成熟与广泛应用，真正实现了把人与马融为一体。尤其是后来双侧金属马镫和高桥马鞍的配套使用，在纵向和横向上为骑士提供了最大的稳定性，在极大降低骑乘难度和疲劳度的同时，完全解放了骑士的双手，把骑兵的机动性和战斗力发挥到极致，才使骑兵逐渐成为战争的主力。

但是，这些技术条件，都是项羽以后的事情。

最早的金属马镫实物出土于西晋时期，那已是项羽自杀之后四百多年。

在项羽的时代，中原地区最多会借鉴匈奴骑兵的经验，使用初级阶段的布制或皮制马蹬，而不是马镫，高桥马鞍更是没有踪影。骑兵使用的兵器以短兵器为主，青龙偃月刀和方天画戟这样的重武器则无从谈起。根据楚汉彭城之战、韩信背水一战以及灌婴的郎中骑兵的作战来看，那时的骑兵主要担任突袭、偷袭、侦察、侧翼包抄、敌后骚扰以及追击的战术任务。

所以，项羽骑在乌骓马背上，他最多有皮制的马蹬和平面的马鞍，而马蹬有可能还仅是单侧的。他要一手抓住马缰，一手实施作战。他不可能使用长矛、长戟等重武器，更没有“降龙十八掌”之类的大规模杀伤性手段。所以，项羽动辄斩杀数十百人，简直就是无稽之谈。更可能的情况是，项羽利用乌骓马的优势，狼狈逃窜，一直退至江边才退无可退。但是那样的窘迫场景，不符合司马迁心目中偶像的形象。

所以，关于项羽之死，我们把它当作文学作品来欣赏就可以了。

关于虞姬，《史记》中的记载仅限于“美人名虞，常幸从”以及“歌数阕，美人和之”。《汉书》以及《资治通鉴》的记载也只能来源于《史记》。

关于虞姬的故事很多，除《史记》中寥寥数语以外，包括经久不衰的“霸王别姬”桥段在内，很可能都是无稽之考。那些美丽的桥段或者故事只是为了达到艺术的、文艺的、娱乐的或者利益的目的而已。

但是对其进行合理的推测还是可以做的。项羽知道自己不可能突围而出，他更没有能力派人护送虞姬安全突围。至于戏剧中“霸王别姬”的缠绵悱恻，他们真的没有时间也没有心情去演绎。项羽连自己的性命都不肯苟活，更不可能在败局已定的情况下留下自己深爱的女人给刘邦。虞姬的下场，很可能就是被项羽杀死在垓下战场，并且就地掩埋。这听起来很残酷，却很可能是真实的。

垓下之围，十万楚军已经军心涣散并且饥饿、疲惫到极点。四面响起楚歌声，更是瓦解了这支队伍的心理防线。天亮以后，当他们发现统帅已经抛弃大军，他们不可能再作殊死抵抗，其选择只有两个：投降或者逃跑。

根据后来的史实，确定此时投降的恰恰正是项家族人：项伯、项襄、项它等等。项家族人全部保存，并且刘邦把他们赐姓刘。刘伯封为射阳侯，刘襄封为桃侯，刘它封为平皋侯。

刘伯凭借鸿门宴护驾、霸王大封诸侯时为刘邦请求汉中之地，以及后来两军阵前保全刘邦老爹的性命等一系列功劳，封侯并不奇怪。令人费解的是刘襄、刘它等人也全部封侯，他们何功之有？至少正史里面没有任何记载。难道他们在楚汉战争时期都已成为刘邦在项羽身边的卧底？他们是被项伯策反了吗？

逃跑的人以钟离眜和季布为代表。他们都是楚军阵营中能征惯战的将领，自忖刘邦不会放过他们，只能逃亡。钟离眜与韩信有旧交情，投奔了韩信。后来韩信为了讨好刘邦，竟然把钟离眜的脑袋割了下来。季布隐姓埋名，流落民间躲藏起来。后来在夏侯婴的请求下，刘邦赦免季布。再后来，在汉惠帝（刘盈）和汉文帝（刘恒）时期，季布分别担任中郎将和河东郡守，成为一方能臣。

至于十万大军，他们都是无名的小卒，最大的可能是就地投降。

假使项羽逃回江东，他还有东山再起的机会吗？

项羽之死，最高潮的部分就是他有机会渡船过河回到江东，但他主动放弃生的机会，选择血战而死。这样的选择让项羽的形象悲壮而饱满，更令后世万人心痛流泪、遗憾千古。

一千多年以后，唐代诗人杜牧有诗：“胜败兵家事不期，包羞忍耻是男儿。江东子弟多才俊，卷土重来未可知。”

一千三百多年后，宋代词人李清照有诗：“生当作人杰，死亦为鬼雄。至今思项羽，不肯过江东。”

其实，项羽不回江东是必然的，他即便回去亦枉然。因为他的政治生命和军事生命已经终结，最多只是做个被刘邦全国通缉的战犯而已。

刘邦的军事打击已成泰山压顶之势，一道江水又怎能阻止？天下统一的趋势又怎能阻止？即使项羽逃回江东，他也根本没有时间组织抵抗。《史记·樊郦滕灌洌传》记载，灌婴“渡江，破吴郡长吴下，得吴守，遂定吴、豫章、会稽郡”。就是说，项羽自刎以后，灌婴率领郎中骑兵马不停蹄渡过长江，破吴郡，俘虏吴郡郡守，先后平定吴郡（今江苏苏州）、豫章郡（今江西南昌）和会稽郡（今浙江绍兴）。

所以说，项羽自刎于乌江，于其生无憾矣。

项羽虽死，但他是勇武的，浪漫的，高贵的，诗意的，充满英雄主义的。

诗意的项羽为何最终输给了狡黠的刘邦？

司马迁是这样认为的：秦朝暴政，陈胜首义，天下英豪群起响应。项羽没有尺寸封地，乘势起于垄亩之中（初起兵时，他代表楚国贵族旧势力，为项燕光环所笼罩，又是吴中地方豪强，起点并不低）。只用三年，率五路诸侯，诛灭暴秦。分裂天下，大封诸侯，发号施令，号称霸王。虽然最终未能保全，却是亘古未有之事。后来项羽放弃关中，执意东归，驱逐义帝而自立为王，却怨恨诸侯背叛自己，岂不荒唐？迷信武力，刚愎自用，不吸取历史教训，天真地认为武力可以解决一切。短短五年，国家灭亡，身死东城。项羽至死都不觉醒、不自责，反而认为“天亡我，非用兵之罪也”，岂不荒谬？

司马迁说的很中肯，项羽正是成也勇武，败也勇武。他的勇武，加速了秦朝的灭亡，只是给刘邦做了嫁衣裳。

项羽的悲剧在于他迷信武力，不讲政治。政治的核心是利益的分配。这个分配包括利益的划分、平衡和利益失衡以后的补偿及其所有的方法和机制。项羽正是混淆了战争手段与政治目的，更无法保持利益的平衡。所以，即便是项羽在鸿门宴上杀死了刘邦，天下也很可能会四分五裂，终究不会是他的。

最重要的是，他失了人心。他迷信武力，所以一再屠城，坑杀秦兵二十万人，火烧咸阳，屠秦宗室。灭秦之人却比暴秦还要残暴，失去天下人心，以至于末路狂奔之际，连田间农夫都要误导他进入沼泽之中。

其次，他丢了人才。他刚愎自用，以为天下之大唯我英明。所以他不容人、不信人，格局小、易猜疑，以至于张良、韩信、陈平等大智大勇之人全部逃奔刘邦，并与他死磕到底。即便是忠心耿耿、老谋深算的范增，也为项羽抛弃。项羽重用的只有项家族人以及曹咎、龙且、司马欣、周殷等庸才。

失了人心，丢了人才，所以项羽失败了。

如果说周朝死于制（王制），秦朝亡于政（暴政），那么项羽就是败于武（武力）。其中一切的核心，就是利益失衡。

项羽杀死了自己。

怀王之约时，项羽曾被封为鲁公，其封地在鲁县（今山东曲阜，孔子的故乡）。汉军兵临城下时，鲁县父老不相信项羽已经死亡，不肯向汉军投降。就在汉军准备攻城之际，他们听到城中传出礼乐和读书声。刘邦认为鲁县是礼仪之邦，并且赞赏其对项羽的忠诚，下令停止攻击。汉军让鲁县的父老看到项羽的头颅，之后，鲁县才投降。

刘邦下令，把项羽葬在鲁县附近的穀城。这里既是项羽曾经的封地，也是楚汉战争时期楚军根据地的一部分。刘邦以公爵的规格埋葬项羽，并亲自主持葬礼，恸哭失声。

项羽的死，是政治需要。刘邦的眼泪，是英雄的惺惺相惜，是曾经并肩作战的兄弟情谊。我们相信此时刘邦的眼泪是真诚的。

项羽死了，五十五岁的刘邦取得楚汉战争最终的胜利。

老头子刘邦如释重负，也许，他还有些失落和孤独。五十五岁，在那个年代基本属于行将就木的年纪。这个四十八岁还逃亡于芒砀山中的秦国小吏兼乡里混混，会想起咸阳街头秦始皇的豪华车队，想起鸿门惊魂，想起彭城惨败，想起丁公的长矛几乎扎向自己的胸膛，想起荥阳的金蝉脱壳，想起成皋的只身逃亡，想起小修武的彻夜未眠，想起沛县这帮老兄弟，也许还会想起曾经和项羽并肩作战。真是值得庆幸，六年半的血战和步步惊心以后，他登上时代的巅峰。

还来不及细致考虑如何治理他这个庞大的帝国，他想起了韩信。寒风瑟瑟的战场上，所有的敌人几乎都被消灭了，刘邦却瞥见身旁韩信那魁梧的身影。韩信太强大了，让他感受到莫大的威胁。事不宜迟，他需要尽快解决这个潜在的麻烦。

第十六章

第二帝国

对于封异姓王，其实刘邦是一百个不愿意，可是他也没有办法。这帮兄弟帮他取得天下，不把他们安顿好了，倒霉的很可能是自己。一个皇帝七个王，是刘邦勾兑了西周封建制度和秦始皇帝国制度的政治架构，是政治妥协和利益平衡的结果。此时，帝国版图的大半都被七王占据，真正属于中央的地盘，只是故秦国的心脏地带。郡国并轨的无奈格局，很快就为帝国带来政治和军事危机。

一　洛阳登基：嬴政的衣钵

垓下之战以后，刘邦已经取得楚汉战争的全面胜利。正面的敌人已经全部消灭，但是刘邦很快意识到一个严重的问题同时出现了。他发现和他同一个战壕的兄弟们也都不是省油的灯。尤其是韩信，他的实力、威望与能力令刘邦如芒刺在背。

刘邦率领大军胜利凯旋，路过定陶（今山东菏泽定陶县）。此时，韩信的齐军刚从垓下战场撤退，正驻扎在定陶。刘邦以迅雷不及掩耳之势进入韩信大营，夺取大将印信，宣布齐军划归自己管辖。

刘邦抓的时机恰到好处。若是早一点在垓下战场，夺取齐军控制权有可能引起部队哗变；若是晚一点韩信率军回到齐国，那就放虎归山无法挽回。政治天才刘邦只用一个小动作，就解除了韩信的武装。

但是，夺取齐军似乎还不能令刘邦完全放心。紧接着，汉五年（前202）正月，刘邦正式徙封韩信为楚王，划定淮河以北、齐国以南为韩信的地盘，首府设在下邳（今江苏徐州睢宁县）。而刘邦的借口很唯美：楚怀王芈心被项羽杀害，没有后代，就让韩信继任楚王，以安抚楚地百姓；而且韩信是楚国人，熟悉楚地风土人情，把家乡划归韩信，正是为他考虑。

如此一来，刘邦不但夺了韩信的齐军，而且夺了韩信的齐国。韩信的新地盘，还不到齐国的一半，其战略地位更是无法和东方大国齐国相比。而就在几个月前，韩信还自信满满地告诉蒯通：汉王不会夺取我的齐国。就在两个月前，刘邦还信誓旦旦地告诉韩信：帮我灭了项羽，齐国就是你的。就在一个月前，韩信还以排山倒海之势把项羽围困在垓下。

在专制制度的框架内，领袖和有能力的部下始终处于互相猜疑的状态之中。这是制度的必然，刘邦和韩信也无力逃脱，他们友谊的小船说翻就翻。

除韩信以外，刘邦还要安慰另一位大佬：彭越。刘邦把他封为梁王，管理故魏国土地，首府设在定陶。安顿好两位军事大佬，刘邦深深地松了一口气，这才把目光瞄准那个期待已久的位子。

此时，手下的官员也配合得恰到好处，所有人都联名上书，请求刘邦登基称帝。

刘邦已经急不可耐，却假惺惺地推辞说："我听说，帝王者皆贤能之人，我才疏学浅，不敢当皇帝。"群臣异口同声地说："大王起于微末，铲除奸暴，平定四海，有功之臣不是裂土封王就是加封侯爵。大王如果不登基称帝，天下无所适从，臣等死也不能从命。"

总而言之，言而总之，刘邦就是不想当皇帝，但是手下这帮人就是不答应。如此这般，刘邦推辞了三次，最后无奈地说："既然诸位为天下苍生请命，我也就勉为其难。"终于答应称帝。

刘邦这假惺惺的表演，竟然成为以后历代帝王登基前的标准桥段。在其后两千多年的时间里，野心家们不厌其烦地表演，全不顾其态实令人作呕。

二月三日，刘邦在洛阳郊区、汜水北岸筑坛、登基、称帝。定都洛阳，国号汉。

曾经，他身处江湖；如今，他高居庙堂，而且一下子就坐在了最高的位子上。原配妻子、四十岁的吕雉升级成为皇后，嫡子、十岁的刘盈升级成为皇太子。刘邦又追尊已经去世多年的母亲刘媪为昭灵夫人。刘媪泉下有知，当惊诧于这个最淘气的三儿子竟然夺取天下，当了皇帝。

刘邦的创业是成功的，胜利果实是巨大的，他完整地继承了秦始皇的帝国衣钵。已经据有天下的刘邦在洛阳南宫举行盛大酒会，他对手下诸侯群臣说：“请你们畅所欲言，不要隐瞒。我为什么能够取得天下？而项羽为什么失去天下呢？”

沛县的老伙计王陵回答说：“虽然陛下常常傲慢无礼，但是令人攻城略地，都能与部下分享胜利成果。项羽虽然仁而爱人，但是却嫉贤妒能，自私自利，部下摧城拔寨，他不计功劳、没有封赏，所以他最终失去天下。”

刘邦接着说：“先生所言不假，但是，更重要的是我会用人。运筹帷幄，决胜千里，我不如张良。镇定国家，安抚百姓，保障后勤，我不如萧何。百万之军，指挥若定，战必胜，攻必取，我不如韩信。这三人都是人中豪杰。我能够用他们，所以才取得天下。项羽唯一的智囊范增，都得不到重用，所以项羽才会被我打败。”

刘邦的自我评价很中肯，他不只有用人智慧，还有自知之明。自此以后，张良、萧何、韩信并称“汉初三杰”，彪炳史册。

大力表彰有功之臣的同时，刘邦还没有忘记继续消灭残余的敌对势力。项羽手下以及故六国的余孽基本上死的死、降的降，但是还有几位眼中钉、肉中刺，刘邦必欲除之而后快。

二　田横之死：旧贵族的末路

刘邦最惦记的一个人，就是田横。

去年，韩信以摧枯拉朽之势平定齐国，末代齐王田横逃奔彭越。因为当时彭越尚没有死心塌地追随刘邦，就把田横藏匿下来。如今，天下笃定，彭越已被刘邦封为梁王，成为大汉臣民，田横自忖无法立足，率领死忠五百人遁逃，居于海岛之上（今山东青岛即墨近海的田横岛）。

刘邦认为，田氏兄弟在齐国称王称霸，经营多年，齐国贤能之人、豪强之辈大多归附。田横虽然隐居海岛，只怕夜长梦多，日久生乱。于是刘邦派遣大汉使者赦免田横并征召他到首都洛阳。田横婉言拒绝说："去年我曾经烹杀陛下的使者郦食其，听说郦生的弟弟郦商是一位贤能的将军，所以我内心惶恐，不敢奉诏。请求陛下废我为庶人并准许我老死在海岛之上。"

田横既出身齐国王族，其政治号召力始终存在。天下既归刘邦，卧榻之侧岂容他人安睡？刘邦接到使者回报，担心郦商会对田横采取报复措施，单独下诏给郦商说："齐王田横很快就到，包括他的随从队伍在内，谁敢动他一下，杀他全族。"

准备工作做好，刘邦再次派遣使者向田横通报郦商受诏之事，并且恩威并施地说："田横如果前来，大者封王，小者封侯。如若不来，一定派军剿灭。"

胜者为王败者寇，天下之大，已无田横立锥之地。他很无奈，只好奉诏，率领两名随从前往洛阳。

田横一行到达距离洛阳只有三十里的尸乡（今河南洛阳偃师县）驿站，田横对大汉使者说："臣下面见天子应该沐浴更衣。"又转而对两位随从说："以前我和汉王都是称孤道寡，如今汉王贵为天子，而我却是逃亡的罪犯。面向北方侍奉汉王，已经令我无地自容。更何况我烹杀别人老兄，却要和老弟在朝堂之上平起平坐，即使郦商慑于天子诏令不敢动我，我内心也是羞愧难当。陛下之所以想见我，无非想看一看我的容貌而已。陛下就在洛阳，砍下我的头颅，飞奔三十里，相貌不会改变。"

说罢，田横自刎而死。

田横的随从手捧头颅，跟随大汉使者飞奔洛阳。刘邦见此情景，为田横的侠义与骨气所震撼，叹说："田氏兄弟三人（田儋、田荣、田横）起自民间，交替称王，岂不是天下贤能？”

刘邦内心庆幸一股异己政治势力的消亡，也为田横之死而伤感流泪。刘邦下令封田横的两位随从为都尉，派遣两千士卒，以王者之礼埋葬田横。

葬礼已毕，田横的两位随从就在田横墓旁穿孔为穴，自杀而死，追随田横至地下。刘邦听说，大惊失色。此等侠肝义胆，正对刘邦的套路。刘邦由此认为田横宾客皆为贤能之士，立即下令，征召尚滞留海岛的五百人。大汉使者到达海岛，五百人听说田横已经死亡，全部自杀。

田横以及五百义士的事迹，字字皆在《史记》之中，千古传诵，令人伤感、惊奇和喟叹。田横宁为玉碎、不为瓦全的骨气，五百义士情深义重的追随和视死如归的勇气，千年已降，使人动容。

齐国作为周朝最古老的封国之一，本属于功臣姜子牙。

公元前 481 年，田横的祖先田成子相齐，行废立之事，取得齐国最高权力。

公元前 386 年，田和放逐姜姓齐康公，自立为国君，田氏自此代齐。

公元前 202 年，末代齐王田横自杀，田姓宗族归于沉寂、消亡。

无上的荣耀和权力，都散了。

田横之死，不只是田姓宗族的灭亡，更代表了战国旧贵族势力的彻底消失。十九年前，秦始皇统一东方六国，对故六国贵族势力形成第一次沉重打击，但是还没有赶尽杀绝。秦末天下大乱，他们蠢蠢欲动，兴风作浪。后来项羽火烧咸阳，把故秦国贵族势力屠戮殆尽。项羽又以霸王之名分封天下，让故六国贵族看到了再生的希望。

但是，刘邦统一全国，接过嬴政的衣钵，让以皇权为中心的帝国制度深深地扎根于中国，彻底埋葬了旧贵族的势力。以平民刘邦为首的军功阶层重建统治秩序，成为新贵族。连旧贵族的代表张良、韩王信等也成为新贵族的利益代言人。

新秩序正在重建，刘邦定鼎洛阳，就要在此常驻。此时，一个小人物的出现，改变了大汉朝、甚至是中国的历史。

三　定鼎长安：小人物的大智慧

这个小人物，叫娄敬。

娄敬，故齐国人。就在刘邦洛阳登基的时候，他被征调到陇西（今甘肃定西临洮县）戍边。路过洛阳的时候，娄敬逃离戍边队伍，穿着脏兮兮的破羊皮袄求见同样来自齐国的虞将军（未知何名），告诉他："我有国家大事要晋见皇帝。"虞将军不敢怠慢，把娄敬引荐给刘邦。

刘邦召见娄敬，并且赐给他食物，然后问他有何重要国事禀告。

娄敬反问刘邦："陛下建都洛阳，是不是要和周朝比比国祚长短？"

刘邦说："正是！"

娄敬为刘邦分析说："陛下取得天下，与周室相比，方式迥异。周之宗室，世代贵族，自尧帝时，周祖后稷就受封邰邑（今陕西宝鸡扶风县），积德累善十几代。至周文王、周武王时，天下八百诸侯追随周室，一举消灭商纣，定鼎天下。后来周成王继位，周公辅政，才修建洛阳城。按照当时天下形势，洛阳居于全国的中心位置，正有利于全国诸侯前来朝拜。"

"但是，周室君临天下，依靠的是高贵的品德，而不是强大的武力和洛阳周围的重重险阻。后来的历史证明，当周室衰微、诸侯强大之时，再也没有诸侯把周天子放在眼里，于是天下分崩离析，周天子无能为力。这不仅仅是周天子的道德号召力下降，更重要的是洛阳处于无险可守的尴尬境地。”

“陛下起兵丰沛，凭三千兵马发展壮大，席卷蜀汉，还定三秦，后来与项羽战于荥阳、成皋，大战七十，小战四十。致使天下百姓肝脑涂地、暴尸旷野，死伤无数。如今，嚎哭的声音还未停止，伤残的士卒还未痊愈，而陛下却试图和周室一样以道德治理天下，我认为实在不可以。”

娄敬分析完洛阳的不利形势，又向刘邦推荐关中：

“秦国故地，有黄河为险、高山为障，四周关隘坚固，万一发生不测，百万之兵即可拒敌保国。况且，秦王宗室，深耕几百年，土地肥沃，正是天府之国。如果陛下定都关中，即使关外大乱，秦国故地也足可以保全。定都关中，正是扼天下之咽喉而攻其后背，岂有不胜之理?!”

其实娄敬的话很简单：周朝以德服人，所以定都洛阳，虽然洛阳无险可守。而刘邦以武力取得天下，最好定都关中，以山河关隘为屏障，进可攻，退可守。

娄敬言之有理，刘邦让群臣讨论。刘邦手下这帮人大多来自东方，不愿意西迁。而他们的理由也很充分：周朝定都洛阳，享国几百年；秦国定都关中，二世而亡。很显然，这是狭隘的经验主义。

刘邦犹疑不决，只能问策张良。

张良对刘邦说：“虽然洛阳东有成皋，西有崤山，北靠黄河，南依伊水、洛水，但是洛阳腹地太小，方圆几百里而已，况且土地贫瘠，四面受敌，绝非大国用武之地。而关中则东有崤山、函谷关的坚固屏障，西有陇西、蜀郡的千里沃野，南有巴蜀的富饶，北有畜牧的便利。正是以北、西、南三面之力牵制东方各路诸侯：如果东方稳定，黄河、渭河之水可以运输粮食至关中；如果东方变乱，中央军亦可顺流而下。此正是金城千里、天府之国，娄敬所言极是！”

张良的话还是最有分量的，刘邦立即拍板迁都关中，而且说走就走，即刻启程。

在洛阳待了四个月以后，汉五年（前202）六月，刘邦迁都长安（秦国国都咸阳近郊），而此举也奠定了大汉王朝长治久安的基础。四十八年后，大汉帝国爆发七王之乱，而七王之乱的平定证明了娄敬和张良的深谋远虑。

刘邦再一次展现自己超凡的判断力和政治智慧，他赐娄敬姓刘，封奉春君，任命他为郎中，担任自己的宫廷禁卫军官。

刘邦手下的谋臣武将有一百几十位，刘邦称帝以后，大家都眼睁睁地盼着分红。眼见着无名小卒娄敬仅凭三寸之舌谋得官职爵位，大家这心里实在不是滋味。

刘邦既无力独吞胜利果实，又需要谋臣将士们继续为自己治理这个庞大的帝国，所以他要论功行赏，与其利益均沾。

首当其冲，最需要安抚的是几位手握重兵的军事大佬。

四　郡国并轨：危机四伏

称帝以后，刘邦下诏徙封项羽时期的衡山王吴芮为长沙王，首府临湘（今湖南长沙），以表彰吴芮背弃项羽、率领南方百越族人追随自己的功劳。当时，南方百越地区并未臣服，吴芮的长沙国正好作为汉帝国和百越地区的天然屏障。况且，吴芮在百越地区素有威望。更让刘邦心安的是，吴芮素来没有野心。

此时，全国共有七位诸侯王：楚王韩信，梁王彭越，淮南王英布，赵王张耳，燕王臧荼，韩王信和长沙王吴芮。

七位诸侯王有四个共同特点：他们都是军事大佬，兵重一方；

他们都是异姓王，也就是说他们都不是刘邦的兄弟子侄；他们都不属于丰沛军事集团，并非刘邦嫡系；他们都是为刘邦夺取天下作出重大贡献的功臣宿将。

对于封异姓王，刘邦其实是一百个不情愿，可是他也没有办法。这帮豪雄帮他取得天下，不把他们安顿好了，倒霉的很可能是自己。一个皇帝七个王，是刘邦勾兑了西周封建制度和秦始皇帝国制度的政治架构，是政治妥协和利益平衡的结果。此时，帝国版图的大半都被七王占据，真正属于中央的地盘，只是故秦国的心脏地带。

郡国并轨的无奈格局，很快就为帝国带来政治和军事危机。

汉五年（前202）七月，就在刘邦登基五个月、迁都长安一个月以后，燕王臧荼造反。

七大诸侯王里，为什么燕王臧荼最先造反？

首先，诸侯王之中，臧荼与刘邦的关系最为疏远。

当初，陈胜派手下武臣经略赵地，武臣自封赵王。武臣再派手下韩广经略燕地，韩广自封燕王。再后来章邯、王离围赵国于巨鹿，韩广派手下臧荼率军支援赵国，协助项羽取得巨鹿之战的胜利，并且随同项羽入关。项羽分封诸侯的时候，直接把臧荼封为燕王，把韩广徙封辽东王。韩广拒绝，臧荼于是率军击杀韩广接收燕国。韩信占领赵国以后，一封信就让臧荼俯首称臣，投降汉军。从史料来看，臧荼和刘邦没有任何交集，甚至很可能从来没有见过面，他们既没有共同战斗的革命友谊，又没有深厚牢固的私人交情。七位诸侯王之中，臧荼和刘邦的关系，最不到位。

其次，刘邦下令追杀以前项羽手下的将领，让臧荼感到恐惧。

项羽虽然被刘邦除掉了，但是项羽的手下还有一些漏网之鱼，比如项羽手下的将领季布、钟离昧，还有那个彭城之战以后追杀刘邦的丁公。季布已经流落民间，钟离昧投奔韩信并且藏匿起来，刘邦下令追杀他们。至于丁公，直接就被刘邦砍了脑袋。臧荼是项羽分封天下的诸侯之一，凭借项羽的厚爱登上燕王的位子。而如今刘邦对项羽手下残余势力的追杀，令臧荼非常不安。

与其坐以待毙，不如主动出击。于是，臧荼反了。

臧荼反的很痛快，刘邦行动的也很利落：亲率大军讨伐，只用一个多月，九月，就把燕军击溃，生擒臧荼。

臧荼灭了，燕王的位子空缺。刘邦问大家由谁接替燕王，大家纷纷推举刘邦的发小卢绾。卢绾和刘邦同年同月生，从小形影不离。即使在戎马倥偬的岁月里，卢绾也是刘邦身边最受信任的人，只有他和刘邦的四弟刘交可以随时出入刘邦的寝室。如今，卢绾已经被封为太尉，他受到的宠幸，即使萧何、曹参也不能相比。大家对于刘邦的想法心知肚明，也就顺水推舟，共同举荐卢绾接替燕王。

于是，刘邦任命太尉卢绾为燕王。此时，大汉王朝还是七位异姓王。

福兮祸之所伏，其实，封王并不一定是好事。因为，在专制的框架内以及郡国并轨的矛盾格局下，所有的异姓王都处于随时和帝国对抗的危险境地，卢绾也不能例外。臧荼的造反，只是正式揭开了中央与封国互相怀疑的序幕。

而七位异姓王之中，始终令刘邦寝食难安的，还是那个强大的人：韩信。

五　伪游云梦：诈捕韩信

其实，徙封楚王回到故乡以后，韩信的日子很幸福。当初穷困潦倒的游侠已经威震八方，功成名就，衣锦还乡。他找到当时经常在河边洗衣服并且施舍他食物的老太婆，厚厚地回报其黄金一千斤。又找到当初羞辱他的地痞流氓，提拔他做楚军中尉，并且告诉手下们说：“他其实是个壮士。当初羞辱我的时候，我是可以杀掉他的。只是，杀他没有意义，所以隐忍至此。”

说此时幸福的韩信会谋反，简直就是扯淡。当时占据齐国的韩信据有最好的鼎足而立的形势，尚且没有自立为王。此时天下太平，君臣名分已定，政治敏感度不高的韩信根本没有谋反的理由。

只是，对于韩信来说，树欲静而风不止。臧荼造反虽然很快被刘邦平定，但是却让帝国中央和诸侯国的尴尬关系暴露无遗。在这个时候，刘邦会一个一个地去思考这些诸侯国的潜在威胁。他第一个想到的，一定就是韩信的楚国。对于刘邦来说，韩信实在是个特殊的存在，甚至可以说得上虐心：韩信在，威胁在。

很及时的，汉六年（前201）十月，就在刘邦生擒臧荼一个月以后，有人向刘邦报告，韩信谋反。至于这个“有人”是谁，真的就不重要了。污以谋反不但毫无风险，而且回报丰厚，因为这正是皇帝的心思。

刘邦召集群臣商议，大家异口同声地说：“立即发兵，灭了韩信那小子！”

刘邦默然不语：他心里也想灭了韩信，但是显然有些担忧韩信的实力。

于是，刘邦又请教诡计多端的陈平。陈平问道：“有人报告韩信谋反，韩信本人知道吗？”

刘邦说：“不知道。”

陈平又问道：“陛下的精兵，能与韩信的精兵抗衡吗？”

刘邦说：“不能。”

陈平继续追问：“陛下的诸位将领，用兵能比得上韩信吗？”

刘邦说：“比不上。”

陈平说：“士卒不如楚国精，将领不如韩信能，却要出兵讨伐，这不是逼迫韩信发动战争吗？我认为陛下危矣。”

刘邦终于问出自己的心里话："那该如何是好？"

陈平祭出自己的诡计，说道："古代天子巡游，要会见封国国君。陛下不妨假装去南方的云梦（今湖北安陆）巡游，诏令各诸侯国王在陈县（今河南周口淮阳县）会晤。而陈县正好位于楚国的西部边境，韩信一定不会怀疑，势必迎接陛下。届时逮捕韩信，只要一名武士就可轻松搞定。"

刘邦接受陈平的诡计，号称前往云梦巡游，诏令各诸侯国王前往陈县会晤。

韩信接到刘邦的诏书，内心也很惶恐。他想发兵造反，又坚信自己没有罪；想晋见刘邦，又怕被刘邦所擒。正在犹豫不决之间，有人给韩信出主意说："杀掉钟离昧，把他的人头送给皇上，皇上高兴，大王一定安全。"

大网已经张开，幼稚的韩信依旧充满幻想。更可悲的是，他同意了献出钟离昧的建议，并把他的想法直接告诉钟离昧。郁闷的钟离昧倒是清醒，明白自己已无生路，告诉韩信说："刘邦之所以不发兵进攻，因为我与大王同在。如果用我的人头取悦刘邦，我死不足惜，大王一定步我后尘！"

韩信默然不语。钟离昧又大声骂道："大王绝非忠厚长者！"

钟离昧说罢，自杀而死。

于是，韩信带上钟离昧的人头，前往陈县拜见刘邦。

一切皆在刘邦计划之内，他看完钟离昧的人头，立即下令武士捆绑韩信，装入囚车。此时的韩信大梦初醒，长叹一声道："前人所言不假。狡兔死，走狗烹；飞鸟尽，良弓藏；敌国破，谋臣亡。天下已定，我就该死！"

刘邦回答道："不要废话，有人告你谋反！"

刘邦再也不提巡游云梦的事情，立即西返。到达洛阳的时候，刘邦把韩信释放，赦免他的罪过（本身就没有罪过），却废除他的楚王封号，徙封淮阴侯。

从小修武夺军，到定陶夺军，再到陈县诈捕，天生厚道的韩信似乎总被刘邦玩于股掌之间。军事天才和政治高手，实乃有天壤之别。从大国齐王，到小国楚王，再到没有尺寸之封的侯爵，不到两年时间，韩信从巅峰跌入谷底。

韩信的政治生命，基本上结束了。软禁于刘邦眼皮底下的他，彻底失去抵抗能力，生死只在刘邦一念之间。

解决了韩信，刘邦心里的一块石头落了地。此时他才想起来手下那一百多号出生入死的兄弟，是时候让他们分享胜利果实了。

六　十八功侯：安抚军功集团

汉六年（前201）十二月，刘邦登基十个月以后，开始为大批功臣加封侯爵。最初受封的，史称“十八功侯”：

酂侯萧何，平阳侯曹参，宣平侯张敖，绛侯周勃，舞阳侯樊哙，曲周侯郦商，鲁侯奚涓，汝阴侯夏侯婴，颍阴侯灌婴，阳陵侯傅宽，信武侯靳歙，安国侯王陵，棘浦侯柴武，清河侯王吸，广平侯薛欧，汾阴侯周昌，阳都侯丁复和曲成侯虫达。

既然是分赃，就有可能不均。更何况胜利果实是庞大的帝国，而分赃队伍又如此庞大。

首先是萧何定为首功。一众武将抗议说：“我们披坚执锐，摧城拔寨，多者百余战，少者几十战。萧何未动一刀一枪，仅凭舞文弄墨，何以居于首位？曹参身受七十多处创伤，应该定为首功！”

刘邦却有不同的想法，他说：“譬如打猎，捕杀狡兔的是猎狗，而对猎狗发号施令的却是人。诸位武将可谓‘功狗’，至于萧何，则是‘功人’。更何况诸位追随我，大多单身匹马，而萧何率领全部家族追随我，功不可没。”

刘邦的比喻未必恰当，因为萧何也没有在前方发号施令，他的真正功勋在于后勤的卓越运作，总能使刘邦的士兵、粮草供应源源不断。实事求是地讲，萧何定为首功，可谓公允。刘邦很好地把握住了平衡，在他的坚持下，萧何排在第一。

萧何、曹参和刘邦，正是最初起义时的三人组。萧何、曹参这两位当年秦国沛县县府的老同事、老朋友，在过去的峥嵘岁月里，一个负责后勤，一个冲锋陷阵，同为汉帝国立下汗马功劳。但此次封侯的首功之争，也让他们的尴尬关系暴露无遗。

其次是张良和陈平居功至伟，却都没有位列十八功侯。

张良明白见好就收的道理，主动退居二线，韬光养晦，不再争名夺利。自从几个月前迁都长安，他就隐居在家，开始进行辟谷实践，很少吃东西，只吃一些号称能够得道成仙的药物。只有在刘邦召唤的时候，他才对政事提出一些建议。以张良的绝世聪明，他肯定明白得道成仙的虚无。而他的归隐，只是专制制度下的自我保全之策而已。

刘邦不能忘记张良的功劳，对他说："运筹帷幄，决胜千里，都是你的功劳。请在齐国选择一个三万户的采邑。"

张良推辞说："我最初起兵下邳（今江苏徐州睢阳县），与陛下在留县（今江苏徐州沛县附近）相遇。陛下采纳我的建议，时不时侥幸成功。我认为封我留县就足够了，不敢奢望三万户的采邑。"

聪明的张良不但放弃了到手的利益，而且很好地拉近了自己和刘邦的关系。此时刘邦已经盘算大封刘家子孙，于是也不谦让，封张良为留侯。

至于陈平，虽然被封为户牖侯却没有列入十八功侯，恐怕还是因为他并非刘邦的嫡系，而他与丰沛军事元老们的关系，也始终一般。

再次是张敖的入选。赵王张耳在几个月前去世，张耳的儿子张敖继位赵王。更重要的是，张敖还娶了刘邦的女儿鲁元公主为妻，也就是说，他还是刘邦和吕雉的女婿。张敖本身没有拿得出手的功劳，况且其他异姓王都没有进入这份名单。此时，把他列为十八功侯的第三位，可见裙带关系的重要性，也可以看见吕雉的政治影响力。对此，大家都没有意见。

刘邦是个懂得分享的人，他的封侯延续数年之久才全部完成，作为功臣取得侯爵的人前后共有一百四十三人。

搞定了心腹大患韩信，安抚了军功元老，大汉帝国看起来就要进入和平的轨道。但是，此时帝国的北方，匈奴已经崛起。这个强大的敌人不但成为帝国的巨大威胁，也通过各种利益的纠葛，不断加速和加剧帝国中央和封国的矛盾对抗，竟然导致汉初天下大定之时烽烟再起。

第十七章
白登之围

刘敬出自民间，却是一位睿智而又目光长远的政治家，和亲政策正是由他首创。灭不了敌人，就拉拉关系，争取成为一条船上的人，这是一种着眼于长远利益的政治妥协。虽然第一次和亲用了一位冒牌货充当长公主，但是在之后中华帝国两千多年的历史中，和亲成为中原政权和周边少数民族政权关系中一项重要的国策。尤其是当中原政权无力对抗少数民族政权的时候，和亲政策更显重要。这种略带一丝甜蜜的对抗，成为双方关系的主流。

一　漠北强敌：匈奴，匈奴！

对于匈奴的起源，史学界存在很大争议。这是一支生活于北亚地带以及蒙古大漠和草原的游牧部族，从战国晚期开始强大。战国时赵国大将李牧曾有过和匈奴交战的光辉历史。

在秦始皇时代，由于长城的阻隔和蒙恬的打击，匈奴不能进入中原地带。但是秦末大乱以及楚汉战争时期，北方的防御力量已经异常薄弱，匈奴得以越过黄河，时常进入中原地带抢掠。而刘邦建立汉朝的时候，匈奴也迎来一个繁荣时期。此时匈奴的强大，取决于他们伟大的头领，冒顿单于。

冒顿单于，生性勇猛酷烈，富有谋略，是一位伟大的军事统帅。秦二世元年（前 209），冒顿单于弑杀自己的父亲，登上匈奴的王位。在中原地区一片烽火狼烟的时候，冒顿单于征服了东胡、楼兰、乌孙等二十几个游牧部族，建立起幅员辽阔的强大汗国。此时的匈奴号称拥有控弦之士三十多万，成为北方最强大的力量。

而刘邦还正在担忧着各个封国的威胁。尤其是韩国，地处京畿重地和洛阳、宛县、淮阳之间，是历来兵家必争之地。而韩王信出身故韩国贵族，并不属于丰沛军事集团。刘邦对于韩王信，不能完全信任，想把他驱赶到北方去。

于是，刘邦把原来韩国的地盘收归中央，重新从北方的太原郡划出一个新的韩国，首府设在晋阳（今山西太原），命令韩王信北迁。此举一来可以消除韩王信对中央的威胁，二来可以利用韩国的力量监视匈奴。

韩王信不但接受北迁的诏令，更进一步对刘邦说："边境重地，匈奴时常入侵，晋阳离边境太远，请求把首府设在马邑（今山西朔州）。"韩王信对刘邦的不信任日夜担忧，此举正好可以远离中央，并且利用匈奴的力量保持平衡。

韩王信的提议正符合刘邦的心思。于是，韩国迁往马邑。各怀鬼胎的刘邦和韩王信，因为匈奴的存在，处于一种微妙的关系之中。而这种微妙的关系，很快就演变为尴尬的现实。

汉六年（前 201）秋季，大汉帝国经过半年多的短暂和平之后，匈奴发兵进攻韩国。韩国力量薄弱，无法抵抗，首府马邑被围。围城中的韩王信数次派出使者前往匈奴大营，请求和解。而此时，刘邦正组织大部队支援韩国。听说韩王信屡次派使求和，刘邦怀疑他有不臣之心，派人加以责备。韩王信担心被刘邦诛杀，干脆献出马邑，向匈奴投降。

九月，冒顿单于率军继续南下，兵锋直指军事重镇晋阳，韩王信率领韩军紧紧跟随。

此时，儒者叔孙通已经为刘邦制定了一整套繁琐的三叩九拜的朝仪，志得意满的刘邦正在忙于演习自己的皇帝排场。北方战事信息的传来，应该是刘邦一生之中第一次感受到匈奴的强大和威胁。

冬季，刘邦御驾亲征，北上讨伐。刘邦率军到达晋阳南边的铜鞮（今山西长治沁县），与韩王信的大军遭遇。两军交战，汉军大胜，斩杀韩军大将王喜，韩王信狼狈逃奔匈奴。

刘邦率军继续北上。此时，冒顿单于命令匈奴左右贤王率领一万精锐匈奴骑兵，在晋阳北部的广武（今山西忻州代县）构筑防御工事。汉军前锋部队大举进攻，匈奴部队向北败退，可是左右贤王利用匈奴骑兵的机动性优势，很快再次集结。

如此，反复几次，阵地虽不断向北方寒冷地带推移，但汉军始终无法对匈奴部队形成有效打击。而此时，汉军遇到另一个强大的敌人：寒冷。此时，正值隆冬，又逢大雪，广武前线的汉军士兵，冻掉手指彻底失去战斗力的就有十之二三。

更可怕的是，作为汉军统帅的刘邦，犯了轻敌的致命错误。他还不了解匈奴有多么强大，更不了解他的对手冒顿单于是多么可怕的敌人，更不会想到匈奴会和他的帝国纠缠三百年之久。而冒顿单于的策略，正是诱敌深入，把汉军引入寒冷的北地，伺机发动总攻。

轻敌的刘邦准备继续北上，发动大规模总攻，意图全歼匈奴部队，毕其功于一役，解决帝国的北方边患。

前方等待刘邦的，将是一个巨大的陷阱。

二　白登之围：千古谜案

踌躇满志的刘邦一连派出十个特使，侦查匈奴的军事力量。为诱敌深入，冒顿单于把精锐部队和肥壮的牛马全部藏匿。刘邦的侦查特使们看到的，全部是零零散散的老弱残兵以及半死不活的牛羊牲畜。他们把所看到的情形如实禀报刘邦，都认为可以进攻。刘邦据此判断，此时正是消灭匈奴的大好时机。

为保险起见，刘邦最后派出刘敬（娄敬，赐姓刘）作最后侦查。

还没待刘敬回报，刘邦已经急不可耐，下令全部汉军集结，向北挺进。当汉军主力越过广武的时候，正好遇到侦查归来的刘敬。刘敬忧心忡忡地对刘邦说：

“我的看法正好相反！两国交兵，更应该互相展示强大以震慑敌人。而我看到的，只有匈奴的老弱残兵，一定是他们故意示弱用来引诱我们，然后伏兵四起。所以，我认为，此时绝对不能进攻匈奴。”

主意已定的刘邦被刘敬气得眼冒金星，大声诟骂说：“你这个来自齐国的滥货！凭着两片嘴皮子得到官职，竟敢妖言惑众，扰乱军心！”刘邦下令逮捕刘敬，给他戴上镣铐，投入广武监狱。

三十二万汉军主力，继续北上。刘邦率领先头精锐到达平城（今山西大同），依旧没有发现匈奴主力。此时，汉军步兵主力还未到达，刘邦率领精锐部队继续前进至平城东北方向的白登山（今大同市东北的马铺山或者采凉山，尚有争议）。

一切如同刘敬料想的一样，此时匈奴部队从四面八方喷涌而出，大约四十万匈奴骑兵把白登山的刘邦团团围住，水泄不通。连续七天七夜，汉军内外断绝，断粮断水。

事情搞大了。曾经步步惊心的刘邦，再次落入死地。而这一次，不同于彭城战败后的狼狈逃窜，也不同于荥阳被围后的金蝉脱壳。

这一次，刘邦已经插翅难飞。

但是，最终刘邦还是逃出生天。他是怎么做到的呢？

《史记·匈奴列传》记载，陷入重重包围中的刘邦派遣使者，向冒顿单于的阏氏（皇后）致送贵重礼物。阏氏向冒顿单于求情说：“两国君王，不能互相为难。单于占领的汉朝土地，终究不能长久居住。况且，汉王也有神灵相助，请单于详察！”

冒顿单于内心矛盾，而韩王信的部下王黄和赵利与单于曾经约好共同进攻刘邦，此时迟迟没有出现。冒顿单于担心他们和刘邦有密谋，于是下令匈奴包围圈放开一角，故意纵放刘邦。

陈平命令汉军弓箭手全部拉弓上弦，面向匈奴兵方向，保护大汉君臣，从包围圈的缺口溃围而出，在平城和步军大部队会合。冒顿单于率军撤退，汉军也引兵南归。

关于白登突围，《史记》中的记载有些令人匪夷所思。

首先，率领大军北上、意图全歼匈奴部队的刘邦，会随军携带多少贵重宝物呢？以至于其数量足以征服冒顿单于的阏氏。

其次，即使阏氏收到大量贵重礼物并为刘邦求情，她的说辞也没有一点说服力。为什么两王不能相困呢？简直是无稽之谈。又为什么占领了汉朝的土地却不能长久居住呢？此前数年的时间，冒顿单于正是在致力于扩大匈奴汗国的版图，他已经成功地占领了乌孙等其他二十多个少数部族的领土，当时匈奴的领土和大汉帝国的国土应该不相上下。而冒顿单于日夜思念的，正是南下中原。至于说刘邦有神灵的庇佑，更是儿戏之言。这样的说辞听起来倒像是狼狈逃窜以后的刘邦，为了保全自己的老脸而拼命给自己贴金。阏氏的一整套说辞，对于英明神武、雄才大略的冒顿单于来讲，简直就是戏言。

再次，至于王黄和赵利的部队迟迟没有出现，且不说是否能够引起冒顿单于的怀疑，即使引起怀疑，凭匈奴四十万主力也足以应付。

总之，冒顿单于处心积虑、诱敌深入，为的就是今天。眼见大汉帝国的皇帝已经成为瓮中鳖、笼中鸟，以上的理由都不足以令冒顿单于放弃前功，主动撤军。

《史记》当中，司马迁互相矛盾的记载有很多。为白登之围蒙上神秘面纱的，正是司马迁自己。他在《史记·陈丞相世家》中又记载：

“高帝用陈平奇计，使单于阏氏，围以得开。高帝既出，其计秘，世莫得闻。”

也就是说，刘邦用陈平奇计，派使者联络单于阏氏，得以打开包围圈。刘邦逃命以后，所用计策很神秘，世间没有他人知道。

无论陈平的奇计具体细节如何，有一点是确定的，此计一定令刘邦和大汉帝国蒙羞，所以所有的知情者全部讳莫如深。如同某甲和某乙约架，某甲把某乙打的七荤八素，满面桃花。某乙无奈，跪地求饶，许以重利，终于逃脱。脱身后的某乙只能对逃跑细节修饰一番甚至讳莫如深。

无论如何，伟大的政治家刘邦再一次大难不死。汉军撤退至广武，刘邦立即把刘敬释放，并诚恳地承认错误说："我不听先生的话，以至于被困平城。其他十个有眼无珠的特使，全部斩首（发动总攻的决定是刘邦做出的，特使们只是报告实情而已，何罪之有?）。"

并且，刘邦赐给刘敬食邑两千户，封建信侯，以表彰他的先见之明。勇于自我打脸，善于改正错误，正是刘邦最宝贵的素质。四百年以后，军阀袁绍面对相同的局面，却恼羞成怒，杀掉了那个比他聪明、有先见之明的田丰。这正是大格局和小肚量的差距。

但是，说刘邦的心情有多么好，肯定是不可能的。甚至，经历生死劫难和狼奔豕突的刘邦有些恼羞成怒，他没有直接率军返回长安，而是绕道邯郸，顺道敲打敲打另一位异姓王，也就是他的女婿，赵王张敖。

就是这次绕道，竟然成为之后一连串历史事件的导火索。

三　贯高之谋：华丽的血色

汉七年（前200）十二月，刘邦到达赵国。在邯郸停留期间，一切供应全部由赵国负责。张敖本人作为赵王又是刘邦的女婿，每日从早至晚亲自侍奉刘邦，甚至穿上仆人的衣服为刘邦端茶送饭，极尽臣子晚辈之礼。但是，刘邦作为皇帝，此时对所有的异姓王都已经心存芥蒂，而且刚刚经过白登之围受了一肚子窝囊气，竟然对张敖极尽侮辱之能事。他每日叉开双腿坐在长辈的位子上，并不断辱骂张敖。

张敖极力忍耐，但是张敖手下的赵国大臣已经怒火中烧。赵国宰相贯高、赵午等人已经年逾六十岁，他们甚至很有可能当年与刘邦同时做过张耳的门客。眼见当年的混混登上皇位，如今又如此侮辱门主，他们私下里愤愤地说："我们的大王真是个懦弱之人！"

他们准备采取行动，并且告诉张敖说："天下大乱，豪杰并起，能者封王。大王对皇帝如此恭敬，他竟然如此无礼，我们要为大王杀了他！"

张敖闻听，吓得肝胆俱裂，甚至把手指咬破，说："诸位何出此言！当年父王失去他的国家（指陈馀赶走张耳），全赖高祖之功才得以复国（指刘邦立张耳为赵王）。我们的一切都是皇上的恩德。诸位万万不可再提此事！"

但是，贯高等人决计采取行动，赵国大臣十余人商量说："把此事告诉大王，是我们的错。大王是忠厚长者，牢记皇上的恩德。但是，大王受此侮辱，我等绝不能坐视不管，采取行动，最好不要把大王牵连在内。如果成功，功劳属于大王；如果失败，我们自己独力承担！"

刘邦的赵国之行很快结束，回到洛阳。但是，仇恨的种子已经种埋下，贯高等人准备寻找时机刺杀刘邦。

一年以后，汉八年（前199）秋季，刘邦再次发兵东垣（今河北石家庄正定县）进攻韩王信的残部，经过赵国境内的柏人（今河北邢台隆尧县），准备住宿。贯高等人早已经安排好杀手埋伏在刘邦住所的厕所夹墙里，准备入夜刺杀刘邦。

可是，也许冥冥之中刘邦命不该绝，他竟然感觉不详。他问手下人："此处何名？"左右回答说："柏人。"刘邦说："柏人者，迫于人也！"他认为名字不吉利，竟然过境而去。贯高处心积虑的刺杀计划失败了。贯高的计划虽然失败了，但却与汉初的很多历史事件都有瓜葛。而更纠缠不清的，是刘邦在赵国的一段姻缘。

此后从东垣回军途中，刘邦再次经过赵国邯郸。张敖不但依旧恭敬地侍奉刘邦起居，并且把自己后宫中的数名美人献给刘邦。刘邦向来花心，自然都笑纳了。其中有个赵姬，妩媚动人，刘邦一见钟情，当夜临幸。一番云雨之后，戎马倥偬的刘邦率军撤退，很快就把赵姬忘在脑后。

出人意料的是，一夜情缘竟然有了结果：赵姬怀孕了。张敖听说赵姬怀了刘邦的龙种，不敢怠慢，立即在赵王王宫之外，单独为赵姬兴建别宫，静待赵姬产下皇子。

但是，汉九年（前198），就在赵姬即将怀胎十月产下皇子的时候，贯高的刺杀阴谋被仇家举报了。

刘邦获悉贯高的未遂计划以后，暴跳如雷，怒发冲冠：自己的臣民试图暗杀自己，这应该是刘邦的初次体验。他下令把包括赵姬在内的所有赵国君臣以及赵王家属全部逮捕下狱。赵午等十余人就要自杀，贯高厉声呵斥他们说：

“大王并没有参与，如今却被一并逮捕。你们死则死尔，可是由谁来证明大王的清白？”

张敖、贯高等人被装入密闭的囚车，押解长安。有司问罪，贯高说：“都是我们擅自为之，大王并不知情。”

吕雉多次劝说刘邦：“张敖既然是我们的女婿，看在鲁元公主的分上，他不可能参与刺杀计划。”但是刘邦依旧愤怒，大声斥责说：“假如张敖侥幸成功具有天下，他还缺你女儿这一个女人吗？”

狱吏对贯高严刑拷打，鞭笞上千次，又用铁锥刺的贯高体无完肤，行刑极为酷烈。然而，即使贯高全身已经没有一片完好的皮肤，他始终没有改口。负责审问的廷尉据实向刘邦汇报，刘邦对贯高的强硬颇为欣赏，说：“真乃壮士！谁和他有交情，私下问问他。”

中大夫泄公（名不详）自告奋勇说：“我与贯高同乡，向来了解他。他在赵国重信守义，素来有名。”泄公手持刘邦符节，到地牢里探望贯高。

奄奄一息的贯高抬起头来问道：“来者可是泄公？”

泄公如同久别重逢的老朋友一样，和贯高相谈甚欢，最后问贯高张敖到底有没有参与刺杀计划。贯高说道：

“人之常情，哪个不爱惜自己的父母妻子？如今皇上就要诛我三族，我怎能爱大王胜过爱我的宗族？只是，大王确实没有参与谋反，都是我们私下所为。”贯高把事情的来龙去脉和盘托出，以证明张敖确不知情。泄公把调查结果上报刘邦。

事情真相大白，刘邦释放张敖，而且钦佩贯高是条汉子，下令同时赦免贯高。泄公进入地牢，告诉贯高：“张敖已经释放。”贯高面露喜色，问道：“确实已被释放？”

泄公说：“确实。并且，皇上钦佩阁下，一并赦免你的罪过。”

贯高一脸释然，说道：“我之所以体无完肤却不肯就死，只是为证明大王不曾谋反。如今大王已被释放，我已经完成使命，死不足惜！况且身为人臣却有篡杀之名，何面目再侍奉皇上？纵使皇上不杀我，我岂不内心羞愧？”

贯高说罢，把头猛烈后仰，折断颈骨而死。

贯高之谋没有成功，却不但在当时令贯高名满天下，而且他的故事也传唱千年。两千年之后，我们依然为他的骨气和血性击掌叫好。

但是，颇为讽刺的是，从这项未遂刺杀计划里获得收益的，正是刘邦本人。

首先，虽然张敖无罪，刘邦却借机剥夺他的赵国。因为刘邦目前已经坚定了刘氏夺王的决心，所有的异姓王都不再受其信任。好在，看在鲁元公主的分上，他封了张敖一个侯爵（宣平侯）。

其次，在本案审理期间，怀有身孕的赵姬始终羁押在赵国的监狱里。她挺着大肚子告诉狱吏说，我这肚子里可是龙种。上上下下的官吏不敢怠慢，把此事如实上报刘邦。可是，贯高的案子正在审理期间，刘邦的怒火还没有熄灭。更大的可能是，刘邦并不相信自己一夜风流竟有如此的命中率，也就是说，他可能不相信赵姬真的怀了自己的孩子，所以根本没有理会赵姬。

赵姬的弟弟赵兼，无奈之下想走吕雉的门路。他通过吕雉的情人审食其把事情的原委告诉吕雉，希望吕雉能为赵姬在刘邦面前说话。遗憾的是，他们找错了人。年老色衰的吕雉对于花心的刘邦多年冷落自己始终怀恨在心，对刘邦其他的女人也充满了敌意。那个戚姬已经令她伤透了脑筋，她当然不可能为这个赵姬求情。相反，她倒是更希望赵姬死在监狱里。

审食其作为吕雉的情人，对吕雉最有影响力，但是他也没有坚持。赵姬有没有真的怀了刘邦的孩子，是说不清的事情，谁又会为一个监狱里面孤苦伶仃随时会死亡的弱女子去招惹正在愤怒之中的刘邦呢?

十月怀胎，一朝分娩，赵姬就在监狱里为刘邦生下一个孩子，而且是个男孩。生产以后，万念俱灰的赵姬自杀身亡。

官员们把这个婴儿送到刘邦面前。当真正看见孩子的时候，刘邦相信了这个事实，但是为时已晚，赵姬已经死亡。这个孩子是刘邦的第七个儿子，刘邦为他取名刘长。刘邦又下令，用厚礼安葬赵姬，并把刘长交给吕雉抚养。

二十多年以后，刘长长大成人。他竟然把满腔怒火全部烧向当初对于解救自己的母亲没有尽到全力的审食其，亲自刺死了这个老汉，并命人残忍地割下了他的头颅。此乃后话。

当下的刘邦，考虑的重点还是帝国的长治久安。他最大的担忧有两个：一个是国内的异姓王，还有一个就是刚刚让他吃了大亏的匈奴。

四　汉匈和亲：妥协

经过白登之围和邯郸的小插曲回到洛阳以后，刘邦势必仔细思考匈奴这样一个敌人。

这是一个刘邦之前从没有正面交锋过的敌人，白登之围虽然差点让他丧命，但是却让他真正认识到这个敌人的强大。当初他竟然想毕其功于一役，全歼匈奴，想必事后刘邦对于自己的轻敌也会感觉可笑。如何对付匈奴将成为大汉帝国一项重大的国策，而审时度势正是刘邦的特长，至少他没有打算和匈奴正面对抗。

但是，匈奴与已经叛变的韩王信在北部边境不断骚扰。战之不能胜、挥之不能去，匈奴成为刘邦的大烦恼。他再次征求刘敬的意见，刘敬分析形势说：

“天下初定，民生凋敝，士卒疲惫，匈奴无法用武力征服。而冒顿单于弑父自立，娶庶母为妻，一贯穷兵黩武，更无法用仁义感化（父死子继，娶庶母为妻，是匈奴的传统）。唯一的办法，是放眼长远，使单于的子孙成为大汉的臣子，只是怕陛下办不到。”

刘邦回答道：“如果可行，有什么办不到呢？且说来听听。”

刘敬把自己的战略意图娓娓道来：“如果陛下能把嫡长公主嫁给单于，并奉送丰厚的嫁妆，单于知道嫡长公主出身高贵，加之丰厚的嫁妆，一定会把她立为阏氏。如此一来，嫡长公主生子为匈奴太子，日后必然继承单于王位，如何？”

“除此以外，陛下每年按照季节把中原地区富余而匈奴缺乏的物资馈赠给单于，再经常派遣通晓礼仪能言善辩之人出使匈奴，传播大汉王朝的仁义礼节。冒顿单于在世，他就是陛下的女婿；他死以后，继任单于的就是陛下的外孙。有没有听说外孙和外祖父分庭抗礼、刀兵相见的事情？如此一来，经过几代人的努力，不费一兵一卒，匈奴就会逐渐变成大汉王朝的臣子。”

刘敬接着补充说：“但是，要嫁就嫁真正的嫡长公主。如果陛下用宗室之女或者后宫随便挑选一位女子冒充嫡长公主，单于也一定能知道。那样的话，和亲将徒劳无益。”

刘邦同意刘敬的见解，准备立即把鲁元公主嫁给冒顿单于。

但是，吕雉不同意。这个四十多岁的中年女人，出于母爱的伟大，也出于自身政治利益的考虑，她不愿意牺牲自己的女儿。吕雉日夜在刘邦面前哭哭啼啼，悲伤欲绝：“我只有一个儿子和一个女儿，为什么要把她抛弃到蛮荒之地？”基于同样的父爱，加之吕雉的苦苦哀求，刘邦竟然作罢。

汉九年（前198），刘邦在后宫之中挑选了一位宫女，号称长公主，命令刘敬带领这位不知名的宫女和丰厚的嫁资，前往匈奴和亲并缔结和平盟约。

刘敬出自民间，却是一位睿智而又目光长远的政治家，和亲政策正是由他首创。灭不了敌人，就拉拉关系，争取成为一条船上的人，这是一种着眼于长远利益的政治妥协。

虽然第一次和亲用了一位冒牌货充当长公主，但是在之后中华帝国两千多年的历史中，和亲成为中原政权和周边少数民族政权关系中一项重要的国策。尤其是当中原政权无力对抗少数民族政权的时候，和亲政策更显重要。这种略带一丝甜蜜的对抗，成为双方关系的主流。

对于刘敬本人，令人遗憾的是，创议和亲让正在崛起的皇后吕雉对他充满了敌意。在刘邦去世、吕雉掌权以后，刘敬彻底地湮没在历史的洪流中，再也没有留下只言片语。

用一位冒牌的公主和冒顿单于联姻以后，匈奴的局势暂时得以缓解，刘邦可以全部心思解决异姓王的问题。

此时，大汉王朝前后八位异姓王中，燕王臧荼谋反已被消灭；

楚王韩信已被剥夺王位，监视于长安；韩王信已经投奔匈奴，其势力遭受重大打击；赵王张敖已被剥夺王位，降封宣平侯；长沙王吴臣（吴芮去世，其子吴臣继任长沙王）偏安一隅，毫无野心；继任燕王卢绾是刘邦的发小，不足忧虑。

真正让刘邦担心的，是另外两位异姓王：梁王彭越和淮南王英布。

此时，一个小人物的出现，激起一连串的反应，把几位异姓王裹挟其中，为刘邦提供了绝佳的机会。

这个小人物，叫陈豨。

第十八章

屠戮异姓

汉十一年（前196）正月，韩信死了，连同他的父族、母族、妻族也被斩草除根。方寸钟室内无力的诉说，竟成了大英雄的人生终章。纵观秦汉史，韩信总是最令人痛惜的。如果要在秦汉之间选择一位战神，韩信当之无愧。他用兵如神，霸气满溢，为大汉帝国取得大半个中国。韩信的盖世才华，令刘邦对他一直有一种自卑性的恐惧（中国台湾学者柏杨语）。

一　陈豨叛变：一石激起千层浪

陈豨，宛朐（今山东菏泽东明县）人，说他是个小人物，是因为在此之前的史料中，他从来没有出现。

其实，陈豨追随刘邦很早，一直以来在汉军之中担任游击将军。这个人有个特点，和刘邦一样，特别崇拜魏国公子信陵君，也喜欢结交宾客。虽然他不是丰沛嫡系，却很得刘邦的喜爱。汉五年（前 202），陈豨跟随刘邦讨伐臧荼叛乱，有军功。后来，陈豨被封阳夏侯，位列《史记·高祖功臣侯者年表》之中。

汉七年（前 200），因为韩王信谋反，刘邦指派陈豨担任封国宰相，统领北部边境与匈奴的边防事务。

在楚汉战争期间，陈豨曾经接受刘邦的命令追随韩信，与韩信私交很好。他在即将北上赴任之际专程向淮阴侯韩信辞行。

已经身处监控之境的韩信屏退左右，拉着陈豨的手，在院中散步，突然长叹一声说道："阁下能否信任？我有些话要告诉你。"

陈豨说道："惟将军马首是瞻。"

韩信徐徐说道："你要去的地方，乃天下军事要塞。而阁下，正是陛下信任之人。但是，你去以后，如果有人告发你造反，陛下不会相信；再有人举报你，陛下就会怀疑；如果第三次还有人举报，陛下一定率军讨伐。届时，我为阁下作为内应，天下可图也。"

陈豨向来知道韩信的军事才能，回答说："谨记将军的话！"

北上赴任以后，身为地方军首脑，陈豨的宾客越来越多，排场越来越大。而陈豨的宾客，在地方上也多有为非作歹的劣迹。

两年以后，汉九年，因为贯高东窗事发，刘邦剥夺张敖王位，把刘如意徙封为赵王，并指派周昌担任赵国宰相。碰巧，陈豨回老家省亲，经过赵国。陈豨庞大的随从队伍，竟然把赵国国都邯郸的旅舍全部住满，有一千多辆车子。

陈豨招摇过市的样子，被周昌看在眼里。周昌立即返回长安向刘邦汇报说："陈豨宾客众多，场面盛大，而他在外带兵数年，天长日久，恐有不测。"

刘邦立即派人前往代郡调查，而调查结果表明，陈豨的宾客在地方上劣迹斑斑，很多事情都和陈豨有牵连。刘邦的调查令陈豨内心恐惧。而同时，韩王信又派手下将军王黄私下联络陈豨，拉拢他加入叛军队伍。

刘邦正对陈豨可能造反忧心忡忡，束手无策。正巧，汉十年五月，太上皇刘执嘉去世，刘邦借机征召陈豨回京送葬。陈豨担心被刘邦所杀，声称自己病重，拒绝前往长安。刘邦和陈豨互相猜疑的局面已经形成。陈豨叛心已决。

九月，陈豨自称代王，与韩王信的部下王黄结合，公开造反。一时间，陈豨势如破竹，夺取大片代郡和赵国的土地。

韩王信的叛乱还未平息，陈豨又加入叛军行列，已经年满六十岁的刘邦依旧在扮演救火队员的角色。他再次率领大军御驾亲征。刘邦到达邯郸，欣喜地对部下说："陈豨这小子竟然不占领邯郸，却去据守漳水，我知道他是个无能之辈！"

刘邦又得到消息，听说陈豨的部下和宾客都是商人出身。他又喜形于色："我知道如何击败陈豨了！"刘邦使出金元攻势，用大量财宝贿赂陈豨部下，很多人纷纷投靠刘邦。

此时，陈豨犯了一个致命的错误：他处于劣势，却不能集中兵力，反而兵分几路。陈豨命手下将军侯敞率领一万人在邯郸周围打游击；又命王黄率领一支部队进驻曲逆（今河北保定顺平县）；又命将军张春率领一万步兵渡过黄河，进攻聊城（今山东聊城）；而韩王信的部下赵利还在据守东垣。

陈豨的错误战略给了刘邦绝佳的机会，刘邦命令居于优势地位的西汉军团全面出击。聊城方面的张春军和东垣的赵利军都被击溃。刘邦又下令，悬赏购买王黄的人头。结果，王黄的部下很快提着王黄的脑袋来降。除此以外，周勃率领的汉军攻克叛军的据点马邑，之后屠城。侯敞的游击部队无力支撑，逃散而去。

此次出击，刘邦对韩王信和陈豨造成沉重打击，而已经与刘邦和亲的匈奴始终没有对叛军提供有力的支援，所以叛军彻底失去抵抗能力。两个月以后，西汉大将柴武斩杀韩王信。一年以后，周勃斩杀陈豨。

在西汉初年的历史上，陈豨只是个小人物，关键的是，他的造反，竟然一石激起千层浪，把除长沙王吴臣以外的异姓王全部裹挟其中。

第一个被牵连的，就是曾经与陈豨有过约定的韩信。

二 韩信之死：成也萧何，败也萧何？

韩信被刘邦在陈县诈捕以后，就彻底失去了抵抗能力。但是，刘邦还算厚道，对这位帝国的最大功臣没有赶尽杀绝，而且为他保留了侯爵之位和淮阴的采邑。

从大齐国的国王，到小楚国的国王，再到如今无寸土之封、几乎失去人身自由的淮阴侯，巨大的落差令韩信时常感到郁郁寡欢。此时的韩信，最好的策略就是夹起尾巴以求自保，最好是向张良学习。但是，清高的他却做不到。相反，他始终在犯错误。

首先，韩信无法很好地处理和刘邦的关系。他知道刘邦对他的军事才能始终担忧和恐惧，于是常常称病不朝，采取软对抗的方式表达自己的不满。

其次，韩信不愿意隐藏自己的锋芒。连百万之师战无不胜攻无不克的光辉岁月恍如昨日，他的内心始终澎湃。

有一次，刘邦和韩信讨论诸位将领的军事才华。刘邦问韩信："将军认为我能带兵多少？"韩信回答说："陛下最多带兵十万。"刘邦又问："将军能带兵多少？"韩信自信地回答："多多益善！"刘邦不禁笑起来，问道："既然如此，将军为何为我所擒？"韩信回答说："陛下不善带兵，却擅长统御将领。所以我才成为陛下的俘虏。更何况，陛下接受的是天命，非人力所能及。"

韩信明明知道刘邦对自己的军事才能心存恐惧，却总是自矜其能，不肯低调做人。"韩信将兵，多多益善"，对于刘邦来说可不是讨巧的语言文字，而是巨大的心理阴影。

再次，韩信的性格天生孤傲，始终没有融入核心利益集团。

韩信对于自己竟然和周勃、灌婴等人居于同列，感到耻辱。有一次，韩信拜访樊哙，樊哙毕恭毕敬，迎接和送别韩信时都用跪拜之礼，自称臣，对韩信说："大王竟肯光临寒舍！"可是，韩信出门以后，竟然羞愧地笑一笑，说到："想不到我这一生竟然会和樊哙为伍！"

在汉初的政治格局中，以周勃、樊哙等为代表的丰沛军事元老是最重要的一股势力，甚至超过皇后吕雉的影响力。虎落平阳的韩信竟然对这个圈子始终排斥，甚至嗤之以鼻。

就这样，韩信闷闷不乐地过了四年，直到陈豨造反。

刘邦御驾亲征讨伐陈豨叛军的时候，征召韩信随军出发。韩信心里有鬼，声称有病，不肯追随。私下里，他派人联络陈豨说："将军只管发兵，我会从中响应。"

韩信与家臣计划假传圣旨，释放官家的奴婢和监狱里的罪犯，乘夜袭击皇后吕雉和太子刘盈。他部署妥当，只等陈豨回报。

就在这个节骨眼儿上，韩信的计划不小心泄漏。韩信府中有个舍人得罪韩信，韩信把他囚禁起来，准备杀掉。正是这个舍人的弟弟把韩信的谋反计划报告给吕雉。吕雉准备召韩信进宫，但又怕引起韩信怀疑。吕雉就和宰相萧何商量，制定秘密逮捕计划。

吕雉谎称刘邦的使者带来前方战报，陈豨已死，所有列侯和朝中大臣都要入宫道贺。萧何担心韩信不来，单独给韩信送信说："虽然有病，最好还是勉强进宫道贺。"

韩信不明就里，一入宫就被埋伏好的武士捆绑，随即在长乐宫旁的钟室处决。临死之前，韩信叹息一声，说到："后悔当初不用蒯通之计，上了女人的当，岂非天意?"处决韩信以后，吕雉又下令诛灭韩信三族。

汉十一年（前 196）正月，韩信死了，连同他的父族、母族、妻族也被斩草除根。方寸钟室内无力的诉说，竟成了大英雄的人生终章。

纵观秦汉史，韩信总是最令人痛惜的。如果要在秦汉之间选择一位战神，韩信当之无愧。他用兵如神，霸气满溢，为大汉帝国取得大半个中国。韩信的盖世才华，令刘邦对他一直有一种自卑性的恐惧（中国台湾学者柏杨语）。

韩信内心孤高，恃才傲物，政治敏感度不高，情商更低。他似乎总是形单影只，史料中看不到他的亲属，更看不到他的朋友圈，甚至我们不知道他的准确年龄。除去被诛灭时我们知道他还有自己的宗族，他的详细背景却都无从查考。

韩信一生的辉煌，都是由于萧何的坚持；而他最终的结局，也与萧何有莫大的关系。但是，真的是成也萧何，败也萧何吗?此说未免肤浅。他的荣耀，得益于他炉火纯青的军事才华；他的陨落，则是由于残酷的专制制度。

两千年以降，韩信的死依旧令人喟叹满腹。呜呼哀哉!

很快，刘邦从前线回来，听说韩信已经被杀，心中一阵狂喜，但是他想起以前共同战斗的光辉岁月，心中又不免生出怜惜之情。

刘邦对于韩信的感情，是非常复杂的。他们既是朋友，又是敌人。既想除掉韩信，又于心不忍，是刘邦心态的写照。如果刘邦有必欲除之而后快的心思，韩信应该不会平平安安四年多。“且喜且怜之”是《史记》中对于刘邦情绪的唯一记载，这应该和真实状况相差无几。

韩信之死，对于刘邦来说，使帝国少了一个潜在威胁。但是，杀掉韩信或者说粉碎韩信造反阴谋，最大的政治效应是吕雉势力的崛起。对于韩信，刘邦长期以来心存畏惧也无从下手，而吕雉做得干净漂亮，不但效果很好，而且手法干脆。这让她的个人威望与政治资本又迈上一个新台阶。

韩信虽死，但是陈豨叛变引起的震动还没有结束。

梁王彭越也被牵连近来。

三 彭越之死：吕雉杀死了他？

陈豨造反，刘邦御驾亲征，兵至邯郸，发诏书给梁王彭越，要求彭越率军参战。

基于差不多的担忧，彭越声称自己有病，没有亲自率军参战，只是派出手下一位将领率领一支不大的部队前往邯郸助阵。

楚汉战争时期，彭越就是刘邦若即若离的盟友。六年以前，刘邦征召彭越前往垓下围歼项羽，彭越拒绝，借机勒索封王，当时刘邦拿他一点办法都没有。如今君臣名分已定，彭越如果不是专心致志造反，就只能俯首称臣、乖乖听命以求自保。他竟然违抗诏令消极怠工，这无异于公开对抗。

刘邦大怒，派使者前往梁国责备彭越。彭越恐慌，准备亲自前往长安请罪。

彭越手下将领建议说："大王最初没有奉命前往，如今受到责备再去，一定会被逮捕。不如索性发兵造反。"但是彭越不肯造反，继续称病。

此时，梁国太仆（负责交通的官员）恰巧犯罪，彭越准备杀掉他。梁国太仆逃亡，至长安，向刘邦举报彭越和将领密谋谋反。

刘邦派出使者团，趁彭越不备，把彭越逮捕，囚禁在洛阳。

逮捕彭越的过程有些令人匪夷所思，使者团在梁国朝堂之上就把彭越逮捕？《史记》与《汉书》对此的记载都极为简略："上使使掩捕梁王，囚之洛阳。"刘邦不费吹灰之力就逮捕了彭越，至少说明一点：彭越没有一点造反的心思。

司法审判的结论出来：彭越谋反证据确凿，罪名成立。说你反你就是反，不反也是反，至于有没有真的谋反，真的不重要了。或者更严格地说，这不是司法审判，而是政治手段。既然谋反罪成立，就该屠灭三族。

刘邦心知肚明，彭越是没有谋反的。刘邦对老朋友还有一丝怜惜之情，赦免彭越的造反罪，但是剥夺所有爵位，贬为庶人，发配到山高路远的蜀郡（今四川成都）。彭越和他的家属被押解西行，从洛阳前往蜀郡。

可是，他的运气太坏。半路上，彭越遇到从长安前往洛阳的皇后吕雉。

幼稚的彭越以为遇到了贴心的人，面对吕雉痛哭流涕，声称自己根本没有谋反。他请求吕雉为自己求情，希望不要发配到偏僻的蜀郡，只希望回到家乡昌邑做个平民。吕雉假装老朋友，一番好言宽慰，答应帮彭越求情。于是两行人结成一队，返回洛阳。

到达洛阳以后，吕雉露出豺狼本色。她告诉刘邦："彭越乃世间英雄，放逐到蜀郡，岂不是放虎归山？日后必有祸端。最好是杀了他，所以我又把他带回来了。"

刘邦内心仅有的一点仁慈也被吕雉吞噬，同意杀掉彭越。既然前面的审判已有定论，就需要一个新的借口。吕雉找到一位彭越的舍人，叫他举报彭越竟然还想谋反。这个借口虽然蹩脚，但是并不妨碍审判的顺利进行。结论是，谋反罪名再次成立，诛灭三族。可怜的彭越以为遇到了天使，谁知道竟然是魔鬼。

汉十一年（前 196）三月，就在韩信被杀两个月以后，彭越被杀，诛灭三族。

草莽英雄兼游击队长彭越，也死了。

要说西汉初年哪位功臣死的最冤，非彭越莫属。因为他从思想和行动上都没有任何谋反的迹象。更为残忍的是，刘邦命令把彭越的尸体剁成肉酱，分成多份送给各个封国（英布、卢绾、吴臣三位异姓王以及一众刘姓诸侯王），意图杀鸡骇猴，起到震慑作用。

事情还没有完。因为，同样功勋卓著的淮南王英布慌了。

四　英布之死：红颜祸水？

彭越尸体做成的肉酱送到淮南国的时候，英布正在打猎。

两三个月之间，韩信、彭越相继遭遇毒手。物伤其类，英布不但看见了彭越的肉酱，也看见了刘邦消灭异姓王的战略意图。他内心震恐，秘密命令部队集结，加强淮南国边境的戒备。

如同韩信府中舍人的弟弟和彭越手下梁国的太仆一样，英布的身旁也恰巧出了一点小问题。

英布宠幸的一位姬妾生病，常常去医生家里诊治。碰巧的是，淮南国中大夫贲赫与医生住对门。贲赫借机与这位姬妾来往，希望通过她接近英布。贲赫时常在她就诊的时候前往医生家，送给她一些贵重礼物，并且陪她饮酒。

这位姬妾侍奉英布的时候，话语之间对贲赫赞赏有加，说他是忠厚长者。此时，英布正对这位姬妾爱得死去活来，问道："你如何知道他是忠厚长者？"这位姬妾把两人交往的详细情形和盘托出。深爱的女人竟然当面夸奖别的男人！英布醋意大发，怀疑贲赫与这位姬妾勾搭成奸。

贲赫本想通过这位姬妾巴结英布，不成想拍马屁拍到了马蹄上。他非常恐惧，称病不朝。英布愈加认定自己的判断，他怒发冲冠，准备逮捕贲赫。

覆水难收，已经无法挽救。贲赫为保活命，抛弃自己的家族，只身逃亡。他通过中央政府在各地设置的驿站，直奔长安。英布派人追赶，已经来不及。贲赫到达长安，立即向刘邦报告，说英布反形毕露，建议中央政府要在英布没有正式造反以前把他杀掉。

此时的刘邦，应该是心中暗喜，无论贲赫举报的是否属实。因为，英布是刘邦心目中最后一个重大威胁，贲赫的举报可以成为一个消灭英布的借口。刘邦拿着贲赫的举报信，询问萧何的意见。

萧何却认为不可信："英布不至于造反，恐怕是仇家借机诬告报复。最好先把贲赫抓起来，派人私下调查一下英布。"

贲赫逃亡长安以后，英布知道他一定会举报自己谋反。而随后刘邦的使者前来调查情况，更令双方的关系剑拔弩张。生死看淡，不服就干。形势逼人，英布一不做二不休，索性杀掉贲赫全家，起兵造反。

消息传来，刘邦召集众将领问道："英布谋反，如何是好？"

大家异口同声："发兵进攻，坑杀了那小子。他能有什么本事？"

夏侯婴门下有故楚国令尹薛公（名不详），夏侯婴问他说："英布已经裂土封王，加官晋爵，为何还要谋反？"

薛公回答道："韩信、彭越、英布三人，居功至伟，同功一体。而韩信、彭越先后被杀，英布自然怀疑下一个会轮到他了，所以一定会谋反。"

夏侯婴认为薛公富有谋略，把他推荐给刘邦。

薛公对刘邦说："英布造反，不足为怪。如果他用上策，山东（崤山以东）不再属于陛下；如果他用中策，胜败在两可之间；如果他用下策，陛下可高枕无忧。"

刘邦问道："何为上、中、下三策？愿闻其详。"

薛公剖析天下的形势说："东取吴，西取楚，北上占领齐、鲁，号召燕、赵，固守淮南。如此，英布将占领山东之地。"

"东取吴，西取楚，向西占领敖仓之粮，堵塞成皋要塞。如此，英布与陛下势均力敌。"

"东取吴，西取楚，向南方越地转移财富粮食，并与长沙国结盟。如此，英布不足虑。"

薛公的意思很明白，英布以淮南国为中心，向北发展，那里有叛军的残留势力以及危险的匈奴，是大汉王朝最不稳定的区域，是上策；如果向西发展，与中央政府对峙于成皋，将是楚汉战争的翻版，是中策；如果向南发展，意图凭借长沙国的力量，寄希望于偏安一隅，是下策。

刘邦问道："先生认为英布会用哪种策略？"

薛公说："他一定用下策。"

刘邦问："为何？"

薛公说："英布本来只是一个骊山徒役，乘乱之际，爬到高位，裂土封王。但是他鼠目寸光，只求自保，肯定会用下策。"

六十二岁高龄的刘邦，命令太子刘盈监国，嘱托有病在身的张良辅佐太子，再次御驾亲征。

英布正式起兵，对淮南国的将领们说："刘邦已经老了，无法亲征。汉朝将领之中，只有韩信、彭越让人畏惧，但是他们都已经死了。其余的将领，不在话下。"

但是，英布果真如同薛公料想的那样，使用了下策。英布率军向东占领荆国（故吴国所在，刘邦封堂兄刘贾为荆王），杀死荆王刘贾，兼并荆国部队。再向西渡过淮河，进攻楚国（刘邦封四弟刘交为楚王）。楚王刘交不能支持，败走。随后，英布一面派人与自己的妻弟、长沙王吴臣联系，一面向西迎击刘邦的中央军。

汉十二年（前195）十月，双方在蕲县（今安徽宿州）遭遇。

英布当初追随项羽，用兵颇有项羽风范。刘邦远远看见英布军容齐整，不禁有些畏惧。就在两军阵前，刘邦、英布遥遥相望。刘邦大声质问英布："你何苦造反呢？"

英布冷冷地回答："什么造反？我只是想当皇帝罢了！"

刘邦大怒，高声诟骂，挥军进攻。

英布的战斗力和号召力显然无法和刘邦相比，淮南军不能抵抗，败走。渡过淮河以后，英布整军再战，再败。如此反复几次，淮南军彻底崩溃。英布率领一百多人渡过长江，狼狈逃命。

遗憾的是，刘邦在两军阵前竟然被流矢射中。他决定返回长安，命令其他将领继续追击英布。

眼见英布已是穷途末路，长沙王吴臣派人告诉英布说，愿意与他一同逃亡南越国。英布信以为真，跟随长沙国使者前往临湘。行至鄱阳，他就在农舍之中被当地人所杀。

冲冠一怒为红颜，原来，英布比吴三桂领先了一千八百多年。只是，他的灭亡并非红颜祸水。那个美丽的姬妾，只是碰巧成为导火索而已。

对帝国有威胁的异姓王基本上都清除了。但是，刘邦最好的朋友、燕王卢绾，也出事了。

五　卢绾逃亡：朋友再见！

陈豨造反的时候，刘邦一面御驾亲征，一面命令燕王卢绾从东北方向进攻叛军。

两面受敌的陈豨派使者前往匈奴求救。燕王卢绾也派使者张胜前往匈奴，试图阻止匈奴援助陈豨。事有凑巧，张胜到达匈奴以后，遇到了一个人。

这个人叫臧衍，臧荼的儿子。六年前，前任燕王臧荼造反被刘邦所杀，臧衍逃奔匈奴藏匿至今。他对大汉王朝始终充满仇恨，而且，他还是个能说会道的人。

臧衍见到张胜，对他说："先生之所以对于燕国重要，是因为您了解匈奴。而燕国之所以重要，是因为诸侯接二连三造反，至今战况不明。如今先生为了燕国的缘故，想尽快消灭陈豨。如果陈豨等人被消灭，下一个被消灭的一定就是燕国，先生也会成为俘虏。"

"所以，先生何不建议燕国减轻陈豨的压力？最好还能与匈奴和解。如此一来，燕国可以长久保存。即使万一有紧急状况，陈豨和匈奴等都可以成为燕国的盟友。"

臧衍轻松一席话，就把张胜拖入造反的泥淖。张胜对臧衍的话深信不疑，完全忘记自己的出使目的，竟然请求匈奴派兵支援陈豨。

张胜出使匈奴迟迟不归，卢绾以为他已经投降匈奴，于是把情况报告中央，请求诛灭张胜三族。就在刘邦还没有回复的时候，张胜归来，把出使的详细情况向卢绾汇报。

奇怪的是，卢绾也认为臧衍的话很有道理！很可能，刘邦对异姓王的攻击迫害已经令卢绾感到恐惧，所以他选择采纳臧衍的策略。

刘邦的诏令下来，同意诛灭叛贼张胜的三族。卢绾偷梁换柱，杀掉另外一家可怜人冒充张胜，却秘密地把张胜一家送往匈奴，充当燕国的联络员。又派出一名使者前往密会陈豨，建议陈豨打持久战，不要急于决胜。

卢绾是在做一个危险的游戏。而这个游戏，是以叛军可以打持久战为前提的。遗憾的是，陈豨的叛军居于劣势，很快被中央军击溃。

就在英布被杀两个月以后，陈豨最终兵败被杀。

陈豨手下将领有投降中央军的，把卢绾与陈豨的密谋报告给刘邦。

卢绾是刘邦一生的朋友，正是由于刘邦特别的宠幸，才让资质一般的卢绾继任燕王。闻听卢绾的阴谋，正在养伤的刘邦应该是很伤心而且愤怒的。

还是老把戏，刘邦佯装不知，派使者征召卢绾到长安。也还是老把戏，卢绾恐惧，称病不往。刘邦又派审食其和御史大夫赵尧亲自前往燕国迎接卢绾，实际上是要调查真相。

卢绾更加恐惧，索性藏匿起来，告诉身边的宠臣说："如今，异姓王只剩下我与长沙王。去年，先杀韩信，又杀彭越，都是吕后的主意。如今，皇上有病，事情全部委托吕后。吕后这个女人，善于寻找借口诛杀异姓王和有功之臣。"

卢绾继续声称有病，拒绝前往长安。事情越闹越明显，卢绾手下的人纷纷逃亡，把卢绾的话全部泄露出去。审食其了解情况以后，返回长安，向刘邦汇报。此时，也有匈奴人投降西汉的，把卢绾保存张胜并秘密派遣张胜常驻匈奴担任密使的事情揭露出来。

真相大白，刘邦说道："卢绾果然造反！"

躺在病榻上的刘邦已经无力亲征，只能派樊哙率军进攻燕国。

卢绾没有组织燕军抵抗，而是率领家属和亲信几千人逃亡匈奴。

卢绾与刘邦，同年同月同日生，友谊至诚，感情至笃，共同经历了六十多年的人生沧桑和十几年的金戈铁马，也无法逃脱政治利益的分离。

分道扬镳，这是一个令人悲伤的结局。

至此，汉初的八位异姓王，除毫无威胁的长沙王吴臣以外，其他七位都已经死的死（臧荼、韩王信、韩信、彭越、英布），逃的逃（卢绾），废的废（张敖）。

有不少人常认为刘邦屠戮功臣、残酷血腥，把他与一千五百多年后明朝的开国皇帝朱元璋相提并论。

谬也！

刘邦消灭的，全部是有谋反事实（如臧荼、韩王信、陈豨、英布、卢绾）或者确实对刘氏江山具有威胁的（如韩信、彭越）人。除此以外，高祖功臣列表中共有一百四十三位，其余元老勋贵，萧何、曹参、陈平、周勃、樊哙、灌婴甚至是曾经反叛过刘邦的雍齿等等，几乎全部得以保存。他们中的部分人，更是在日后成为保存大汉江山的关键力量。

与刘邦不同的是，朱元璋具有极端的自卑心理，对所有的功臣勋将作有计划的、斩草除根式的清除。他在胡惟庸案以及蓝玉案中采取的是最惨无人道的污以谋反和无限扩大打击面的政治手段。这导致第二任皇帝朱允炆在面对朱棣叛军的时候，竟无一人可用，以至于江山易主，徒呼奈何。

所以，刘邦与朱元璋虽然都是平民帝王，但是他们的胸怀、远见和残暴程度完全不可同日而语。

西汉初年，帝国与异性封国之间那种若即若离的关系和似有似无的敌意，让他们总是处于互相戒备的状态。一有风吹草动，势必大动干戈。刘邦用了七年的时间，剪除了七位异姓王。与此同时，刘邦在不断扩大刘姓子孙的势力，不断分封刘家子弟为王。

把江山掌握在自己人的手里，还是更安全的。

至少刘邦是这样认为的。

第十九章

帝国疑云

让刘邦没有想到的是，即使诸侯王全部是刘家的子孙，也是帝国巨大的威胁。他的一番好意，竟然为帝国埋下了祸根。这颗定时炸弹在四十多年后被引爆，给帝国带来灾难。另外一件可怕的事，就是他寄予厚望的原配妻子，几乎把他的帝国带向万劫不复的深渊。因为，吕雉是个女人，她有女人最典型的缺点：感性、肤浅而嫉妒。一旦吕雉拿起权力魔杖，就将成为可怕的破坏力量。

一　刘氏夺王：白马之盟

汉初，刘邦在位七年，其间的政治史，就是异姓退位、刘氏上位的历史。

刘邦初登宝座，他的儿子不多，也都还小。于是刘邦扩大刘姓皇族的范围，把远房的支属也纳入皇族范围，陆陆续续把儿子们和部分刘姓皇族封了王。

汉六年（前201），韩信被剥夺楚王头衔。刘邦把韩信的地盘一分为二，封堂兄刘贾为荆王，封四弟刘交为楚王。

同年，刘邦封长子刘肥为齐王。

汉九年，因贯高事件，张敖被剥夺赵王头衔。刘邦封三子刘如意为赵王。

汉十一年，刘邦封四子刘恒为代王。

同年，梁王彭越被诛，刘邦封五子刘恢为梁王。

同年，刘邦封六子刘友为淮阳王。

同年，淮南王英布谋反被除，刘邦封七子刘长为淮南王。

汉十二年，因为荆王刘贾被英布所杀且无继承人，刘邦改荆国为吴国，封二哥刘仲的儿子刘濞为吴王。

同年，就在去世前两个月，因为燕王卢绾谋反，刘邦封八子刘建为燕王。

至此，大汉王朝共有九位刘姓诸侯王：除太子刘盈以外的刘邦七个儿子，以及刘邦的四弟刘交和侄子刘濞。

刘邦还不太放心，召集群臣宰杀白马一匹，共同歃血为盟，约定："如果不是刘氏而封王的，天下共击之！"

有了白马之盟，刘邦天真地以为天下将牢牢地掌控在刘氏子孙的手中。殊不知，帝国真正的威胁，来自于他没有想到的地方：后宫。

二　后宫夺嫡：亲爱的，我帮不了你！

刘邦是很风流的。

虽然由于两千多年儒家文化的浸染，历代史官对于爱情、性和私生活都讳莫如深，但是，仅从现存的只言片语以及刘邦儿子们的身世，我们就可以窥见一个风流成性的刘邦。

长子刘肥的母亲曹姑娘，是刘邦还在沛县作混混的时候保持关系的情妇。刘邦不但没有对刘肥尽到抚养义务，而且至死都没有给曹姑娘任何名分。可能基于内心的愧疚，他把最大的封国齐国封给刘肥。

三子刘如意的母亲戚姬，是刘邦在被封为汉王的时候得到的美女。戚姬最得刘邦宠爱。

四子刘恒的母亲薄姬，原来是魏王魏豹的姬妾。魏豹反汉以后被韩信擒获，刘邦把魏豹的女人们全部据为己有。一次偶然的机会刘邦临幸薄姬，竟然一次成功，生下第四个儿子。但是自此以后，薄姬再也没有得到刘邦的宠爱。

七子刘长的母亲赵姬，原来是刘邦的女婿张敖的姬妾。刘邦讨伐叛军的时候经过赵国，张敖为讨好刘邦，不惜献上几个自己的女人。刘邦和赵姬只是一夜情缘，游龙戏凤一曲终了，竟然也是一次成功。只是，由于受到贯高案的影响，刘长出生于监狱，赵姬也在生下刘长以后自杀。

除此以外，刘邦在沛县时候的混乱生活以及面对咸阳宫内如云的美女时那欲去还留、恋恋不舍的纠结，都在正史中留下了或明或暗的记载。

所以，刘邦既是一位伟大的帝王，也是一位见色眼开、生性风流的男人。他虽不是三千粉黛、八百烟娇，却也是美女绕膝、莺歌燕舞。

最直接的结果就是，人老色衰、经历过牢狱之灾和凄风苦雨的原配妻子吕雉成了一个寂寞的人。虽然她也有自己的情人审食其，但是她的心灵是孤独的。而她，是个嫉妒心很强的女人。他对刘邦其他的女人只有厌恶和仇恨，而其仇恨的程度取决于刘邦宠幸那个女人的多少。比如戚姬，最受刘邦宠幸，吕雉就对她最为仇恨。

对吕雉来说，更为可怕的是，这个戚姬还要仰仗刘邦的宠爱，为她的儿子刘如意夺取太子宝座。

在几个儿子之中，刘邦最喜欢三子刘如意，这不但因为刘如意的母亲最受宠爱，而且刘邦认为他的性格与自己最像。听听刘如意的名字就知道，刘邦对他有多么厚爱。而太子刘盈，生性忠厚仁弱，既不像雄才大略的父皇，也不像刚毅果敢的母后。刘邦认为刘盈“子不类父”，想废掉刘盈太子之位，立刘如意为继承人。

近水楼台先得月，向阳花木易为春。戚姬整日侍奉在刘邦身边，甚至刘邦出征的时候，都要把她带在身边，她可以利用女人特有的魅力去征服这个老男人。她整日哭哭啼啼，请求刘邦立刘如意为太子。

吕雉虽有皇后之位，却无法亲近刘邦，在刘邦出征的时候，常常留守长安，夫妻感情日益疏远。对于戚姬的夺嫡企图，她感受到莫大的威胁却没有好的办法，一时间人比黄花还要瘦。

在戚姬如此反复几次以后，刘邦把废嫡立幼的想法抛给满朝文武讨论。结果是，大家都反对。在专制制度下，继承人问题乃国之根本，废嫡立幼无异于一场巨大的政治风暴。另一方面也说明，皇后吕雉的势力已经十分强大。

御史大夫周昌敢言直谏，常常与刘邦面争，连刘邦也怕他三分。刘邦还要坚持立刘如意为太子，周昌大怒，就在朝堂之上慷慨陈词说："臣口不能言，然臣期期知其不可。陛下虽欲废太子，臣期期不奉诏。"

周昌本来就有口吃的毛病，盛怒之下更是满脸通红，期期艾艾。刘邦被他的样子逗得大笑不止，废嫡立幼的计划也就暂时搁置。朝会散去以后，一直藏身于东厢房偷听的吕雉拉着周昌的手，行跪拜礼，感激地说："如果没有先生，太子今天就要被废了！"

此事尚无定论，吕雉日夜忧虑，手足无措。有人向她推荐张良，说："张良最有谋略，皇上对他最为信任。"

吕雉请自己的哥哥吕泽出面，问计于张良："先生常常为皇上出谋划策，如今皇上要换太子，先生怎能事不关己高枕而卧？"

精明的张良明白此事的危险程度，他一直努力置身事外，就告诉吕泽说："皇上有几次身陷困顿之中，用在下的计策，侥幸成功。如今天下安定，因为个人偏爱，欲易立太子。此事乃骨肉亲情、皇上家事，臣等恐怕也无能为力。"

吕泽继续纠缠，强行要张良谋划此事。

张良无奈，告诉吕泽说："此事不是口舌之争就能解决的。当今天下，皇上想得到却得不到的，还有四人。此四人都是饱学之士，退隐老者。他们都是因为皇上行为傲慢、言辞不敬而藏匿深山，发誓不为汉朝所用。但是，皇上始终器重他们。"

"如果足下能够不惜金玉珍宝，令太子亲写聘书，派遣能言善辩之人，用上等的马车去迎接他们，他们应该能来。既来之，以客人之礼待之，常常带领他们一起入朝。皇上一定会询问他们的来历。皇上知道他们四人乃贤能之士，一定会对太子有所裨益。"

吕雉就按照张良的计策，果真把四位老者请到，安排在吕泽府中。

汉十二年（前195），刘邦讨伐英布，被流矢射中。回到长安，病情日益加剧。他感觉到自己已经时日无多，更换太子的念头更加强烈。张良规劝，刘邦不听，张良无奈，继续隐居家中。

儒生、太傅叔孙通以死抗争，说："从前，晋献公因为宠爱骊姬的缘故而废掉太子申生，立骊姬之子奚齐为太子，导致晋国大乱几十年，为天下人耻笑（发生于四百多年前春秋时期）。秦朝因为没有早立扶苏为太子，才给了赵高矫诏扶立胡亥的机会，竟然导致国家灭亡，这可是陛下亲眼所见。如今，太子仁孝，天下无人不晓；而吕后与陛下同甘共苦，又岂能抛弃？如果陛下一定废嫡立幼，我愿意一死，用我的鲜血洒满金殿。"

刘邦只好说："先生又何必呢，我只是开开玩笑而已。"

叔孙通不依不饶："太子乃国之根本，根本动摇，天下不稳。陛下如何开这种玩笑？"

刘邦遭遇强大抵抗，无法继续，于是设宴款待满朝文武。

太子刘盈亲自侍奉刘邦，四位老者也一同赴宴。果真如张良所料，刘邦见四位老者八十有余，须眉皆白，却仙风道骨，气度不凡，不禁问道："你们何许人也？"

四位老者各报姓名，分别是东园公、角里先生、绮里季和夏黄公。刘邦大惊道："几年来我一直征召你们，你们却避而不见。如今为何为我儿所用？"

四人回答道："陛下轻视儒生，喜爱骂人，我等不肯受此羞辱，所以藏匿起来。但是我们听说太子为人仁孝，对儒者礼遇有加，天下之人争先恐后为太子效命，所以我们甘愿投靠太子。"

刘邦恭敬地说："烦请各位先生多多指教太子。"

四位老者敬酒以后，纷纷退下，刘邦指着他们的背影对戚姬说："本打算易立太子，奈何有此四人辅佐，太子羽翼丰满，难以罢黜。吕后真是你的主人！"

眼见夺嫡无望，戚姬涕泣不止。或许此时，真正给她心灵震撼的，是刘邦那句“吕后真是你的主人”。这就意味着，刘邦去世以后，她的命运将被抓在吕雉的手中。戚姬明白，那很可能是可怕的结局！

亲爱的，我帮不了你！伟大如刘邦，也无法事事遂心，他也可能意识到戚姬的未来命运将充满危险。他动情地对戚姬说：“再为我跳一支楚舞吧，我为你唱一首歌！”

戚姬翩翩起舞，刘邦引吭悲歌：“鸿鹄高飞，一举千里。羽翼已就，横绝四海。横绝四海，当可奈何！”

刘邦的歌声满含无奈与感伤，戚姬更加泣不成声。刘邦起身罢席而去。

继承人的争夺，就此尘埃落定：吕雉大获全胜。

夺嫡有风险，发动须谨慎，其困难程度和危险程度显然都大大超乎戚姬最初的预料。戚姬只是一个妙龄女子，她没有一点政治势力，更无丝毫政治手段。她唯一的武器就是美貌，唯一的手段就是哭泣。她贸然发动最危险的夺嫡行动，可谓没有丝毫胜算。

吕雉的正宫之位和刘盈的嫡出身份对戚姬已经是难以逾越的障碍，而吕家的政治势力更是不可忽视。刘盈的大舅吕泽、二舅吕释之以及他的二姨夫樊哙，本身都是丰沛军事元老，辗转牵连之下，整个官僚集团都会是刘盈的坚强后盾。所以废嫡立幼的闹剧搞了好几年，刘邦没有获得任何一个朝中大臣的支持。因为所有人都明白，以后的主子是谁。

退一万步讲，即使刘邦成功地废嫡立幼，戚姬和刘如意一对娇弱的孤儿寡母也只能算是空中楼阁，不可能坐稳江山，甚至，会引起更大的政局动荡和流血杀戮。

戚姬的悲惨命运，也就此注定：与老头子缠绵悱恻之后，她将独自面对一个强大敌人的报复打击。

因为，一代枭雄刘邦，已经走到了生命的终点。

三　大风歌：再见了，我的帝国！

在刘邦十四年的戎马生涯中，他受过两次伤。一次是广武对峙时，被项羽射中；再一次就是镇压英布叛乱时，被流矢射中。年逾六十岁，加之常年的征战，刘邦感觉到死神的召唤。

汉十二年（前195）十一月，在击溃英布的叛军以后，刘邦回军途中，经过家乡沛县。

这是自从十四年前起兵以来，他第一次返回家乡。刘邦在行宫大摆筵席，邀请父老乡亲，包括自己当年的长辈、伙伴以及年轻一代，开怀畅饮。

酒酣之际，刘邦亲自击筑，高歌一曲："大风起兮云飞扬，威加海内兮归故乡，安得猛士兮守四方！"

沛县子弟年轻的孩童共一百二十人和声而唱，刘邦情到深处，起身舞蹈，感慨伤怀，禁不住流下了眼泪。他告诉父老乡亲说："我是沛县的游子，无时无刻不想念我的家乡。虽然定都关中，但是万岁之后，我的魂魄也要在这片土地上停留。我自起兵以来，东征西讨，铲除暴逆，终于夺得天下。就把沛县作为我的汤沐邑，家乡父老世世代代免除赋税徭役。"

大家欢聚一堂，说起当年刘邦在沛县时候的种种事迹，不时哄堂大笑。沛县欢宴十几天后，刘邦才率军返回长安。

其实，在沛县夜夜笙歌的十几天里，刘邦是带伤上阵的。但是，游子归家的慷慨似乎让他忘记了自己的身体。

回到长安以后，刘邦的箭伤始终没有痊愈。

他始终对戚姬、刘如意母子的安危充满了担忧。虽然刘如意三年以前就被封为赵王，但是一直留在长安陪在刘邦身边。为了让刘如意远离充满敌意的吕雉，刘邦命令他前往自己的赵国。并且，赵国宰相周昌就陪在刘如意身边。周昌为人刚直，朝中大臣和吕雉都怕他三分。更何况周昌对于保存刘盈的太子之位有功，吕雉很感激他。如此安排，刘如意应该是安全的。至少刘邦是这么认为的。

而此时，一个惊人的消息却让病榻上的刘邦差点跳了起来。

有人（未知何人）向刘邦报告，樊哙已经和吕雉密谋，准备在刘邦去世以后发动大军进攻赵国，消灭刘如意和戚姬。

后来的事实证明，这个消息纯属子虚乌有。但是，刘邦已经来不及调查了。此时，樊哙正率领二十万大军驻扎燕国，扫荡卢绾的反叛势力，必须立即对樊哙采取行动。

刘邦把陈平和周勃召至病榻前，发布一生中最后一道军事命令："陈平和周勃立即前往燕地的汉军大营，由周勃接管樊哙的部队，陈平就在军营内就地处决樊哙！"

刘邦和樊哙，可是铁哥们中的铁哥们。几十年前，哥俩就在沛县街头喝酒吃肉。鸿门宴上，如果不是樊哙，刘邦可能已经被项羽杀死，哪里还有后来的大汉江山？几十年的兄弟情谊和战斗友谊，都抵不过一个虚假的消息。令人欷歔！

刘邦在自己能控制的范围内，做出了最周全的安排。

刘邦的伤势日益沉重，吕雉为他请来最好的医生。

医生检查了刘邦的伤口以后，对刘邦说："病可以治好。"

突然间，刘邦来了倔脾气，大声斥骂医生说："老子出身布衣，仗三尺之剑夺取天下，岂非天命？命数在天，虽扁鹊在世，又能如何？"刘邦竟然拒绝治疗，厚厚地赏赐那个医生，把他打发走了。

刘邦弥留之际，吕雉请示他身后之事，问道："陛下百岁之后，萧相国也会死（萧何比刘邦年纪还大），谁可以继任丞相？"

刘邦回答说："曹参。"

吕雉又问："曹参以后呢？"

刘邦说："王陵可以。但是王陵有些憨直，可以让陈平辅佐他。

陈平谋略超人，却不能独当大任。周勃敦厚寡言，但是将来安定刘家天下的，一定是周勃，可以任命他作太尉。”

吕雉又问：“周勃以后呢？”

刘邦从容地告诉她说：“再往后的事情，也不是你能关心的了。”

汉十二年（前195）四月二十五日，刘邦逝于长乐宫，享年六十二岁。

豁达的刘邦从容地去了。在他六十二年的人生岁月里，前四十八年混迹于民间的三教九流，然后他用七年的时间登上皇帝宝座，又用七年的时间巩固自己的帝国。

纵观刘邦的一生，他从来都没有大智大勇。他既没有运筹帷幄决胜千里的谋略，又没有万军丛中取上将首级的勇武。尤其是单独面对项羽的时候，他的战绩简直可以用惨不忍睹来形容。但是，他拥有无限的豁达宽容，以及对人对事炉火纯青的判断力，这让他成为最好的统御人才和合格的领袖。他在临终前对于曹参、陈平、王陵、周勃等人的判断，与后来的历史如此吻合，令人拍案叫绝。

他消灭了很多敌人，也消灭了很多当年的朋友。如今，从中央的皇帝到地方的封王，几乎都是自己的儿子或者刘家的血脉。所以，在生命的最后时刻，他对自己的帝国应该是比较放心的。

刘邦是成功的，他建立了第一个真正意义上的统一、完整而具有生命力的中华帝国。他的大汉王朝绵延近四百年之久，他的家族成为统治中国最久的家族。他留给全体中国人的丰富的政治和文化遗产，使他成为中国历史上最伟大的帝王之一。他的平民出身更令他成为传奇中的传奇。

但是，他也是遗憾的。做了帝王以后，他慢慢地变成了孤家寡人。以前的朋友们，渐渐变成了或明或暗的敌人。他高高在上，防备着每一个人可能存在的敌意。他再也找不回当初在民间时和朋友们打情骂俏、吆五喝六、随时醉卧的快意。

另外，即使伟大如他，也没有把握在死后保护自己心爱的人，尤其是那个风情万种又陪他走过艰苦卓绝岁月的戚姬。他对皇后吕雉充满了担忧，但是他不忍心也不能杀了她。她毕竟是自己的原配妻子。更重要的是，自己走后，吕雉是保护大汉江山的重要力量。满朝文武都是功勋故旧，各个都不是省油的灯。她已经羽翼丰满，和这帮故旧的关系也不错，应该可以镇得住他们。何况，她自己的儿子就是下一任皇帝，有她在，刘邦应该更放心。

但是，让刘邦没有想到的是，即使诸侯王全部是刘家的子孙，也是帝国巨大的威胁。他的一番好意，竟然为帝国埋下了祸根。这颗定时炸弹在四十多年后被引爆，给帝国带来灾难。

另外一件可怕的事，就是他寄予厚望的原配妻子，几乎把他的帝国带向万劫不复的深渊。因为，吕雉是个女人，她有女人最典型的缺点：感性、肤浅而嫉妒。一旦吕雉拿起权力魔杖，就将成为可怕的破坏力量。

（请继续关注《大汉天下》第2部）